【図説】

スペインの歴史

立石博高・黒田祐我

LAS SIETE
PARTIDAS DEL SABIO REY
don Alonso el nono , nueuamente Glosadas por el Licen-
ciado Gregorio Lopez del Consejo Real de
Indias de su Magestad.

Impresso en Salamanca Por Andrea de Portonaris, Impressor de su Magestad.
Año. M. D. L. V.
Con priuilegio Imperial.
Esta tassado el pliego a cinco marauedis,

●河出書房新社●

OCEANVS
HIS
PANIA
GALLI
NOSALTRES DECIDIM
SOM UNA NACIÓ
MACEDO
ADEFONS REX CASTVS

はじめに

スペインを語るときに用いられる最もステレオタイプな言葉、それは「情熱の国」であった。大地を照らす灼熱の太陽、フラメンコや闘牛、さらにはカルメン（オペラ）を例に挙げて、いかにスペイン人が「情熱の人」であるかを滔々と説くエッセーは枚挙にいとまがなかった。最近も、ジュニア向けのあるスペイン史はその歴史を「情熱でたどる」と謳っていた。それだけ我が国では馴染みとなった語り口だが、まずはこうしたかたちで「国民性」を論じることが地域とそこに暮らす人びとへの安易な理解、さらに言えば誤解に繋がることを指摘しておきたい。二〇世紀中頃までは「国民性」の議論が盛んだったことは確かだが、スペイン人の文化人類学者カーロ・バローハは、「実際、国民性について語るのは神話的行為である。それについて話す連中は、ある種の伝統に歩調を合わせていて、科学的に検証される事実に基礎を置いてはいない」と指弾した（『国民性の神話』、一九七〇年）。

「情熱の人」というイメージは、スペイン人自らが創ったものでもある。なかでも、外交官として活躍したサルバドール・デ・マダリアガが著した『イギリス人、フランス人、スペイン人』（一九二九年）は「情熱的に名誉を重んじる個人主義者」というステレオタイプをヨーロッパ中に、そして我が国にも定着させるのに貢献した。この書を英語で執筆したことに加えて、内戦を避けてイギリスに居を移しフランコ死去まで祖国に戻らなかったことが、内戦の悲劇をもたらしたスペイン人の国民性を適切に語る知識人としての地位をマダリアガに与えるのに大いに与った。しかし、そもそも国民性を基軸にしていることからして、彼の書物は歴史研究の参考にはならない。

さらに「情熱の人」のイメージは、皮肉にもフランコ独裁体制（一九三九〜七五）が大きく流布したものであった。スペインの歴史家・随筆家のフェルナンド・ディアス＝プラハはやはり国民性を論じて『スペイン人と七つの主要な原罪』（一九六六年）を著しているが、彼の主張はスペインがいかに「（ヨーロッパとは）違う」かということであった。ときのスペイン

SPAIN IS "DIFFERENT"
VISIT SPAIN

Spain is different

▶◀観光キャンペーンで「スペインは違う」を強調する観光ポスター（一九六〇年代）

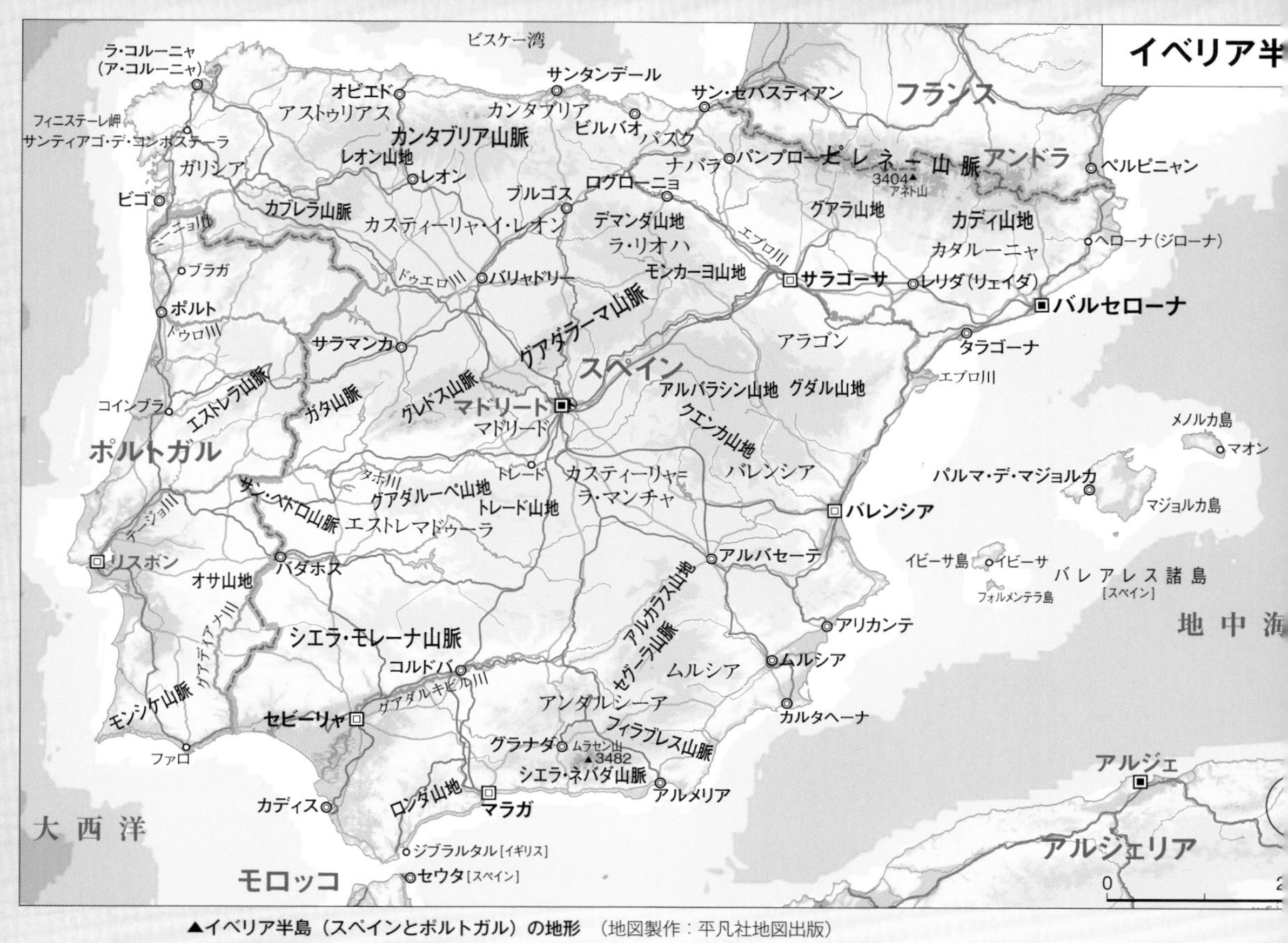

▲イベリア半島(スペインとポルトガル)の地形　(地図製作：平凡社地図出版)

政府観光局はマス・ツーリズムが盛んになる中で観光キャンペーンのキャッチフレーズを探していた。そしてこの主張に飛びついて「スペインは違う(Spain is different)」を採用した。こうして「情熱の国」スペインは、内外に定着したのである。

たしかに部分的にこのイメージの当てはまる地域や人びとがいるとしても、スペインは広大な国で、日本の約一・六倍、約五九万平方キロの面積をもつイベリア半島の約八割を占めている。「雄牛の皮」に喩えられる形状をもつこの半島は、北緯四四度(札幌と同緯度)から三六度(東京と同緯度)、西経九度から東経三度のあいだに広がっている。当然のことながら、国の南北と東西で自然環境は異なり、人びとが歴史の中で創り上げた景観や暮らし方も異なっているのだ。

一九世紀の交通革命で鉄道網や道路網(橋梁建設を含む)が整備されるまで、イベリア半島では、内陸部の各地、そして海岸部と内陸部の交通が容易でなかった。半島の内陸部はメセータと呼ばれる高原台地(平均標高五〇〇~八〇〇メートル)が大半を占め、この台地はグレドス山脈やトレード山地など多くの山岳によって分断されている。内陸部と海岸部を結ぶ多くの河川も、南部のグアダルキビル川を例外として航行可能なものは乏しく、むしろ諸地域を隔てる境界線となっている。地形の複雑さと絡んで半島の気候も、地域ごとに大きく変化する。北西

▶**スペインの気候分布図**　スペインの気候は、「湿潤スペイン」と「乾燥スペイン」に大別される。

部ガリシアからピレネー山脈南麓にかけての帯状地域は「湿潤スペイン」で、年間雨量は八〇〇～一五〇〇ミリである。夏は涼しく冬もそれほど厳しくはない。ピレネー山脈などの高地が高山気候であることは言うまでもない。内陸部メセータは、年間雨量が八〇〇ミリに満たない「乾燥スペイン」で、夏は高温で乾燥し冬の寒さはきわめて厳しい。地中海に面するスペイン東部と南部は地中海性気候で、やはり雨が少ない「乾燥スペイン」である。夏の暑さは相当に堪えるが冬は暖かい。

　スペイン各地の農業構造は、こうした地域ごとに異なる自然環境に左右されてきたが、二〇世紀末になると伝統的景観を揺るがす事態が生まれていることも特記したい。「乾燥スペイン」では常に水の確保に悩まされてきたが、いまでは地下水利用技術が進み、ハウス栽培の「点滴農法」のおかげでスペイン南部、特にまったく不毛の地であったアルメリアなどが生産性の高い近代的農業生産地域に変容しているのだ。当然ながら人びとのあり様も変化し、こうした地域ではマグレブ地域などからの移民労働者が数多く雇用されている。

　だが二〇世紀前半までのスペインが、変化に富む自然環境とそれに制約された農業構造を基にして歴史を積み上げてきたことは間違いない。本書ではそうした地域の起こりから現代までの歴史を概観するが、もう一つ考慮すべき要素がある。それはイベリア半島が地域として孤立して独自の発展を遂げたのではなく、それどころか地政学的位置がその歴史的歩みに大きく作用してきたということである。

　既にたびたび指摘されてきたように、スペインは地中海世界の西端に位置している。銀、錫、銅といった地下資源に富み、小麦やオリーブ生産の盛んなスペイン南部は先史時代から地中海世界のヒトとモノの移動・交流に巻き込まれており、さまざまな文化的混淆が進んだ。続いてケルト人などの移動もあって、北部地域でも文化的混淆が生じている。さらに、ローマ帝国の拡大の影響を受け、ゲルマン諸民族の侵攻も続いて、まさにスペインは多様な民族と文化の坩堝となった。さらに時を下ると、スペインはヨーロッパ大陸の境域であることからキリスト教世界とイスラーム世界の衝突と融合点ともなった。

　そして、いわゆるレコンキスタ（再征服）の時代を経て、スペインは新たな征服の起点となり、「大航海時代」の主役に躍り出る。一六世紀にはヨーロッパ大陸を女王の姿に準える作為が生まれる。このエウロパ・レギーナ（Europa regina）の頭にあたる部分がヒスパニア（Hispania）であった。スペ

イン国王カルロス一世は神聖ローマ皇帝を兼ねて、ヨーロッパの「普遍帝国」を目指したが、女王の頭のすぐ横（八頁下

▲「湿潤スペイン」の風景　雨量の多い北部には、緑豊かな光景が広がる。写真は、アストゥリアス地方に典型的な高床の倉庫（オレオ）（写真：黒田祐我、以下■と略す）。
▼「乾燥スペイン」のメセータの風景　乾燥した大地からなる、広大なラ・マンチャ地方のカンポ・デ・クリプターナ。『ドン・キホーテ』に登場する有名な風車を彷彿とさせる典型的なスペインの景観である（写真：Shutterstock）。

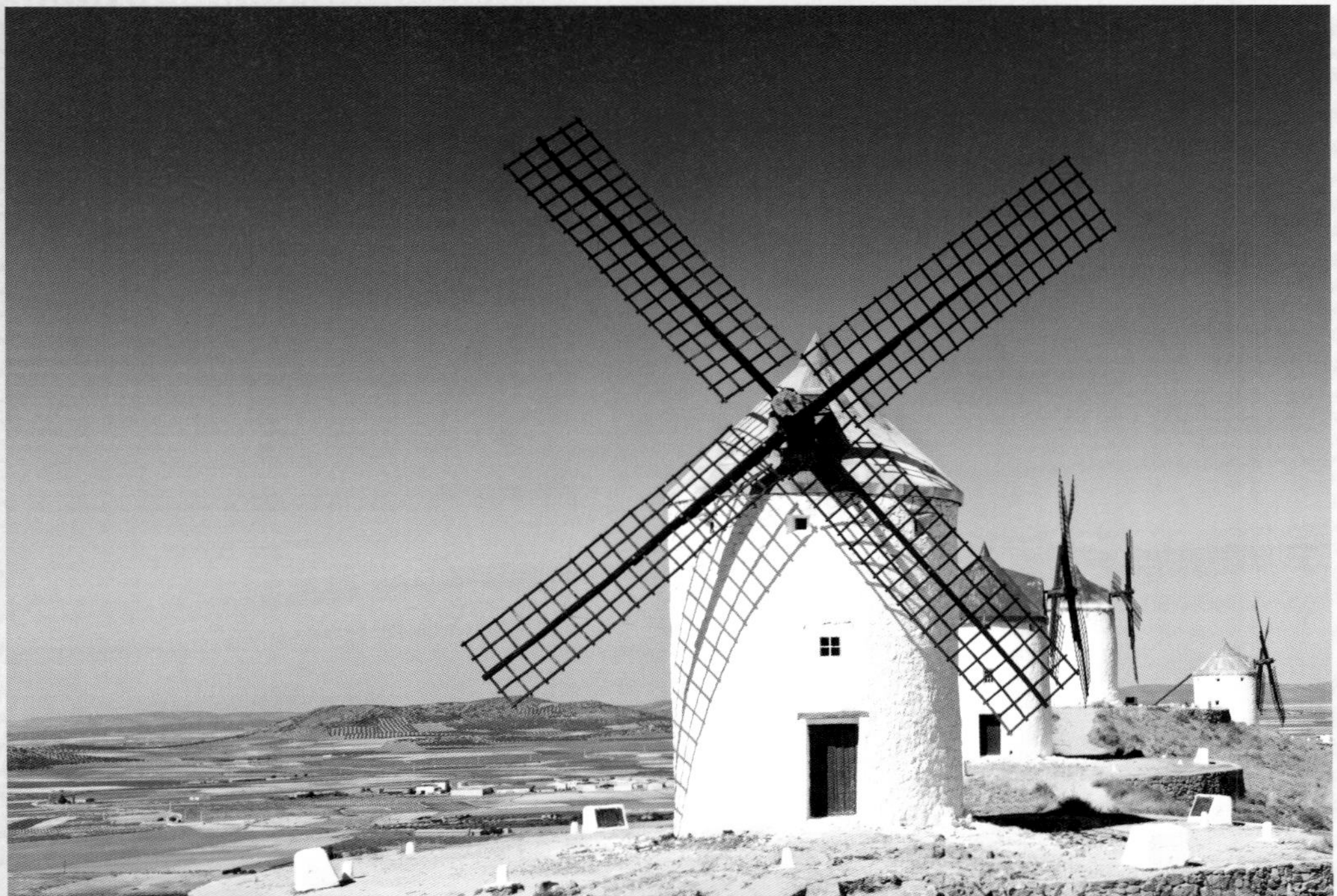

図）にはアフリカが位置し、左右は地中海（マレ・メディテラネウム）と大洋（オセアヌス）すなわち大西洋に囲まれて

いることに注目したい。古代ローマ以来イベリア半島の別称はヒスパニアであったが、この頃から、イベリア半島の八割を占める地域（カスティーリャとアラゴン）がヒスパニアという言葉を占有してイスパニア＝スペインと称するようになる。アフリカと大西洋に進出したスペインは、アメリカ大陸やフィリピンの征服を進める。そしてスペインは残りのイベリア半島の領土ポルトガルをも一時期は併合（実際には同君連合）して、まさに「太陽の沈まぬ帝国」を実現する。

そうしたスペインもやがて没落し、王朝の交代（ハプスブルク家からブルボン家へ）を経験して、身体の部分をなした他のヨーロッパ諸国に近代化の過程で大きな後れをとることになった。さらに一九世紀から二〇世紀にかけての国民国家形成の中では地域的多様性を生かすことができずに、国家と諸地域の葛藤と軋轢が深刻化して、それがスペイン内戦の一因ともなっていく。二〇世紀に長く続いたフランコ独裁は上からの均一化・同質化を進めたが、その集権的政策はフランコの死とともに過去のものになる。二一世紀スペインは、こうした過去の歴史的遺産をどのように生かしていくか、地域的多様性・多文化性を肯定的価値として緩やかな統一を保つことができるか、「多様性の中の統一」を求めるヨーロッパにとっての実験場となっているのである。

▲**「乾燥スペイン」の南部の風景**　アンダルシーア地方の山間の地には古くからオリーブ栽培が盛んであった。写真は白亜の壁を特徴とする田舎の村とそれを取り囲むオリーブ畑（写真：Photolibrary）

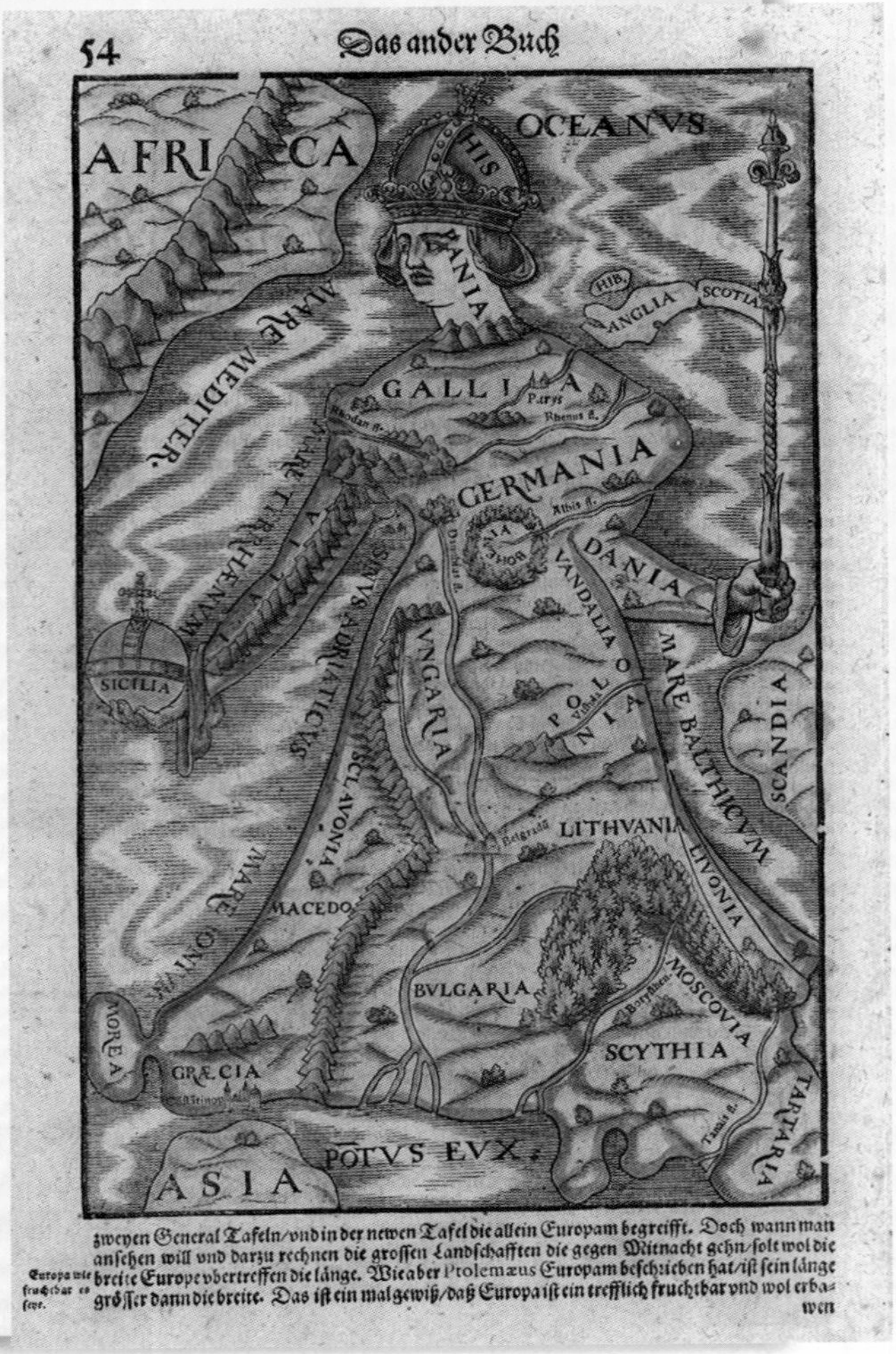

▶**エウロパ・レギーナ**　一六世紀にはヨーロッパを女王の姿に準えることが流行った。図版は、このエウロパ・レギーナを描いたもので、ゼバスティアン・ミュンスター『宇宙誌』（一五七〇年版）に所収。

第一章　ローマとヒスパニア

1　諸文明の混淆

古代のイベリア半島では、地中海全域に共通する文化的基盤が育まれたが、これとともに固有の文化も色濃く残存し続け、半島内の地域的多様性が顕在化していった。中世以後のイベリア半島内部の地域ごとの歴史の分岐と多様性を準備する時代、これが古代であった。ヨーロッパ大陸でも屈指の「山国」で鉱産資源が豊富なイベリア半島では、紀元前三千年期の後半から前二千年期にかけて、現アルメリア地方にエル・アルガール文化をはじめとする、数多くの銅・青銅器文化が花開いていた。

✣多民族の来訪✣

前二千年期の末から前一千年期にかけて、イベリア半島を取り巻く情勢が大きく動き始める。ピレネー山脈を越えてインド・ヨーロッパ語系の民が来訪し定着することで鉄器文化が導入され、この後にいわゆるケルト人が半島の北部・中央部から西部にかけて定住した。またイベリア人は、半島南部から東部にかけての地中海沿岸部に定住した。このケルトとイベリアの文化的接触の結果、半島中央部から東部にかけての乾燥した台地状のメセータではケルティベリアと呼ばれる混淆文化が生み出された。

この一方で、はるか東地中海のはずれからイベリア半島へ、海洋民が次々に来訪した。アルファベットを伝え、またその神々はギリシア・ローマ神話のモチーフともなった地中海文明の先駆者フェニキア人は、前一二～八世紀頃に、イベリア半島南部の沿岸部に都市集落を築いて、地中海から大西洋沿岸部にまで広がる交易ネットワークの中継点とした。彼らの城塞都市ガディル（現カディス）は、ヨーロッパ大陸最古の都市として名高い。前八～六世紀頃からはギリシア人も地中海沿岸部に来訪し、交易・植民都市を築いた。彼ら「海の民」は、半島南部で豊富に産出する鉱産資源（とりわけ金と銀）の採掘により繁栄した伝説上のタルテッソス王国と盛んに交易をおこなったとされる。

▲▼エル・アルガール　イベリア半島の南東部、アルメリア県アンタスの遺跡。この銅・青銅器文化は、前3千年期から前2千年期にかけて、半島南東部一帯に拡大していたと考えられている。

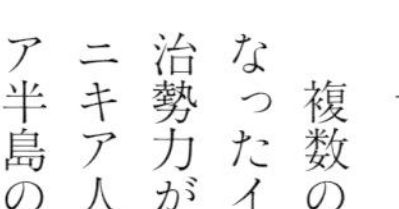

▶**イベリア半島先住民の居住分布図**　ヨーロッパ大陸全土に広がっていたケルト人は陸路で半島に来訪し、鉄器文化をもたらした。

2　「ローマ化」への道のり

❄

複数の文化と文明とが混ざり合う場となったイベリア半島へ、さらに二つの政治勢力が支配権を及ぼそうとした。フェニキア人の植民都市カルタゴと、イタリア半島のローマである。西地中海圏の覇権をめぐって相争う両勢力であったが、第一次ポエニ戦争（前二六四〜前二四一）の敗北後にカルタゴは、イベリア半島支配に本腰を入れた。第二次ポエニ戦争（前二一八〜前二〇一）では、カルタゴのイベリア半島軍を統括した、かの有名なハンニバルとローマが争った。カルタゴの影響力をイベリア半島から駆逐したローマは、前一九七年、イベリア半島支配領域を二名のプラエトル（政務官）が管轄する決定を下す。我々はこれをもってヒ

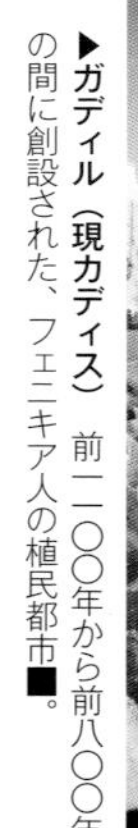

▶**ガディル（現カディス）**　前一一〇〇年から前八〇〇年頃の間に創設された、フェニキア人の植民都市■。

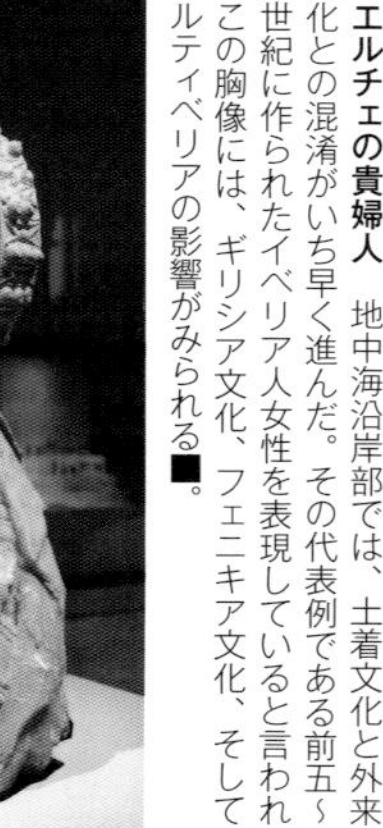

▶**フェニキア神像**　フェニキア人は、イベリア半島に彼らの信仰する神も持ち込んだ。このアスタルトは豊穣の女神として遍く知られ、ギリシア神話とも習合を果たしている。

▶**エンポリオン（現アンプリアス）**　前六世紀に創設されたギリシア植民都市。前二世紀頃に都市の最盛期を迎えたことが考古学研究から明らかとなっている

◀**エルチェの貴婦人**　地中海沿岸部では、土着文化と外来文化との混淆がいち早く進んだ。その代表例である前五〜四世紀に作られたイベリア人女性を表現していると言われるこの胸像には、ギリシア文化、フェニキア文化、そしてケルティベリアの影響がみられる■。

スパニア属州の成立とみなし、また「ローマ化」の開始年としている。

とはいえ、即座にイベリア半島の全域がローマの支配下に組み込まれたと考えてはならない。「ウルテリオル（向こう側）」と「キテリオル（手前側）」と呼ばれた二つのヒスパニア属州で実効支配できていた領域は、あくまで地中海沿岸部に限定されていた。共和政ローマは、紀元前の二世紀から一世紀にかけて、半島内陸部に割拠する先住民勢力を懐柔し、戦争に訴え、そしてローマ型都市文化の導入を通じて、統治を模索していく。のちに完成する帝国支配の実験場としての役割を担ったのが、イベリア半島であった。

✢ルシタニア戦争とカンタブリア戦争✢

しかしイベリア半島全域の支配を目論んだ共和政ローマは、その目的をひとまず完遂するまでに二〇〇年近くのときを費やすこととなる。特に前二世紀の後半には半島中央部で先住民の激しい抵抗に遭った。ローマ軍と激しい戦争を繰り広げたのが、半島西部のルシタニア人と総称される人びとの軍事的指導者として頭角を現したウィリアトゥスであった。ルシタニア戦争（前一五五～前一三九）とも呼ばれるこの戦争において彼は、前一三九年に暗殺されるまで、ローマ軍にとって恐怖の対象であり続けた。半島北東部の先住民であるケルティベリア人との長きにわたる抗争もローマ軍の悩みの種であった。特にローマ軍を苦しめたのは、先住民の要塞都市ヌマンティアであった。その抵抗は、スキピオ・アエミリアヌス（小スキピオ）の手により長期間にわたる包囲戦の末、同要塞が前一三三年の夏に陥落して、徹底的に破壊されるまで続いた。

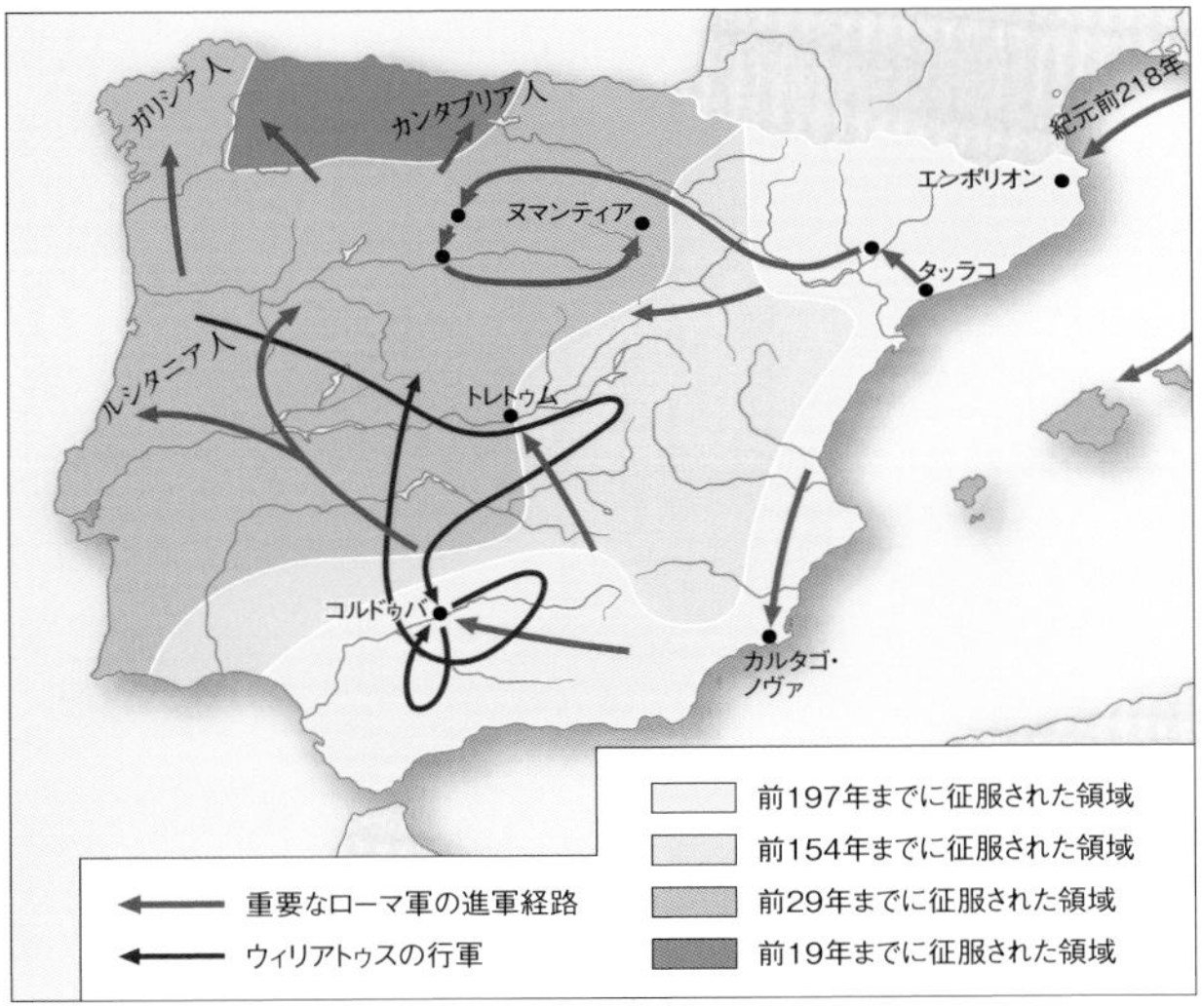

これ以後、組織的なローマに対する抵抗は鳴りを潜める。ローマ支配下のもとで比較的安定した豊かなヒスパニア両属州は、歴代のローマ共和政期の有力者らが自身の権力基盤とした場でもあった。たとえばマリウス派閥とスラ派閥との間の内部抗争、第一回三頭政治の二大巨頭カエサルとポンペイウスとの権力闘争の舞台となったのがヒスパニアである。続いてローマの実権を掌握したアウグストゥスは、未だ支配の及んでいなかったイベリア半島北西部領域のカンタブリア人、アストゥリアス人

▲「カランボーロの宝」 1958年に偶然発見されたタルテッソス時代の遺物。雄牛をともなう何らかの儀式で用いられた可能性が指摘されている。

▼ローマによるイベリア半島の征服過程 フェニキア人やギリシア人との混淆を繰り返していた地中海沿岸部から南部のグアダルキビル川流域は、ローマへと早々に恭順した。しかし内陸のメセータへと版図を拡大しようとするローマに対してとりわけ紀元前2世紀、激しい抵抗運動が生じた。

の居住する地に対して前二六年以後自ら陣頭指揮をとり、前一九年、彼の側近で娘婿であったアグリッパの功績により、遂に半島全体をローマの統治下へ置くことに成功した（前二九〜前一九：カンタブリア戦争）。

3 帝国時代の繁栄

※

半島の全域を支配下に収めたアウグストゥスは、いち早く属州統治体制の再編を実施した。これまでのキテリオル属州に、カンタブリア戦争で平定間もない北西領域を組み込んでタラコネンシス属州とし、ウルテリオル属州は、ルシタニアとバエティカと呼ばれる二つの属州へと分割された。これら三つの属州のうち、未だに「ローマ化」が完了していない最初の二属州は皇帝直轄とする一方、平穏なバエティカは元老院管轄とした。

古来、フェニキア人、ギリシア人、そしてカルタゴという地中海諸民族の影響がいち早く及び、先住民との融合を繰り返してきた半島南端部地域を中核とするバエティカ属州は、ローマによる統治を最も長く経験してきたところであった。地誌学者ストラボン曰く「バエティス川（現グアダルキビル川）沿いに住む人びとは、（中略）全員がローマ人であると言っても過言ではない」。バエティカが元老院管轄属州とされたという事実こそ、既にローマと大差のない「文明化」を完了している模範的な領域であったことを明白に物語る。

✢都市の栄華✢

『博物誌』で知られる大プリニウスの生きた帝国最盛期である紀元後一世紀、バエティカには一七五の都市的機能を持つ定住拠点が点在していたとされる。地方有力者層である都市参事会員（デクリオネス）らがローマ中枢の政治システムをそのまま踏襲し、都市行政と徴税、司法、そして何よりも都市インフラの維持に尽

▲**「スペイン人の英雄」ウィリアトゥス**　現在サモーラの町に設置されているウィリアトゥス像。「ローマ人たちの恐怖（Terror Romanorum）」の対象として、外敵ローマへ最後まで抵抗した彼は、国民国家の時代としての19〜20世紀に、民族的英雄としてまつりあげられた（写真：Shutterstook）。

▼**ヌマンティアの遺跡**　現在残されている遺跡は、ローマ時代のものである。ヌマンティアでのケルティベリア人らのローマに対する徹底抗戦は語り継がれ、セルバンテスの戯曲『ヌマンシアの包囲』を生み出した。

くした。たとえば、もともと先住民トゥルデタニィア人の交易の中心地であったとされるコルドゥバ（現コルドバ）は、アウグストゥス期に植民都市となり、ユリウス＝クラウディウス朝期にバエティカ属州の中心拠点として急激な都市拡張を経験した。同都市の円形闘技場は、イベリア半島で

▲ローマによる属州統治　アウグストゥス治世期に3属州へと移行した。のちのディオクレティアヌス帝期、タラコネンシス属州が3分割（タラコネンシス、カルタギネンシス、ガラエキア）されて計5つの属州へと再編された。

▼イタリカの円形闘技場跡　ローマ帝国領の各地でみられる円形闘技場のかたちを踏襲している。ここでは剣闘士闘技に代表されるさまざまな催し物が挙行された■。

◀コルドゥバの神殿跡　市街地の中心部に残る遺跡。基礎部分は80m×60mであり、アウグストゥス以後の時代に城壁の一部を利用して建てられた。皇帝崇拝との何らかの関連のある施設と考えられている■。

▶サラゴーサの街中に溶け込む古代ローマ時代の遺構　後一世紀に作られた劇場であり、六〇〇〇人を収容できたとされる。帝国崩壊後に防備施設の建造のための石材調達場となり、その後、居住地の中に紛れていた。一九七三年以来の発掘調査でその全貌が判明した■。

最大規模を誇り、三万人をいちどに収容可能であったとされる。また古来、先住民のタルテッソスあるいはフェニキア人によって創設された都市拠点ヒスパリス（現セビーリャ）や、ヒスパリス近郊のイタリカ（現サンティポンセ）もまた、壮大な遺跡という形で我々にこの時代の栄華を誇示し続けてくれている。後者は二万五〇〇〇人を収容可能な円形闘技場を備え、上下水道設備を完備する町でもあった。

かつてローマ支配に激しく抵抗した先住民の故地であったルシタニア属州、そして平定間もない北西部領域を含むタラコネンシス属州は皇帝直轄とされた。南のバエティカ属州と比べ、統治にあたって皇帝による直接的な関与と介入が多く見られる点に特徴がある。未だ半島全域の平定が完了していない前二五年、アウグストゥスはエメリタ・アウグスタ（現メリダ）を創建し、この都市がルシタニア属州の州都として機能していくこととなる。

征服して間もない不安定な領域を含むタラコネンシス属州にはローマ軍団が常駐したが、現在の都市レオンの起源は、軍団駐屯地（ラテン語で「軍団」はlegio）であった。またルクス（現ルゴ）、ブラカラ（現ブラガ）、アストゥリカ（現アストルガ）といった都市も、領域防衛を担う機能を果たすと同時に、先住民を文化的に「ローマ化」していく核となった。

▶タッラコの戦車競技場跡　後一世紀に作られ、長さ三二五メートル、幅一一五メートル、三万人近くの観客を収容可能であった。現在のタラゴーナの住宅地の地下に埋もれるかたちで、一部が露出している■。

ポンペイウスに所縁のあるポンパエロ（現パンプローナ）、アウグストゥスの創建したカエサルアウグスタ（現サラゴーサ）も、同様の機能を果たした。州都は、地中海に面した、古よりの都市タッラコ（現タラゴーナ）である。政治・行政の核となるローマ型都市には、給水インフラ、円形闘技場、半円形劇場が完備された。帝政期には皇帝崇拝と剣闘士競技とを関連付け、帝国の文化と信仰を普及させる面でも大きな役割を果たした。

✢ローマ街道と交易の発展✢

このような帝国支配の核となるローマ型都市と古くからの先住民集落とを、動脈のように張り巡らされたローマ街道が連結する。たとえばアウグスタ街道は、ナルボ・マルティウス（現ナルボンヌ）からタッラコ、地中海岸沿いを経由して、バエティカ属州に入り、コルドゥバを経由して、かつてガディルと呼ばれたガデス（現カディス）に至る、いわば大動脈であった。

◀**ハドリアヌス帝の胸像**　プラド美術館の一階には、近世の作品も含めて古代に関連する大理石彫刻が数多く展示されている。五賢帝のトラヤヌス帝とハドリアヌス帝時代、ローマ帝国はその最大版図を実現した■。

タルテッソス、フェニキア、ギリシア、そしてローマという複数の文化を重層的に積み重ねてきたバエティカ属州を中心とし、「パックス・ロマーナ」を謳歌するこれら三つのヒスパニア属州は、広大なローマ帝国領域において最も豊かな属州に数えられるまでになった。鉱産資源として金、銀、銅や鉄、そして錫を豊富に

◀**セゴビアの水道橋跡**　後二世紀、トラヤヌス帝から次代ハドリアヌス帝時代に建設された水道橋。都市から一七キロ近く離れた水源から水を供給するための施設であるが、接着材としてのセメントを用いずに石だけで組み上げており、古代ローマ時代の建築技術の高さを証明している■。

産出し、大西洋と地中海の豊かな漁場から得られる海産物（特にガルムと呼ばれる魚醤が有名）、バエティカ属州のグアダルキビル川流域の肥沃な大地で栽培された穀物やワイン、そしてオリーブは、帝都ローマの中枢イタリア半島の生活を支えるほどであった。

護民官に就任し元老院議員となったクイントゥス・ヴァリウス・セウェルスや、ガデス生まれで執政官に上りつめたルキウス・コルネリウス・バルブスを例として、共和政末期にはローマ支配階層への参入が既に始まっていたとはいえ、帝国最盛期の後一世紀から二世紀にかけて、イベリア半島がさらに多彩な人材を輩出することになっていくのも当然であった。

まず取りあげるべきなのは、政治の中枢に君臨する皇帝であろう。帝国最盛期の皇帝として名高い五賢帝のトラヤヌス、ハドリアヌスの両者は、バエティカ属州の都市イタリカと所縁が深い。『自省録』で知られるマルクス・アウレリウス帝の父方の祖先も同様であった。大セネカ、その息子で家庭教師として幼少期のネロに仕え非業の死を遂げた小セネカ、彼の甥にあたる詩人ルカヌスは、今でも都市コルドバの英雄であり続けている。帝国最盛期である一世紀を生きた修辞学者クインティリアヌス、風刺詩人マルティアリスは、それぞれタラコネンシス属州の都市カラグリス（現カラオーラ）、アウグスタ・ビルビリス（現カラタユー）の生まれであった。

Column 1

地域による「ローマ化」の差異

我々は古代ローマが地中海全域を包摂する帝国を形成し、そしてその崩壊後も、時代ごとの解釈を含みながら、この帝国の文化遺産がヨーロッパ世界のアイデンティティ形成に果たしていくことになる甚大な影響力を知悉している。このため、「先進的」なローマが「野蛮で遅れた」ヨーロッパ大陸の先住文化を排除して帝国全土に共通する普遍文化を定着させていく「文明化」を、自明でポジティブなことであると即断してしまいがちである。

しかしイタリア半島中央の一都市国家にすぎなかったローマが、建国当初からそのような遠大な意図を持っていたわけではなかろう。イベリア半島に進出し始める前二世紀当時、共和政ローマの属州支配は現地の当事者に丸投げされ、先住民に対する対応も場当たり的なものであり、トップダウンで「ローマ化」が遂行されていくとは限らなかった。土着民自らがローマとの関係を積極的に深めていく側面もあった。この結果、それ以前から複数の民と文化の混淆を既に経験してきていた属州ヒスパニアでは、先住民（フェニキア、ギリシア、イベリア、ケルト、カルタゴ）の文化的影響が残存したまま、ローマというもうひとつの文化的要素が付け加えられていく過程が数百年続いた。こうみなすべきかもしれない。

近年の研究の進展によって、一元化された普遍文明と考えられてきた古代ローマ帝国内部の文化的多様性が次第に強調されるばかりか、地域的な差異があまりに激しい「ローマ化」のプロセスが明らかとなってきている。イベリア半島北部は、征服以前からの血族・部族紐帯を継承しながら、カストルムあるいはオッピドゥムと呼ばれる防備集落と、ローマ型都市とをネットワーク化したハイブリッド空間であり続けた。帝国最盛期になっても、ローマ人としてのアイデンティティと、たとえばケルティベリアの出自であるといったイベリア半島先住民としての誇りの双方が両立する場合もありえた。ローマの神々と同時に、土着の神々を崇敬対象としていた証拠もある。

「勝者」としてローマ文化を意図的・強制的に普及させようとする政策、生き残りを図ろうとする先住文化、この二つの思惑が錯綜する過程で折衷文化が作られていくのであり、これは、勝者と敗者との間の不可避かつ一方的な関係などではなかった。

第二章　西ゴート王国の時代

1　古代末期の混乱　※

後二世紀のローマ帝国は、いわゆる五賢帝時代に最大版図を実現した後、長きにわたる内憂と外患の混乱期に入った。古代史研究では「古代末期」という時代区分で、中世史研究では「ポスト・ローマ期」という概念で把握される、古代から中世への移行期（三世紀〜八世紀頃）に突入したのである。

✢「三世紀の危機」✢

それまで拡大の一途をたどってきた帝国ローマは内向きとなり、奴隷や戦利品といった新たな収入源が途絶して、繰り返されるゲルマン諸部族の侵入、長大となった国境線防衛に伴う負担増に加えて、サーサーン朝との戦争が泥沼化した。軍人皇帝時代という極度の政治混乱期に象徴されるこの「三世紀の危機」において、ローマ帝国領域は「バガウダエ」の動乱をはじめとする社会秩序のたび重なる乱れ、疫病の流行、貨幣制度の混乱と帝国領内を支配してきた富裕市民層の没落、そして心性の変化に伴う社会的な軋轢（キリスト教の普及と迫害、皇帝崇拝の強要）を経験した。

この時代、イベリア半島も混乱をきたしているのは事実である。北からは二六〇年頃から二七六年にかけてフランク族のイベリア半島への侵入が見られ、タッラコが劫掠された。一方、半島の南においては、北アフリカのマウリタニアからの侵入が相次いだ。ローマ帝国の中で最優等生であったヒスパニア諸属州にも、混乱が迫っていた。

とはいえ、危機により帝国各地が分断されながらも、それまでのネットワークの核となっていた都市や集落が、防衛、政治行政、経済そしてキリスト教の信仰の中心地としての機能を自律的に果たしながら、分断された各地域固有のダイナミズムが登場する時代が始まったとも解釈できる。特に注目すべきは、この時代に帝国領内で新たな人的紐帯と政治勢力が誕生しようとしていたことであろう。すなわち、キリスト教徒の擡頭である。司教をはじめとする、ローマ式教育の古典的手法に則った教養を持つキリスト教徒の指導者層は、混乱をきたしている諸都市の新たな支配階層として、都市インフラの維持に努めた。こうしてキリスト教徒たちは、四世紀初頭のミラノ勅令以後の帝国統治に欠かせない存在となっていく。

2　西ゴート王国の成立　※

四世紀から五世紀にかけてはさらに激動の時代となった。いわゆるゲルマン民族の大移動期には、波状的にヴァンダル族、スエヴィ族、アラン族といった多種多様な民族集団がライン・ドナウ防衛線を越えてガリア（現フランス）へと進出し、略奪をおこないながら属州ヒスパニアに来寇した。ヴァンダル族は短期間グアダルキビル川流域に逗留した後、北アフリカへと去ったが、スエヴィ族は、現ガリシア地方に王国を建設した（スエヴィ王国、四〇九〜五八五）。

アタウルフ率いる西ゴート族は、四一五年、イベリア半島へと侵入する。四一八年にホノリウス帝は、アタウルフの後継者ワリアと「条約（フォエドゥス）」を締結して、彼ら西ゴート族のアクィタニア属州（南仏）における永続的定住を許可するが、これはローマ帝国領内での初めての「蛮族王国」の誕生を意味した。続いて西ゴート族を束ねたテオドリック一世は、ローマ皇帝への忠誠を誓いながらも、自立領域を治める族長として振る舞い、南仏からイベリア半島にまたがる

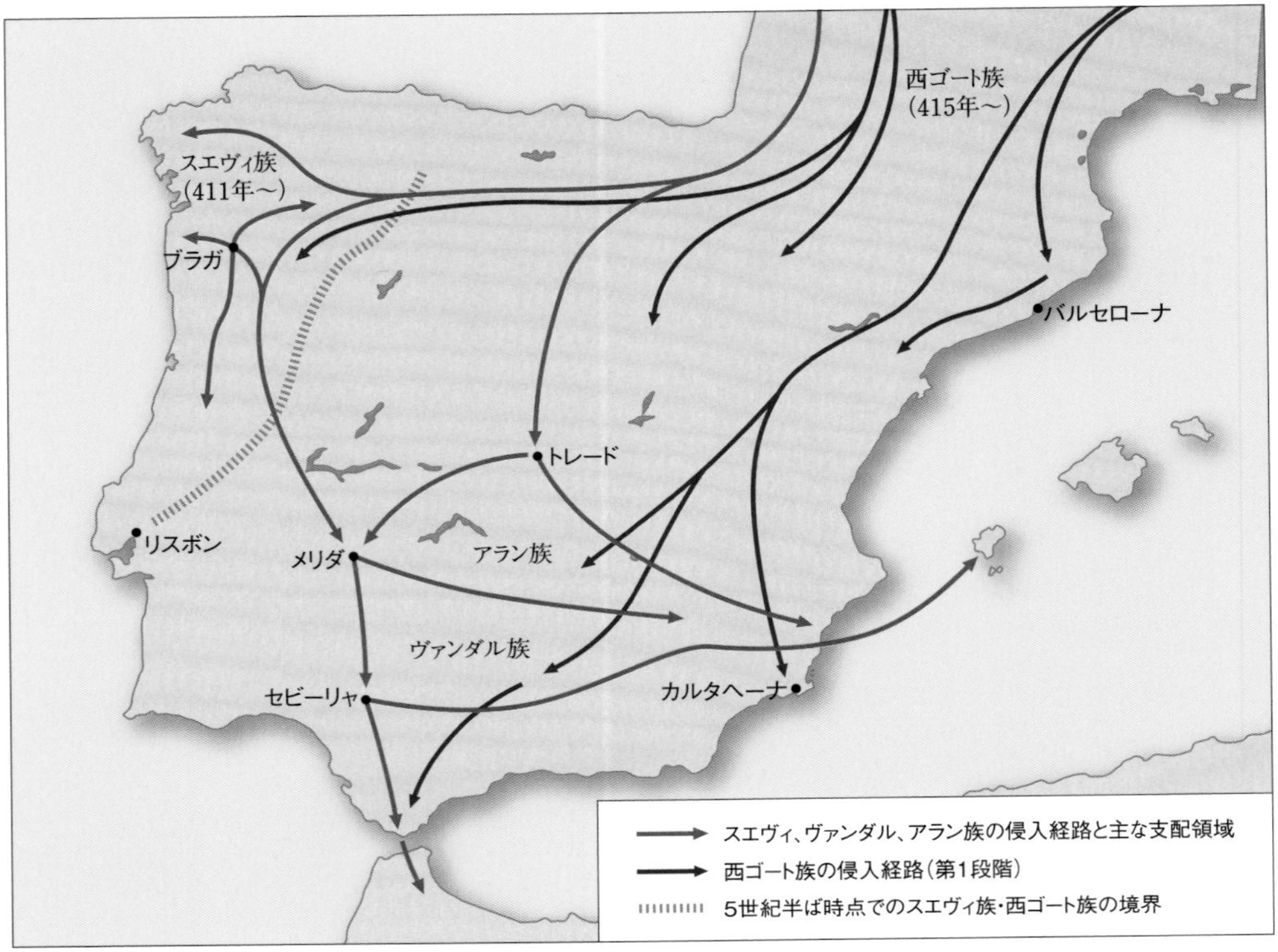

▲**ゲルマン民族の移動**　イベリア半島北西部（現在のポルトガル北部からガリシア地方にかけての領域）は、スエヴィ族らが定着し、その影響が長きに及んだ。

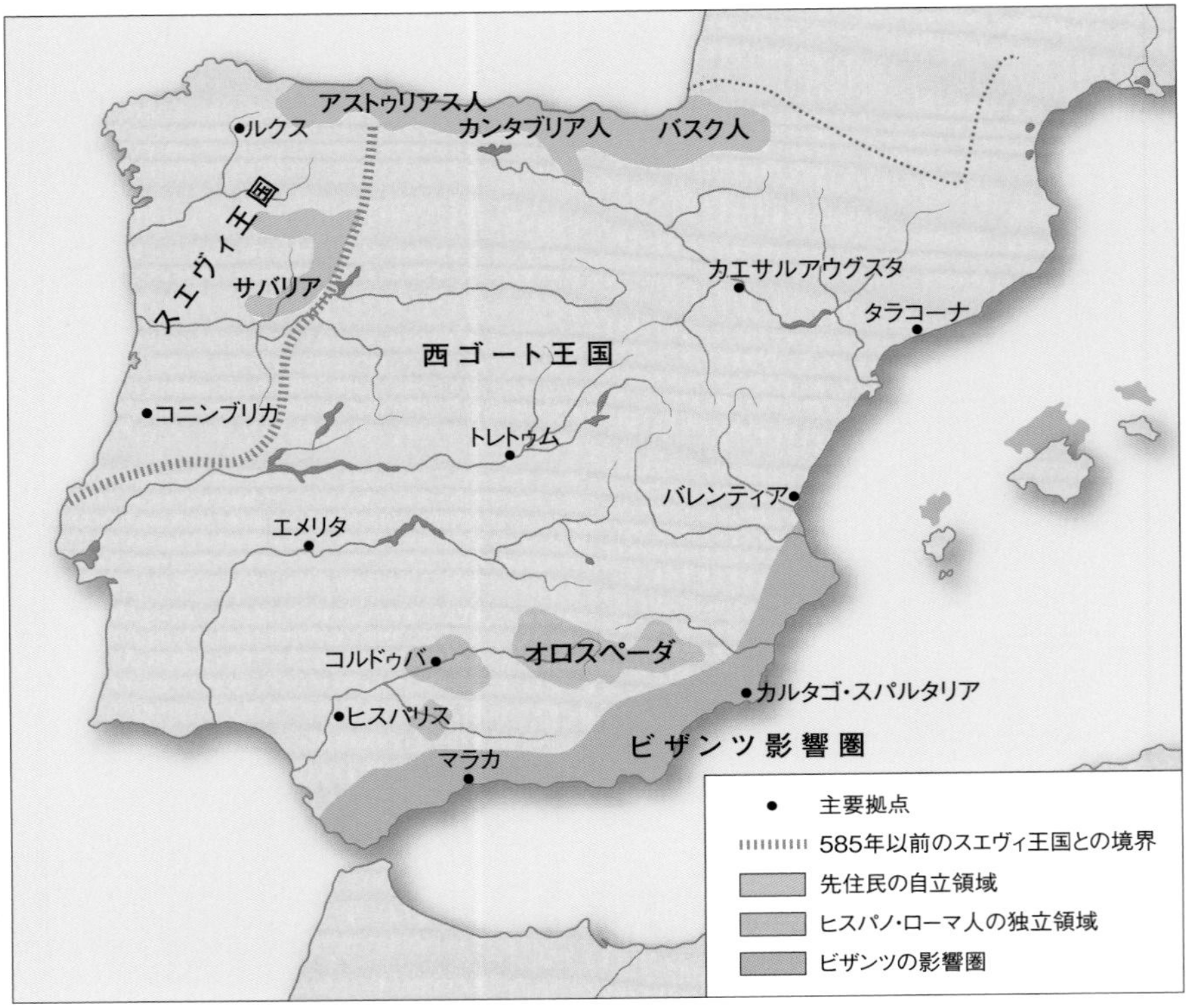

▶**西ゴート王国の支配領域**　レオヴィギルドはイベリア半島の北西部のスエヴィ王国、ビザンツ帝国の影響下にあった南部、そして北方領域のアストゥリアス、カンタブリア地方への遠征を繰り返し、七世紀に半島は概ね統一された。

▶**クリスモン**　四〜五世紀、大理石製。カルモーナ近郊で出土。イエス・キリストのギリシア語文字の最初の二文字を組み合わせたモノグラムは、いたるところにみられる。

◀**レオヴィギルド王**　西ゴート王（在位五六八〜五八六＊共同統治時代を含む）。彼の中央集権的拡張政策は、多くの軋轢を生み出したのも事実であり、王国南部の諸都市の思惑とカトリック聖職者の思惑も絡みあいながら息子ヘルメネギルドが父王に対して反乱を起こしている（ファン・デ・バロエタ・イ・アンギソレア作、一八四四〜四五、プラド美術館）。

領域の支配権を獲得した。

西ゴート王国によるイベリア半島の支配時代は、前半期と後半期に区分することができる。前半期（五世紀〜六世紀前半）、西ゴート族はアリウス派を信仰し、族長のもとでの民族的結束を維持しつつ、イベリア半島のローマ系住民とは別個のアイデンティティを保ち続けた。しかしこうして形成された「蛮族王国」は、政治イデオロギーにおいても、実際の統治・行政面でも、ローマ帝国をそのまま模倣せざるを得なかった。経済・財政機構の面では、三世紀の末にローマ帝国が作りあげた強力な課税システムを継承した。法的には、西ゴート族に適用される法典（『エウリック法典』）に加えて、アラリック二世が、五〇六年、『西ゴート族のローマ法（アラリック法典）』を制定し、支配領域内のローマ系住民に対する法規範を整えた。

対外的にはゲルマン諸民族同士の抗争、そして半島南部ではユスティニアヌス帝のもとで勢威を盛り返した東ローマ帝国との戦争に明け暮れ、六世紀の前半にはフランク族との抗争の結果、王国版図は実質上イベリア半島に限定されることとなった。

✢ローマからの独立✢

社会の「二重性」とでも呼びうるかたちで内部が分断されたままの西ゴート王国の統治は決して安定したものではなかった。少数派である支配者層としての西ゴート系住民は、圧倒的多数を占める被支配階層としてのローマ系住民への配慮を迫られた。またこのローマ系住民の有力者とりわけ各都市拠点の聖職者層は識字能力を維持しており、効率のよい王国統治のためには、彼らに実務をゆだねる必要があった。法制度面でもゴート系とローマ系は別個の人間集団とみなされ分断されていたし（属人主義）、信仰の面でも前者はアリウス派教義を信仰し、後者のローマ系住民は「カトリック」を信仰していた。これに加えて、ゲルマン系諸部族にしばしば見られる選挙王制という原則を維持し、王の交代をめぐって頻繁に発生する政治的混乱に彩られた西ゴート王国前半期の支配体制は、脆弱と言わざるを得ない。

▲第3回トレード公会議　（ホセ・マルティ・イ・モンソ作、1862年、プラド美術館）
▼西ゴート貨幣　右：レカレド1世（在位586～601）、左：シセナンド（在位631～636）、中：レケスウィント（在位649～672）の貨幣。

しかし西ゴート王国の後半期（六世紀後半〜七一一）、レオヴィギルド治世期を転機として、これらの支配体制の見直しが始まった。彼はトレードに宮廷を定めるとともに、イベリア半島の全域を政治的に統一する動きを強める。北ではスエヴィ王国域を五八五年に併合すると、西ゴート支配に服そうとしないカンタブリア地方、バスク地方への遠征を繰り返し、またフランク王国への対外戦争も実施した。この転機としてのレオヴィギルド治世期を象徴しているのが、貨幣の鋳造である。それまでのローマ式あるいはビザンツ式の貨幣制度を撤廃し、皇帝とよく似た衣装を身につけた自らの姿を刻印することで自分自身の権威を表現しようとした。こうして六世紀の末頃、西ゴート王国は遂にローマから「独立」した。

　レオヴィギルドを継承した次男レカレド一世が推し進めたのが、政教一致体制の導入である。王国の最富裕層として、パトロンあるいはインフラの要となるカトリック司教たちの助けなしに、王国運営は成り立たなかった。五八七年にレカレド一世は、自らアリウス派からカトリックへ改宗することで範を示し、五八九年五月に開催された第三回トレード公会議で、西ゴート王国のカトリックへの公の改宗を宣言した。カトリックの守護者たる司教権威をはじめ、都市や地域で社会経済的な権力を保有する聖職者階層との協力関係を、王国の政治的安定に利するかたちで構築したのである。

　互恵的な関係を取り結んだ西ゴート王権とカトリック教会は、続いて王権の脆弱性を克服しようとした。六三三年の第四回トレード公会議において司教団は、王位を簒奪しようとする者に対して、アナテマ（破門）を言い渡す。また司教団は、旧約聖書を模範とする王の聖別の儀式に価値を見出した。こうして聖油を授かって人民を保護する誓約をおこなってから王として即位すると、西ゴート王は理論上、不可侵の存在となった。塗油の儀礼を介して王権を神聖化し、また教会の人的ネットワークを通じて王国支配を目指す西ゴート王は、政治・行政の担い手としてカトリック教会組織に寄り添ったのである。

次に取り組んだのが、法的な王国統合である。レケスウィント治世の六五三年、第八回トレード公会議で『西ゴート法典(リベル・ユディキオルム)』が承認されて、この翌年に全土に発布された。こうしてローマ系住民であれ西ゴート系住民であれ、西ゴート王国領内に居住する全臣民が、同じ法の下に置かれることとなった。名実ともに西ゴート王国は安定した政治単位として、宗教文化的な繁栄を謳歌したのである。

▲**「グアラサールの宝物」** 10世紀半ば、トレード近郊のグアラサールで発見された、金と貴石で装飾された王冠18点、奉献冠8点、行列用十字架の断片からなる、一連の西ゴート時代の遺物。奉献冠は、教会などで天井から吊るして儀礼の際に用いられたと推測されている■。

3 西ゴート王国の社会と文化

西ゴート王国史研究で利用できる史料の多くは法典であるが、これは叙述的というよりも規則を記したものである。後代に残された数少ない叙述史書の記述も、抽象的かつ簡素なものであるため、当時の社会の実態を解明することができないのがもどかしい。

まず政治体制について。当初、ローマ帝国の後継者として支配を開始した西ゴート族は、六世紀後半以後、キリスト教の伝統を組み込んだ神聖王権を目指した。地方行政機構については、公(ドゥクス)や伯(コメス)、判官(ユデックスあるいはティウファドゥス)といったローマ帝国後期の官職制度をある程度受け継ぎつつも、有力修道院や都市部有力者としてのカトリック司教に実務権限を委譲しながら治められていたと考えられる。しかし彼ら王国有力者はこの権力を世襲化して、自らの管轄領域に対する支配権を私物化していく傾向も指摘される。

軍事組織については、西ゴート王国の

▲**サン・フアン・デ・バーニョス教会** 現パレンシア県。7世紀に建造された教会。西ゴート時代の馬蹄形アーチは、アンダルス建築文化へと継承された。

◀**サン・ペドロ・デ・ラ・ナーベ教会** 現サモーラ県。同じく七世紀に建造。重厚で太い石材を用い、柱頭には浮彫が施されている。

▶◀**エル・サルバドール教会（トレード）**　アンダルス時代にはモスクとして利用されていたが、のちに教会へと転用された。西ゴート王国時代の柱が残存している点が興味深い■。

▶**イシドルス（サン・イシドーロ）**　五六〇頃～六三六。兄レアンデルの跡を継いでセビーリャ大司教となった。古代世界の知の蒐集に尽力したことで有名である。ちなみに今現在、インターネットの守護聖人でもある■。

みが、比較的高性能な軽装騎兵を用いていたとされるが、実態は定かではない。社会状況については、既に述べたように信仰と法を一元化するかたちで、西ゴート王国臣民としての一体性が目指されたものの、この結果、ゴート族が有していた部族制機構の弛緩が決定的となると同時に、貧富の格差と階層分化が顕著となった可能性が高い。西ゴート族という新しい支配的エリートと協力関係を構築し、社会的優位を維持していたローマ系住民の有力者、とりわけ教会勢力は、自らの権力基盤たる大土地所有制を保った。古代末期の混乱の結果、ローマ帝国最盛期と比べて都市規模が大幅に縮小することは避けられなかった。しかしこれに代わって、新たな農村拠点、とりわけ高地の丘陵部で防備の施された拠点が増え、これらを核とするネットワークが地方ごとに生み出されていった。

✢古代の知の継承✢

古代の空前絶後の繁栄から、「暗黒時代」と称される中世初期への移行期は、ちょうど西ゴート王国時代に該当する。確かに、識字能力を持つ者はほぼ高位聖職者に限定されており、著作もキリスト教神学に関連するものがほとんどである。とりわけギリシア語による知が急速に失われたことは明らかだ。しかしながら西ゴート王国内のカトリック高位聖職者が、古典古代の知の維持・継承者として尽力したことも否定できない。事実彼らは、聖アウグスティヌス、聖ヒエロニムスを介してではあるものの、ウェルギリウス、オウィディウスなどの古典古代の知にもアクセスしていた。

その代表的な人物は、セビーリャのレアンデルとその弟イシドルスであろう。六世紀後半から七世紀にかけて、まさにレオヴィギルド治世期以後に活躍したこの両兄弟のうち、とりわけ「サン・イシドーロ」の名で知られる弟は、古典古代の知の『百科事典』（『語源誌』）を著したことで広く知られている。この書物は、既に彼の存命中から西欧であまねく読まれることとなり、七世紀中にフランスから北イタリア、さらに海を越えてブリテン島からアイルランドにまで伝来し、西欧中世の知の維持と発展に欠かすことのできない貢献を果たした。この他、七世紀にトレード大司教を務めたイルデフォンススやユリアヌスの知的営為からも、古代の先進地域であったアフリカや東地中海域との人的交流や書物の遣り取りが継続していたことがわかる。この時代の知的活動全般を指して「イシドルス・ルネサンス」と呼ばれることもある。

王国の中枢となったトレードの宮廷では「王立図書館」とでも呼ぶべきものが存在し、聖職者を養成する一種の学校も設置された。トレード、メリダ、セビーリャ、サラゴーサ、ブラガなど、各地域の核となる場に設立された修道院での知的活動も見逃せない。俗人貴族も、一定程度の識字能力を持っていた可能性すらある。半島中央部のメセータでは、粘板岩（スレート）に書かれた文章が近年、多く出土してきているが、文字練習をおこなっている板は、当時の「学校教育」の存在を示唆してくれる。

▲**『語源誌』写本**　イシドルス著『語源誌』は、古典古代の知を総覧した彼の代表著作である。エル・エスコリアル図書館所蔵の11世紀写本より。

王国の経済状況についても、その停滞と孤立が過度に強調されるべきではない。政治的対立を繰り返しながら七世紀には、西ゴート王国とフランク王国との間で交易関係が維持されていた。概してヒト・モノ・情報の交流は、地中海世界の全域でつつがなく維持されていた点が近年強調されてきている。

繁栄の道へと進むかに見えた西ゴート王国であるが、教会と王権が手を携えた神聖王権を基盤として得られた政治的な安定と表裏一体となる、ある負の側面もまた生じてきた。カトリック以外の宗教的他者の排除、すなわちユダヤ人に対する迫害である。事実六一二年、西ゴート王シセブートは半島内ユダヤ教徒共同体の迫害に着手している。

✢地域的多様性の継承✢

さて、西ゴート王国は、「スペイン史」において欠くべからざる役割を果たした。第一に、イベリア半島の全域をその支配下に収めた初めての独立政治単位として。第二に、カトリックへ改宗したことにより、のちの「スペイン」のアイデンティティの拠り所として。しかしこれらと矛盾するかに思われるが、第三に、支配者である西ゴート族の少なさと統治能力の脆弱性によって、古代のイベリア半島に未だ残されていた地域的多様性をそのまま継承し、定着、場合によっては促進する役割を果たした。たとえば、スエヴィ王国の核となったガリシア地方ではキリスト教のプリスキリアヌス派（厳格な禁欲主義）の影響が残存したし、ピレネー山麓からカンタブリア山脈、アストゥリアス地方にかけての北方領域は結局、不完全なかたちでしか統合されえなかった。

ところで西ゴート王国がイベリア半島に居を構えた時代は、巨視的に眺めた場合、古代末期小氷期（六世紀から七世紀にかけての時期）に相当している。ビザンツ帝国とサーサーン朝ペルシアを苦しめ、イスラーム世界の進出を後押しするとともに、地中海圏で「ユスティニアヌスの大疫」と呼ばれるペストの大流行が定期的に発生した時期（六～八世紀）にも該当した。このようなとき、イベリア半島ののちの歴史を大きく変える事件が起こる。

Column ❷

西ゴート王国の遺産

西ゴート王国期は、歴史学者や考古学者が直接頼りにできる史資料が少なく不明なことが多いのみならず、古代ローマ帝国の栄光と、アンダルス（イスラーム・スペイン）と「レコンキスタ」といった耳目をひく時代との間に挟まれた空白の時代でもある。しかしこの王国なくして、現在のスペインや西欧、そしてアメリカ大陸の歴史を語ることはできない。

西ゴート王国が滅亡した後も、同王国で定着していたキリスト教典礼（通称モサラベ典礼）は、八世紀以後のアンダルス統治時代に維持され、北のキリスト教諸国へもある程度は継承されたが、これはいわゆるローマ式典礼とは一線を画する地域色豊かなものであった。後述するカスティーリャ王国が継承・発展させていくいわゆる「レコンキスタ」の大義名分は「西ゴート王国の復活」であったし、近世スペイン帝国、近現代の国民国家としてのスペインにおいても、この王国はイベリア半島全土を統べた初めての独立政治単位として称揚された。

しかし後代への影響力という意味でより重要なのは、西ゴート王国期の後半に激化したユダヤ人迫害であろう。六三三年に開催された第四回トレード公会議ではユダヤ人の公職からの追放規定が発布され、六九四年の第一七回トレード公会議ではユダヤ人の財産没収と奴隷化が規定された。一一世紀以後、西欧キリスト教世界が成熟していくのに伴い、これらの教会会議のユダヤ人迫害に関する諸規定は、第四ラテラーノ公会議（一二一五年）をはじめとするローマ教皇が主導する西欧キリスト教世界の対ユダヤ人政策の典拠とされた。

これ以上に中世の西欧世界を越えて広範な影響を及ぼしたのは、西ゴート法である。既に述べたように七世紀半ばに発布された『西ゴート法典』は、属地法として画期的なものであったが、この法はアンダルス統治時代にも維持されて、イベリア半島北のキリスト教諸国でも「フエロ・フスゴ」の名で知られる法規として継承されていった。一三世紀のカスティーリャ王国で編纂された『七部法典』以後、カスティーリャ法として一四九二年以後のアメリカ大陸へも導入された。一九世紀に独立を果たすラテンアメリカ諸国のみならず、長らくスペイン帝国の影響を被ってきた合衆国カリフォルニア地方の法観念への影響すら見出されるのである。

最後に、我々にとっても最も身近な遺産といえるものをひとつ紹介しておきたい。それはスペイン系の名前である。アルフォンソやフェルナンドをはじめとして、アルバロ、アドルフォ、ゴンサーロ、ラミーロ、そしてロドリーゴといったスペインのみならずラテンアメリカ諸国、そしてアメリカ合衆国でもおなじみの男性名は、ゲルマン諸語とりわけ、ゴート語起源の名前が多いのである。

第三章　アンダルスの時代

1　アンダルスの成立　❋

地中海世界では、七世紀に大変動が生じた。預言者ムハンマドを祖とするイスラーム勢力の勃興である。正統カリフ時代を経てウマイヤ家の指導のもとで大帝国を築いていくこの勢力は、イベリア半島の対岸のアフリカにまで影響を及ぼしてきた。

一方、七世紀に安定期を迎えたかに思われた西ゴート王国の内部では、王国官職を世襲化する俗人貴族や教会・大修道院といった聖界諸侯が各地で大土地所有制を展開して領民を従属させる、いわゆる「封建化」が着々と進行していた。彼らは地方豪族のごとき存在として、王国権力を実質的に分有していたのである。

七一〇年のウィティザ王の死後、その後継をめぐってロデリック（あるいはロドリーゴ）とアキラは激しく対立した。王位継承争いと王国内有力者との党派抗争が激化する中、七一一年四月、ベルベル人でウマイヤ朝の将ターリク・ブン・ジヤード率いる一万二〇〇〇名が、斥候部隊を事前に上陸させた後で、イベリア半島に上陸した。王国南部に根を張るロデリックは迎撃を試みるものの敗北し、あえなく西ゴート王国は滅亡した。以後三年たらずでイベリア半島のほぼ全域がウマイヤ朝領域へと組み込まれてしまう。

✢ウマイヤ朝の支配✢

こうして瞬く間に成立したウマイヤ朝支配下の半島領域は、アンダルス（定冠詞をつければアルアンダルス）と呼ばれた。強襲のかたちをとる征服もあったが、数多くの拠点や領域は籠城側への降伏勧告、そして現地民との協定を介すること

▲**ユリアヌス伝説**　劇的な西ゴート王国の滅亡とウマイヤ朝による半島征服は、さまざまな逸話や伝説のモチーフとなった。ジブラルタル海峡の両側で活躍していたと思しき人物「ユリアヌス」は、自身の娘フロリンダが西ゴート王ロデリックに凌辱されたことに激怒し、ウマイヤ朝側に寝返ったという伝説が後に形作られた（フランツ・ヴィンターハルター作、一八五三年、メトロポリタン美術館）。

◀**ジブラルタル**　上陸を果たした将軍ターリクの名にちなんで、「ターリクの山」と呼ばれ、これが「ジブラルタル」の語源となった。スペイン継承戦争後のユトレヒト条約以来、イギリス領である（写真提供：押尾高志）。

▶**アンダルスの成立**　将軍ターリクと総督ムーサー・ブン・ヌサイルが推し進めた軍事活動の結果、三年たらずでイベリア半島の大半が征服されるに至った。

で比較的平和裏に併合が進展した。この結果、西ゴート時代の有力者と領民、そして統治機構と社会構造をそのまま受け継ぐかたちでアンダルスの歴史が始まった。

アンダルス人口の圧倒的多数を占める人びとは、「アラブ化した者」を意味する「モサラベ」と後に呼ばれることとなる、西ゴート系のキリスト教徒であった。このモサラベの有力者層として、西ゴート王国時代の聖俗貴族の末裔がそのまま君臨した。これに加えて、ユダヤ人らもウマイヤ朝の支配をよしとして定着した。この上に真の支配階層として征服者たち、すなわちムスリムが君臨するものの、彼らとて一枚岩ではない。生粋のアラブ人の間でも所属する部族間での対立が根深く、新たに改宗したベルベル人らがこれに加わった。ともあれ、少数派である彼ら支配階層は、自身の地位と特権を維持するために、圧倒的多数を占める旧西ゴート社会への配慮が欠かせなかった。いわゆる「剣かコーランか」という宗教的偏見でアンダルスの歴史を理解することはできない。

▶**ヒシャーム二世期（在位九七六～一〇〇九）のディーナール金貨**

2　後ウマイヤ朝時代の繁栄

七五〇年、ウマイヤ朝の中枢で重大な政変が生じ、アッバース朝が誕生した。母方の故地マグリブへと難を逃れたウマイヤ家の王族アブド・アッラフマーンは、ウマイヤ朝カリフの任命する総督（ワーリー）によって統治されていたアンダルスへと渡り、反抗する総督やアラブ系有力者を抑えて七五六年、コルドバに宮廷をおいた新王朝（後ウマイヤ朝）を創設した。

✢後ウマイヤ朝の行政✢

この新王朝は、それまでのアンダルス統治政策を継承した。政治・軍事エリートとしてのアラブ系ムスリムを要所に配

▲**コルドバのメスキータ内部**　後ウマイヤ朝時代に数度にわたって拡張工事がなされ、現在の広さとなった。13世紀のカスティーリャ王国による征服後は教会に転用され、16世紀には中心区域にルネサンス様式の祭壇が設けられる■。

◀**ミフラーブ**　コルドバのメスキータ内に残るミフラーブ（メッカの方角を示す装飾空間）。10世紀のカリフ時代に、ビザンツ帝国のモザイク技術を用いながら作られている■。

するものの、旧西ゴート王国社会を温存しながら、かつての西ゴート聖俗貴族らに権力を分有させるかたちでの間接統治を志向した。この結果、少数派である支配層としてのムスリムに加えて、西ゴート王国時代からのユダヤ人がおもに都市拠点に集住し、一方で農村を支配する圧倒的多数のモサラベという、棲み分けが見られた。

しかし九世紀になると、同王朝は政治面と法制面で「アラブ・イスラーム化」を基盤としながら、行政システムを整え始める。絹をはじめとする奢侈品の交易を独占するとともに、貨幣鋳造の一元管理を目指し、この財政基盤をもとに傭兵軍を増強しようとした。キリスト教徒やユダヤ教徒が徴税吏や行政官、あるいは衛兵として恒常的に用いられるようになり、それまでの棲み分けが崩れていく。

とりわけアブド・アッラフマーン二世はアッバース朝を模範としながら、行政改革を推進し、支配言語としてのアラビア語の普及と定着を意図してアラブ文学やアラブ詩を振興した。マーリク派法学を修めたウラマー（知識人）を養成して、彼らを支配領域の各地で建造されたモスクにカーディー（裁判官）として配した。ウード（弦楽器）奏者として名高いジルヤーブが、アッバース朝治下から訪れ仕

▲▼**ザフラー宮**　936年からマディーナ・アッザフラー建設という一大事業に着手。最盛期の栄華を伝えるザフラー宮は、コルドバ市街から北西約5キロのところに建設された宮廷都市である。総面積112ヘクタール程度の規模を誇る■。

えたことも有名な逸話である。この「アラブ・イスラーム化」の結果、モサラベのイスラームへの改宗が促され、ムワッラド（改宗者）の数が急激に増加した。短期間での社会の急激な変化によって、雑多な要素が危ういバランスのもとで成り立っていたアンダルス社会内部の軋轢が一気に表面化したのが、九世紀の後半である。

宮廷の置かれたコルドバにおいて、モサラベ聖職者のうちの過激な一派は、西ゴート以来の自らのルーツを強硬に維持しようとして、敢えてイスラームを非難して処刑されることを選び、自らの訴えを表明した。八五〇年から八五九年にかけて生じたコルドバ殉教運動である。その後も、ウマル・ブン・ハフスーンの乱（八八〇〜九二八）をはじめとして、後ウマイヤ朝支配領域の各地で、それまで支配階層であったアラブ・ベルベル系に加えて、新興のムワッラド、そしてモサラベを巻き込んだ武力抗争が頻発した。

▲アブド・アッラフマーン3世の宮廷　ザフラー宮で神聖ローマ帝国の使節を迎えるアブド・アッラフマーン3世。（ディオニス・バシェラス・イ・バルダゲー作、1885年、バルセローナ大学）

▲10世紀のイベリア半島の諸政治勢力　アンダルスの政治と経済、文化の中心は常にグアダルキビル川流域である。半島北部で次第に勢力を確立するキリスト教諸国に対する防衛線として、辺境区が設置された。

さらに北部辺境域が一斉に反旗を翻し、ここで後ウマイヤ朝が滅亡していてもおかしくはないほど、極度に混乱した情勢となった。

武力による鎮圧と懐柔とを使い分けながら、この情勢を立て直したのがアブド・アッラフマーン三世であった。数十年続いた混乱を鎮静化させた彼は、九二九年の一月に金曜礼拝のフトバ（説教）の場で自らを「カリフ」と呼ばせた。これには、対外的にはアッバース朝と新興のファーティマ朝に対して自らの王朝の正統性をアピールしながら、支配領域内部を安定させる目的があった。

マンスールの遠征ルート

❶978年5～8月
❷981年10～11月
❸983年6～7月
❹985年5～7月
❺986年夏
❻989年
❼994年6月
❽995年秋
❾997年7～10月
❿1002年5～8月頃

サンティアゴ・デ・コンポステーラ
レオン
アストルガ
レオン王国
カスティーリャ伯領
パンプローナ
ナバーラ王国
カタルーニャ諸伯領
ヘローナ
サラゴーサ
バルセローナ
トルトーサ
オポルト
コルドバ

▲**マンスールによる北方遠征**　侍従マンスールによる遠征は、キリスト教諸国社会内部の混乱期と一致していた。

✢コルドバの繁栄✢

支配領域の全土を網羅する行政機構と、政治中枢を担う宮廷官職が整備され、また軍事的には奴隷軍団を雇用することで勢威を示し、中央集権的な国家体制が構築されようとしていたこの最盛期、コルドバの都市人口は一〇万～一八万人ほどに達したとされる。その繁栄は対外関係からも証明でき、たとえば、はるかビザンツ帝国や神聖ローマ帝国からの使節も来訪した。文化的には、ビザンツとの学術交流も試みられた。交易網も拡充されて、アマルフィを介してイタリア半島との交流が盛んであったことが、考古学の研究成果によって裏付けられている。

カリフを名乗った彼とその息子ハカム二世治世の王朝最盛期は、先の「アラブ・イスラーム化」の完成期とも言える。ここで初めて、西ゴート王国の後継としてではなく、モサラベとユダヤ人を庇護民として抱え、しかしどれか一つの文化的要素に染まることがない「アンダルス」というアイデンティティを持つ、独自のイスラーム王朝支配体制が確立した。

▲**「サント・ドミンゴ・デ・シーロスの箱」**　象牙とホーロー板で精密な細工がなされた聖櫃。後ウマイヤ朝期、現クエンカで1026年に作成された。その後キリスト教諸国へと所有者が代わり、12世紀にキリスト教的なモチーフが加えられた。象牙細工は人間と動物との戦いを描いており、当時の武具や戦い方を知る上でも貴重なものである。

✢後ウマイヤ朝の滅亡✢

しかし王朝の未来を覆う暗雲は、宮廷内部から生じ始めた。一一歳でカリフ位を継承した幼少のヒシャーム二世の後見役マンスール（イブン・アビー・アーミル）が、ハージブ（侍従）として実権を掌握したのである。彼は対外戦争を敢行し勝利し続けることで、この権力の簒奪を正当化しようとした。彼が攻撃の対象に選んだのは、次第に後ウマイヤ朝にとって脅威となりつつあった半島北部のキリスト教諸国であった。

マグリブのベルベル傭兵部隊を大量に導入してジハード（聖戦）の名のもとに実施されたこの北方遠征は、実に九七七年から彼の亡くなる一〇〇二年までの間で五六回にも及び、西はサンティアゴ・デ・コンポステーラ、東はバルセローナまで、広範な領域が攻撃目標となった。とはいえ、その目的は領土獲得ではなく、あくまで自らの権威の誇示にあった。

父からハージブの地位を継いだムザッファル（アブド・アルマリク）は、父の政策（カリフの傀儡化、正統イスラームの堅持とジハードの遂行）を踏襲したが、一〇〇八年一〇月に病死（毒殺とも言われる）すると、「真空状態」となった後ウマイヤ朝の宮廷は、権力闘争の渦中となった。こうして、中央集権体制を定着させる時間を欠いた後ウマイヤ朝は、結局四〇近くに及ぶターイファ（地方政権）単位に分裂し、この分裂を解消できないまま一〇三一年、滅亡するに至った。

地方政権が割拠したこの時代（第一次ターイファ時代）は、故郷のマグリブとの繋がりを濃密に持つ新ベルベル系、後ウマイヤ朝の高級官僚として重用されたスラブ奴隷系、そしてカリフ時代に統合されたアンダルス系という三つの派閥間の抗争として一応把握されるが、かといって派閥ごとに必ずしも団結するわけでもなく、各々のターイファは個別の利害に則って行動した。アンダルス内での覇権を握ろうと躍起になる各ターイファ君主は、半島北部のキリスト教諸国と軍事

▲◀アルムータミド　左：第一次ターイファのひとつアッバード朝の君主アルムータミド（在位一〇六九〜一〇九一）を記念するセビーリャ・アルカサル内の柱。彼は、詩人としても有名であった。晩年はムラービト朝によって廃位させられ、アグマート（現モロッコ）で生涯を閉じている。右写真は、アグマートにある彼の墓廟（左：■、右写真提供：野口舞子）。

▲▶マラケシュ（モロッコ）の街並み　ユースフ・ブン・ターシュフィーンによって創設された都市。政治の中枢であると同時に、サハラと地中海とを繋ぐ交易上の要衝でもあった（右写真提供：押尾高志、上写真提供：野口舞子）。

同盟を結ぶこともためらわなかったが、長期的に見て、これはアンダルスの混乱と衰退を回復不可能なまでに助長する結果に終わった。

▲ムラービト朝のアンダルス併合　一〇九〇年以降、ムラービト朝はアンダルスの併合を進めたが、エル・シッドの治めるバレンシア領域の攻略に手を焼き、その後も半島北東部域の征服には時間がかかっている。

混乱期であったこの一一世紀、彼らターイファ君主は、政治的に分断されていたからこそなおのこと、自身の小さな宮廷で文芸の保護と振興を競い合った。こうして文化的に爛熟期を迎え、都市文化もまた成熟した。代表的な人物は、哲学者で詩人でもあったイブン・ハズム、歴史家イブン・ハイヤーン、地理学者バクリーなどである。グラナダのターイファ王に仕えた詩人として名高いユダヤ人シュムエル、彼の息子ヨセフのイブン・ナグレーラ父子は、グラナダのジーリー朝の宰相として辣腕を振るうのみならず、アンダルス・ユダヤ詩の黄金時代を築いた。なみいるターイファ諸王の中で最も勢威を誇ったアッバード朝セビーリャの君主アルムータミドは、文芸を保護するばかりでなく詩人としてもよく知られた人物であった。

3　ムラービト・ムワッヒド朝時代 ❋

文化的に栄華を誇ったターイファ諸国であったが、軍事的劣勢のみならず、経済的な疲弊が明白となるにつれて、当初は同盟相手であったキリスト教諸国の攻勢に対処できなくなった。特に一〇八五年の五月、アルフォンソ六世（後述）によってかつての西ゴート王国時代の都トレードが征服されたことに対し、アンダルスは大きな衝撃を受けた。

ここに至ってターイファ諸王は仲違いをやめ、当時マグリブで破竹の勢いであったムラービト朝アミール、ユースフ・ブン・ターシュフィーンに軍事援助を求めることを決意した。サンハージャ系ベルベル人の宗教運動として、ジブラルタ

▲アルハフェリア宮　損傷が激しいものの、第1次ターイファのひとつフード朝サラゴーサ王国時代の宮殿跡が残されている■。

ル対岸のマグリブで興ったムラービト朝は、マーリク派法学の精神的指導者イブン・ヤーシーンを戴きつつ、軍事的資質を備えたユースフのもとで複数の遊牧民を束ね、これとオアシス定住民とを合わせた一大勢力を形成した。一〇八四年には破竹の勢いでセウタを併合して、まさにジブラルタルの対岸への進出の機をうかがっている時期であった。

　援助要請にこたえて一〇八六年夏、ユースフ自ら渡海し、同年の一〇月二三日、サグラハス（ザッラーカ）会戦で、トレードを征服したアルフォンソ六世自ら率いる軍を打ち破った。半島北部キリスト教諸国と結託し、彼らへの「貢物」の財源としてイスラーム法にない非合法な税を搾取するターイファ諸王に対する不満が高まっていたアンダルスでは、ウラマーの支持と民衆たちの不満を背景として、一〇九〇年以後、ターイファが次々とムラービト朝のもとに吸収されていった。こうしてムラービト朝は、アンダルスからマグリブ、そして莫大な金を産出するサハラ以南の地を統べる大帝国となった。

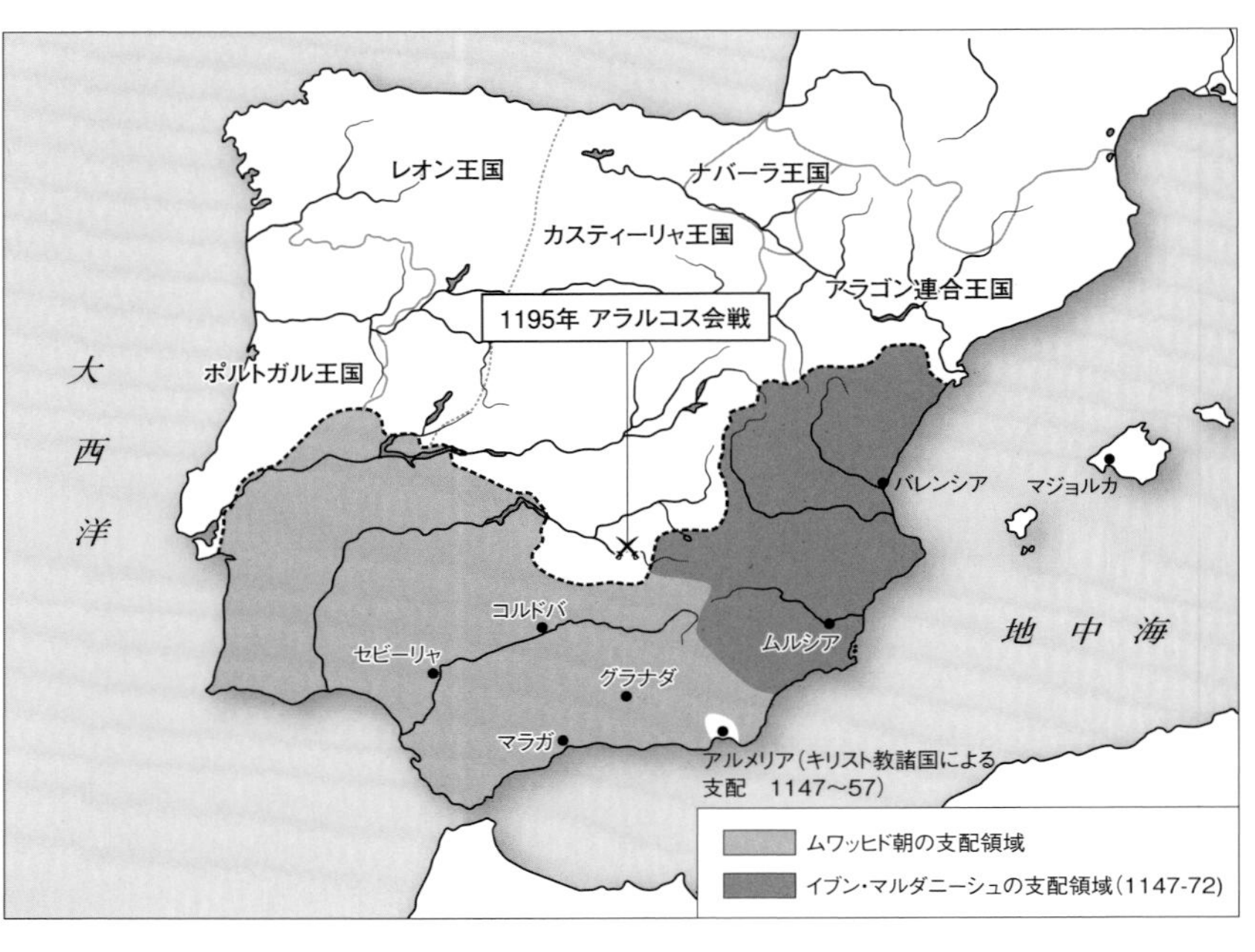

▶**ムワッヒド朝の半島支配領域**　ムラービト朝の例と同様に、半島東部地方の征服には時間がかかっている。東部に君臨した第2次ターイファ君主のひとりであったイブン・マルダニーシュ（在位一一四七～一一七二）は、キリスト教諸国と手を携えながら最後までムワッヒド朝に屈することはなかった。

✢ムラービト・ムワッヒド朝の擡頭✢

ムラービト朝君主は、「アミール・アルムスリミーン（ムスリムたちの長）」の称号を名乗り、アッバース朝カリフに形のうえで服従した。マラケシュに本拠を構えるこの王朝の支配下で、アンダルスは二重統治とでも呼ぶべき体制におかれた。政治・軍事面では、君主の親族や有力部族の長が軍隊指揮権を持って主要都市に駐屯する体制をとったものの、行政・司法面では、アンダルス在来エリート層のマーリク派法学者家系を意識的に重用した。世襲の地域エリートとなっていく彼らは、法の遵守のみならず、防衛など政治的な役割も分担した。

　スンナ派の「帝国」としてのムラービト朝支配をアンダルスが受け入れたのは、北方のキリスト教諸国に対する防衛を担当してくれることを期待してのことであった。確かに先述のザッラーカ会戦、アルフォンソ六世の嫡男サンチョが亡くなったウクレス会戦（一一〇八年）で勝利し、一一一〇年にターイファとして独立を維持していたフード朝サラゴーサ王国を併合、一六年にはバレアレス諸島を征服するなど、ムラービト朝の進撃は破竹の勢いを示している。しかし以後、北のキリスト教諸国の攻勢に対して劣勢に立たされ、かつてのターイファと同じく非合法な税を徴収し始めると、アンダルス内部の反ムラービト感情が次第に高まっていく。
　マグリブで新しく興ったムワッヒド朝の攻勢への対処に忙殺される中、一一四三年、第二代アミールのアリー・ブン・ユースフが亡くなると、ムラービト朝のアンダルス支配は一気に瓦解した。ムラービト朝の将軍も加わり、各地域の有力者が割拠し相争う混乱期が再び生じたのである（第二次ターイファ時代）。この混乱の中、ムラービト朝は一一四七年三月、ムワッヒド朝の包囲攻撃によってマラケシュが陥落し滅亡した。

▶◀**ヒラルダの塔とオレンジの木の中庭**　左：ムワッヒド朝時代の尖塔（ミナレット）を、現在は大聖堂に併設させている。右：モスク時代、沐浴の場として機能したとされる（二点とも■）。

　ムワッヒド朝の擡頭は、内面の信仰に重きをおくスーフィズムの隆盛をはじめとするスンナ派イスラーム世界全体の刷新運動の中で理解せねばならない。マスムーダ系ベルベル人のイブン・トゥーマルトは、東方への遊学後、遊説しながら故地へ帰還する旅程で、独自の神学を構築しマフディー（救世主）として、真のタウヒード（唯一神信仰）に従う徒、すなわちムワッヒドを束ねながら、ムラービト朝に反旗を翻した。彼の死後、弟子のアブド・アルムーミンが後継者となり、ムラービト朝を滅亡させてカリフを名乗る。そして再度分裂していたアンダルスへ一一四〇年代から介入しつつ、マグリブ全域を統べる一大帝国を築きあげることに成功する。

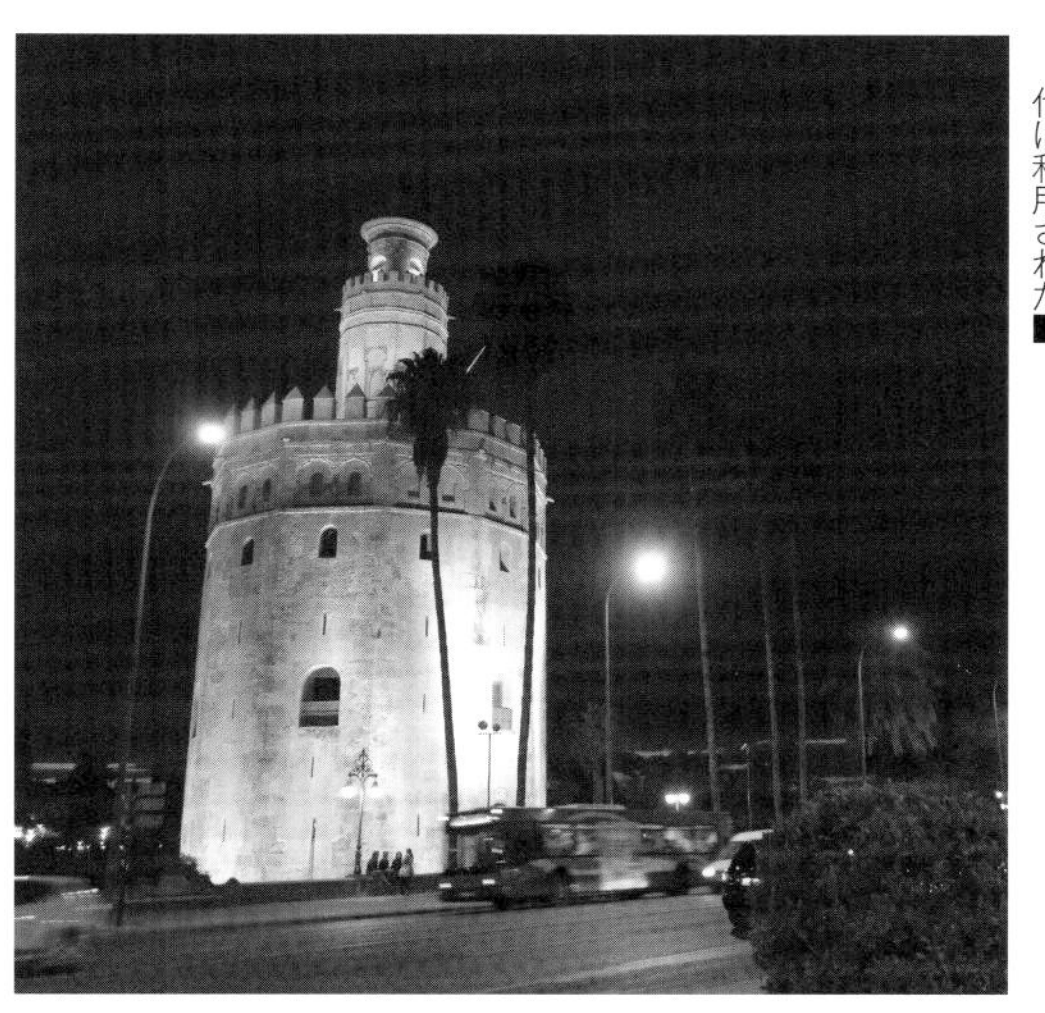

◀**黄金の塔**　その名残はほとんどないものの、前を流れるグアダルキビル川監視のための城塞としてムワッヒド朝時代に利用された■。

　アブド・アルムーミンの次代カリフ、アブー・ヤークーブ・ユースフは、マグリブを平定してムワッヒド朝の最盛期をもたらした。彼は自らアンダルスに渡り、ムワッヒド朝支配に対して未だ抵抗を続けていた残党勢力を最終的に統合し、積極的に北のキリスト教諸国に対してジハードを遂行した。この時期、カリフのアンダルスでの滞在拠点かつ事実上の帝都となったセビーリャの都市機構が整備された。続く第三代ヤークーブ・マンスールの時代、北のキリスト教諸国のひとつカスティーリャ王国軍に対し、アラルコス会戦（一一九五年）で大勝利を収めた。この戦勝後の一一九八年、現在もその威容を我々の前に示し続けているミナレット（のちに風見の据えられたヒラルダの塔）が落成した。

✢ムワッヒド朝の滅亡✢

　しかし暗雲が再びムワッヒド朝を覆いつつあった。マグリブではムラービト朝の残党でバレアレス諸島に籠るガーニヤ家との抗争に手を焼いていた。そんな中、第四代カリフ、ムハンマド・ナーシルの時代、それまで内部分裂を繰り返して団結しえなかったキリスト教諸国の多くが十字軍の名のもとに一時的に大同団結し、この連合軍を前に大敗を喫した。史上名高いラス・ナバス・デ・トローサ会戦である（一二一二年七月一六日）。

とはいえこの敗北が、ムワッヒド朝の瓦解に直結したわけではない。キリスト教諸国との和平を締結し、ムワッヒド朝は今しばらく命脈を保つことができた。しかしユースフ・アルムスタンシルが一二二四年に嫡子を残さずに死去したときに、カリフ位をめぐる後継争いが勃発して内部崩壊をきたす情勢のなか、アンダルスは再び地方政権が割拠し相争う混乱期に突入した（第三次ターイファ時代）。他方、ジブラルタル海峡対岸のマグリブでは、ムワッヒド朝支配領域自体が分裂し、抗争を繰り返す中でフェスに宮廷をおくマリーン朝、トレムセンを中心とするザイヤーン朝（アブド・アルワード朝とも呼ぶ）、そしてチュニスに都を構えるハフス朝が後継王朝として割拠した。かろ

▲ナスル朝の支配領域　13世紀前半に推進された各キリスト教諸国による南下征服活動の結果、実質、ナスル朝グラナダ王国領域のみが、アンダルスとして存続することができた。

▲ナスル朝の紋章　アルハンブラの至るところに彫られている■。

▶マラガのアルカサバ（城塞）　古代フェニキア人の時代から文明の坩堝であったマラガでは、ローマ時代の半円形劇場の上に宮殿を兼ねる城塞が聳えている■。

うじてマラケシュ近郊で生き残っていたムワッヒド朝は、最終的に一二六九年に滅亡した。

4 ナスル朝時代

ナスル朝の開祖ムハンマド一世は第三次ターイファ諸王のひとりとして、ハエン近郊のアルホーナで独立

◀▲交易拠点としてのナスル朝都市グラナダ　左：ナスル朝時代の有力な輸出品であった絹をはじめとする産品が扱われたスーク（市場）の名残をとどめる。上：14世紀前半のフンドゥク（隊商宿）が起源とされる建造物。穀物倉庫と隊商宿を兼ねていたとされる（2点とも■）。

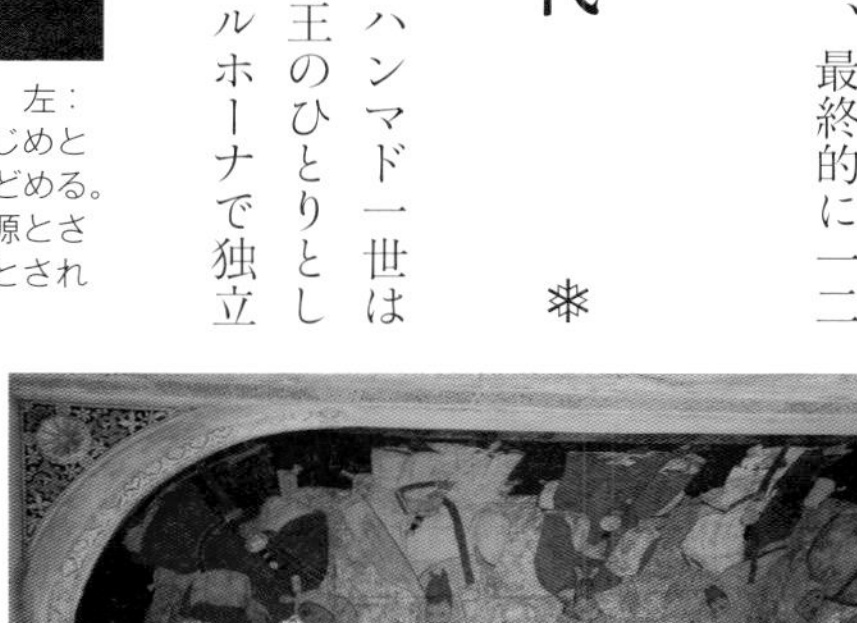

▶◀アルハンブラ　左：ナスル朝宮殿のライオンの中庭。右：ライオンの中庭に面する「諸王の間」に残されている天井画。作者不詳ながら、モチーフや技法の点で、西欧世界との繋がりが示唆されている（二点とも■）。

し頭角を現した。ムワッヒド朝の軍事力を頼りにすることはもはやできず、北のキリスト教諸国による同時多発的な攻勢（後述する「大レコンキスタ」）にも対処できずに漸次征服されていくアンダルスにおいて、彼は優れた外交手腕を発揮し、アッバース朝、ムワッヒド朝、ハフス朝、そしてカスティーリャといった具合に、巧みに忠誠を誓う相手を替えながら、着々と自らの勢力基盤を整えていった。

ナスル朝領域は、現在のグラナダ、マラガ、アルメリア三県とカディス、ハエン県の一部二万五〇〇〇〜三万平方キロメートルに及ぶ山がちな領域から構成され、その最盛期には三〇万程度の人口を抱える過密な場となった。住民の半数近くは都市に居住し、宮廷が置かれたグラナダは五万人程度、古よりの海港都市マラガが二万人程度、同じく海港都市アルメリアが一万人弱程度。この他、

◀ロンダの風景　ロンダは、ナスル朝グラナダ王国の最前線拠点のひとつであった。崖の上に立つ建物は、現在パラドール（国営ホテル）となっている■。

ロンダが五〇〇〇から一万人程度の人口規模であったと言われる。

近年の考古学調査は、ナスル朝の民が、防備をほどこした戦略上の拠点に集住し、この防備体制を「国家」が主導して整えていく傾向を指摘している。集約的灌漑農業による高い生産性を誇り、乾燥果実、絹糸、砂糖キビといった奢侈品を産出する豊かな経済を誇ったものの、天然の要害に守られている地理的環境、面積に比して人口規模が大きい状況は諸刃の剣でもあり、食料確保に頭を悩ませることとなった。

✢グラナダ王国✢

ナスル朝グラナダ王国が比較的穏健に地歩を固めることに成功し、またその命脈を長く保つことに成功できた秘訣は、その地理的利点もさることながら、カスティーリャ王国との外交関係にある。初代君主ムハンマド一世は、賢明にも自らカスティーリャ王との臣従関係を受け入れて、その庇護下に入った。最後の約二五〇年間に及ぶアンダルスの歴史は、このように潜在的には互いを信仰上の敵とみなしながら、しかし表面上では個人的な主従関係を構築するという一見矛盾した関係を軸として、複雑に展開していくこととなる。

この二五〇年間は、三つの時期に区分できる。第一の時期は一三世紀の後半から一四世紀の半ばにかけて展開した「海峡戦争」の時代である。イベリア半島内のキリスト教諸国のみならず、イタリアの海洋都市国家ジェノヴァ、先述のムワッヒド朝の三つの後継王朝を巻き込みながら、ジブラルタル海峡の制海権をめぐって複雑な合従連衡が展開された。この中でナスル朝は、半島進出を目論むマリーン朝の内政干渉に注意を払いながら、これと軍事援助関係を維持しつつ、直接国境を接する「封建的主君」のカスティーリャ王と巧みに付き合う。しかし一三四〇年一〇月三〇日のサラード会戦において、ポルトガルとカスティーリャの連合軍に敗北し、続いてマリーン朝支配下の半島拠点アルヘシーラスをカスティーリャに奪取され、これをもってマグリブからの直接的な軍事援助にはほぼ頼れなくなった。

マグリブとの関係の途絶に伴い、政治・外交的孤立で始まる第二期は、ユーラシア大陸規模で危機が訪れた時代に該当する。なるほど確かに、猛威を振るったペスト禍は、王朝領域内の都市グラナダ、とりわけアルメリアやマラガといった港町で大きな犠牲を発生させた。しかしより混乱をきたした西欧世界をよそに、逆説的ながらナスル朝は政治的にも文化的にも最盛期を謳歌した。ムハンマド五世はマリーン朝の影響力を完全に排除し、主要な拠点に居留地を持つジェノヴァとの蜜月関係を構築し、内戦や社会的危機にあえぐカスティーリャやアラゴンとは和平協定を締結しながら、例外的に長期にわたる平和を現出することに成功した。なお現存するアルハンブラが落成したのも、この時期である。

そして第三の時期は、アンダルスの滅亡へ向けての時代（一五世紀）である。「主君」のカスティーリャは危機から脱するとともに、「レコンキスタ理念」を旗印に、ナスル朝への内政干渉と領域侵犯を繰り返すようになる。このカスティーリャの干渉に呼応するかたちで、ナスル朝領域内では王族・貴族間の対立が顕著となり、時に主君が複数並び立つ内戦の様相を呈することが頻繁となった。イスラーム世界から孤立し、ジェノヴァにも見放されたナスル朝は、カスティーリャとアラゴンの共同統治が実現したカトリック両王期、計画的な征服戦争（「グラナダ戦争」：一四八二～九二）を経て滅亡した。しかし後述するように、アンダルス時代の影響は、紆余曲折を経ながら近世にも色濃く残存していくこととなる。

Column③

アンダルスの寛容と不寛容——ジンミーとベルベル支配時代

一九世紀にスペイン南部を訪れたイギリスやフランスをはじめとする各国のロマン主義者たちは、アンダルスの「オリエント的」な歴史を理想化した。この頃、近代国民国家として歩みを始めていた当時のスペインは、このアンダルスをイスラーム世界から切り離して、とりわけ後ウマイヤ朝期の繁栄を自らの「国民的財産」として称揚していった。

確かに、ウマイヤ朝期から後ウマイヤ朝期において、当初の西ゴート系臣民の子孫であるキリスト教徒とユダヤ教徒がジンミー（啓典の民）として居住し続けたことは事実であり、また後ウマイヤ朝期の知的営為がなければ、後の西欧世界の思想的基盤を準備した、いわゆる「一二世紀ルネサンス」の大翻訳運動も起きなかったであろう。

しかしムスリムが多数派となるにつれて、アンダルスがジンミーにとって暮らしやすい場ではなくなっていったことも事実である。ムラービト・ムワッヒド両王朝期、残存していたキリスト教徒臣民の多くがマグリブへ強制移住させられ、また待遇の悪化に伴いユダヤ人の多くは半島北のキリスト教諸国から南仏領域へと逃れた。「三宗教の共存」という理想郷からはかけ離れた現実が見え隠れするのである。

この結果、最後のナスル朝期のアンダルスで、キリスト教徒は商人や使節など一時滞在者を除いて消滅し、またユダヤ人もごく少数が散在して居住するのみという、イスラーム世界の中でも極めて特異な単一文化的社会が形成された。

さて、過度に強調されてきた後ウマイヤ朝期の栄華と、アルハンブラ宮殿の視覚的効果に象徴される黄昏の悲劇を演じたナスル朝期との間で、ベルベル系のムラービト・ムワッヒド両王朝期は、通俗的イメージにおいても研究においても不当な扱いを受けてきた。かつてスペイン中世史研究の権威であったサンチェス・アルボルノスは、この両王朝を「アフリカイナゴの大群」と軽蔑したし、一九六一年に上映されたチャールトン・ヘストン主演映画『エル・シド』においても、攻め寄せるムラービト朝軍に対する偏見が視覚化されている。

しかし近年の研究では、後ウマイヤ朝期との連続性がむしろ強調される。「狂信的」「原理主義的」というレッテルを貼られて不遇の扱いを受けてきた両王朝支配のもとでも、実際にはイスラーム法学者家系を代表とするアンダルスのエリート層は社会を牽引する存在であり続けた。同時代の中東では国家的ジハードに訴えたサラディンが十字軍士に示した「寛容精神」ばかりが強調されるが、ムラービト朝とムワッヒド朝もジハードを国家の柱に据えながらも、キリスト教諸国とは実利主義的な態度で柔軟な外交を展開している。

なおムワッヒド朝は、独自の神学を構築するため、むしろ積極的に哲学的議論を奨励したという。この知的風土の中、アリストテレス哲学の注釈によって、西欧キリスト教世界の根本教義（スコラ哲学）の確立に欠かすことのできないイブン・ルシュド（ラテン名アヴェロエス）の活躍する余地が生み出された。

経済関係においても、マグリブに君臨した両王朝の発行する貨幣に対する信用は極めて高く、地中海圏で広く通用したのみならず、西欧でもその影響は大きかった。これは、スペインで長らく通貨名として通用していく「マラベディ（ムラービト朝貨幣）」という名称そのものに示されている。なお両王朝は、ジェノヴァをはじめとするイタリア商人との関係も積極的に構築していた。芸術面においても、この両王朝は「野蛮」とは言えない。ムワッヒド朝期の傑作セビーリャのミナレットのように、「セブカ（sebka）」と呼ばれる多弁形アーチ文様が網目状に交錯する独自の壁面装飾を生み出しているからである。

▲イブン・ルシュド（アヴェロエス） 1126～98。ムラービト朝期からムワッヒド朝期にかけての大哲学者。生まれ故郷のコルドバに置かれている彫像■。

▼クトゥビーヤ・モスク ムワッヒド朝カリフ、ヤークーブ・マンスールの時代に落成。セビーリャのミナレットのモデルとなった（写真提供：野口舞子）。

第四章　キリスト教諸王国の発展

1　キリスト教諸国の勃興

七一一年から数年間のうちに、イベリア半島の大半の領域がアンダルスに属することになった。しかしそこに組み込まれなかった領域から、当初は細々と生じた動きが、次第に大きなうねりとなり、のちにスペインの歴史全体を激変させてしまうこととなる。我々が「レコンキスタ」と総称してきた征服活動のことである。

◀ペラーヨ　初代アストゥリアス王（在位七一八～七三七）。彼の出自については、西ゴート貴族の末裔や西ゴート王の護衛など、ラテン語とアラビア語史料で複数指摘されており確定していない。

しかしこの動きを、通俗的な「国土回復運動」という呼称でとらえてはならない。この動きが最初に生じた半島最北端のバスク・カンタブリア・アストゥリアス領域は、ローマ帝国にも西ゴート王国にも全面的に服することのなかった「未開」領域であり、キリスト教化の程度についても議論の余地があるからである。これらの地域に住む山岳地帯の民が、西ゴート王国とかかわりを持つペラーヨを戴き、アンダルスから自立した政治勢力を維持したというのが実情であろう。

ペラーヨ以後の歴代の指導者は、トレード以北のメセータ地帯に対する実効支配にさして興味を示さない後ウマイヤ朝をよそに、アストゥリアスから西のガリシア、東のカスティーリャ、そして南のレオン地方へと着実に支配領域を拡大していった。とりわけ地方反乱でアンダルスが実質無政府状態となっていた九世紀の後半に、アストゥリアス王のアルフォンソ三世は、自らの支配領域を安定させると同時に、アンダルス情勢に通じたモサラベらを取り込みながら、自らの宮廷で歴史書を編纂させた。「新ゴート主義」と呼ばれるこの文化潮流の中で、西ゴート王国の歴史と伝統を知り、自らの戦う理由に覚醒し、アンダルスに対して自らの支配を正当化するために西ゴートとの連続性が強調されたのである。

カンタブリア山脈とドゥエロ川流域をつなぐ要衝、かつてのローマ軍団の駐屯地レオンに宮廷を構えて、拡大志向を示すこのアストゥリアス＝レオン王国（アストゥリアス王国から発展し、のちにはレオン王国）の一辺境領域が、カスティーリャであった。ここでは「伯」と呼ばれる有力者によって、入植が推進されて防衛網が整えられていった。彼らは後に王国全体の政治と軍事を主導していくこととなる。

✢キリスト教諸国の誕生✢

ピレネー山麓地帯では、これとは別の動きが生じていた。当該地帯の南に位置する肥沃なエブロ川流域は後ウマイヤ朝の支配下に組み込まれていたが、そこで実権を握っていたのは西ゴート王国時代より続く土着豪族であった（カシー家が有名）。他方、ピレネー山脈以北のフランク王国の影響が及ぶ同地では、さまざ

▲**アルフォンソ2世**　アストゥリアス王（在位791～842）。オビエドに宮廷を構え、アンダルスと対峙した。彼の治世期に聖ヤコブ（サンティアゴ）の墓がガリシアで発見されている。

◀**コバドンガの戦い**　718年あるいは722年頃に勃発した戦い。アンダルスから派遣されたカンタブリア山脈地帯の征服部隊に対して、ペラーヨ率いる部隊が反撃に成功したもようであるが、キリスト教徒側の記述とアラビア語史料の証言との間には、大きな齟齬がある。（ルイス・デ・マドラーソ作、1855年、プラド美術館）

まな利害が錯綜するかたちで歴史が紡がれていった。七七〇年代の末からフランク王シャルル（後のシャルルマーニュ帝）とルイ敬虔帝はイベリア半島情勢に介入し、彼らの主導のもとで「ヒスパニア辺境領」と呼称される対アンダルス防衛網が形成された。山麓西部では、パンプローナを中心として、有力ムワッラド、カシー家のムーサーと連携しながら、イニゴ・アリスタを首領とした自立勢力が誕生した。後のナバーラ王国の誕生である。パンプローナの東には、アラゴン、ソブラルベ、リバゴルサといったカロリング朝とパンプローナとの間で逡巡する半自立的な伯領が複数存在し、ここから、後のアラゴン王国が誕生する。

より東側の山麓地帯から地中海沿岸部にかけての辺境領域情勢について見てみよう。カロリング帝国の分裂後に成立した西フランク王、シャルル禿頭王によりヒスパニア辺境領の統治官として任命さ

◀**アルフォンソ三世**　アストゥリアス王（在位八六六～九一〇）。彼の宮廷で編纂された歴史書の記述は、後に「レコンキスタ理念」とでも呼びうる歴史観を生み出した。

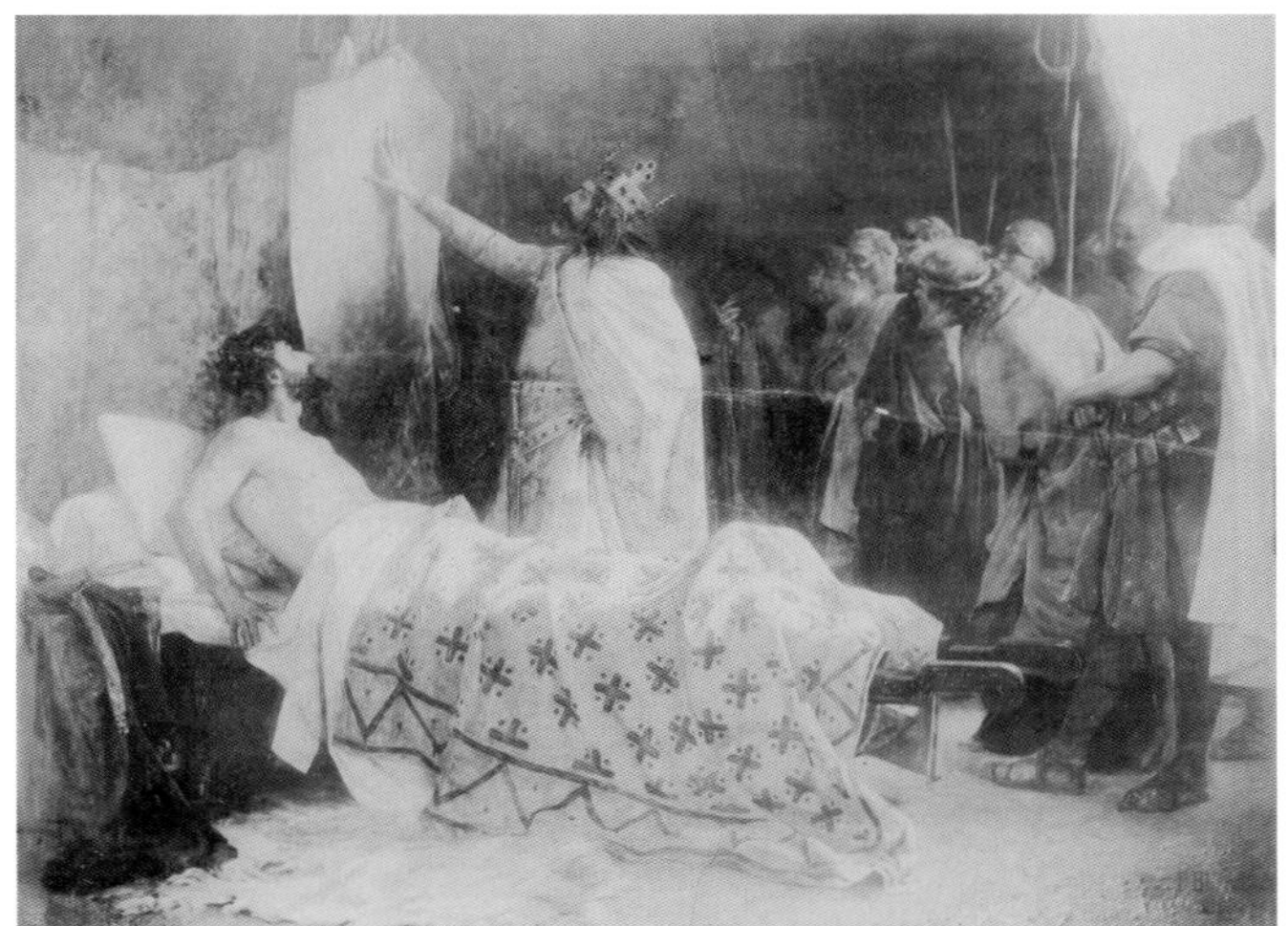

▲◀**ギフレ一世と「サニェーラ」**　左：伝説によると、バルセローナのギフレ一世（多毛伯、在位八七八～八九七）は、戦闘での名誉の負傷の証として、自らの主君である西フランク王シャルル二世（禿頭王）あるいはルイ二世（吃音王）から、金の盾に四本の指で血をなぞった形の紋章を賜った（プラド美術館所蔵の写真。原画はパブロ・ベハル作、一八九二年）。上：この逸話が現在のカタルーニャ旗（サニェーラ）の起源と信じられてきた。

▶**モサラベと馬蹄形アーチ**　一〇世紀前半に建設されたサン・ミゲル・デ・エスカラーダ旧教会堂（在レオン県）。アンダルスから移住したモサラベらの影響が示唆される（写真：Shutterstock）。

◀**フェルナン・ゴンサレス**　カスティーリャ伯（在位九三二〜九七〇）。アンダルス防衛を担う場であるカスティーリャ伯領の政治的統合と伯位の世襲化に成功した。

れた者こそ、「多毛伯」のあだ名を持つギフレ一世であった。彼の子孫たちは海に面した都市バルセローナに腰を据えて、西フランク王国、そしてカペー朝フランス王国からは事実上独立しつつ、また教会と伯という聖と俗の権力を密接に結合させながら、ローマ教皇との繋がりを維持する地域固有の秩序を形成した。これが後のカタルーニャ社会の核を形成することになる。

　イベリア半島北部に登場したこれらの勢力の為政者層は、自らの権力を維持拡大しようと欲して、そのためにキリスト教という権威を必要とし、これを厚く保護した。人口過疎領域へ自発的に入植を進め、場合によってはアンダルスからの遠征軍の侵略に備えなければならないため、都市や諸侯といった世俗権力のみならず、教会や修道院もまた各地域の中核として植民活動と軍事活動において大きな役割を果たした。

　このようにアンダルスとは異なるかたちで組織されたキリスト教諸国の社会は、後ウマイヤ朝が最盛期を迎えた一〇世紀、マンスールとその息子による度重なる遠征によっても崩壊することなく、むしろ

▶**ベアトゥス写本が映し出す中世世界**　バルカバード写本（九七〇年）の挿絵。八世紀後半の修道士リエバナのベアトゥスによる黙示録の注解書以来、挿絵をふんだんにちりばめた数多くの写本が作成された。作成当時のアンダルス建築様式を知る上でも貴重な証言である。

◀**一〇世紀の戦争**　ベアトゥス写本（ウルジェイ）における挿絵。ネブカドネザル二世によるエルサレム征服を表す図像であるが、この写本が作成された時代（一〇世紀後半）の戦争を反映しているとされる。

更に軍事に特化した社会を発展させていった。

2　中世盛期の征服活動

※

一一世紀に西欧は、気候の温暖化に伴う人口増加と、これに端を発して生じた種々のダイナミズム（中世農業革命、封建社会形成、教皇権伸張など）を経験し、一つの固有文明世界としての歩みを本格的に開始した。イベリア半島の北で勃興したキリスト教諸国もまた、有名なサンティアゴ巡礼の爆発的流行を通じて、政治外交的にも、思想的、文化的にもこの文明圏と一体化し、また「神の恩寵」に支えられた王権を確立させながら、アン

◀サンティアゴ・デ・コンポステーラ　中世から続くサンティアゴ巡礼の終着点である大聖堂。巡礼は現代でもなお盛んである（写真提供：浅香武和）。

▲サンティアゴ巡礼路　サンティアゴ巡礼路の整備は、半島北の巡礼路沿いの都市発展をもたらし、ピレネー以北の西欧諸地域とのヒト・モノ・情報の交流を劇的に促進した。

▶**サンティアゴ・マタモーロス**　対アンダルス戦争において天上より参戦し、キリスト教徒を勝利に導くという逸話が、のちに「マタモーロス」すなわち「モーロ人（ムスリム）殺し」という別名をもたらした■。

ダルスの混乱を利用しつつ着実に力を蓄えていく。

一一世紀の初頭、ナバーラ王国のサンチョ三世（大王）の勢威が強まり、西はレオン王国からカスティーリャ伯領、東はリバゴルサ伯領までの領域に対して覇権を及ぼした。彼の死後、その領域は概ね三つに分割相続され、嫡男ガルシアは父の故地ナバーラを継承し、その弟フェルナンドはカスティーリャを、そして庶出のラミーロはアラゴンを継承した。この分割継承が、後のスペイン史を決定づけたと言っても過言ではない。

✢カスティーリャ=レオン王国の覇権✢

カスティーリャ伯領を継承したフェルナンドは、自身の婚姻関係を盾にとってレオン王に対する圧力を強めて彼を排除し王国を併合した。続いて兄の治めるナバーラ王国との紛争を有利に進めて、広大な領域を統べるカスティーリャ=レオン王国のフェルナンド一世として君臨した。アンダルスに対しては、軍事的に脆弱なターイファ諸王国と同盟関係を締結し、軍事力を提供する見返りに「パーリア」と呼ばれる貢納金を供出させる政策をとった。この一種の「朝貢体制」にターイファ諸王国の多くを従えさせて、半島規模の政治・軍事的覇権を一時的ではあれ握ることに成功した。一〇六五年に彼が亡くなると、その版図は息子間で三分割され、再度兄弟間の骨肉の争いとなった。この兄弟争いに打ち勝った次男アルフォンソ六世は、さらにナバーラ王の殺害にともなう混乱に乗じてリオハ・バスク地方を併合し、押しも押されもせぬ半島最大勢力となった。

この一方で本家筋にあたるナバーラ王国は兄弟争いで劣勢に立たされ、さらに

▶**アルフォンソ六世**　カスティーリャ=レオン王（在位一〇六五〜一一〇九）。一〇七三年以降、「全ヒスパニア皇帝」という称号を名乗り、イベリア半島全域のキリスト教諸国の君侯やアンダルスのターイファ諸王に対する覇権を唱える。

王国内部の王族と貴族らとの反目が生じる中、一〇七六年に王が暗殺され一時的に消滅した。

◀タホ川に守られた要害トレード　かつて西ゴート王国時代の宮廷がおかれたトレードは、タホ川に三方を囲まれた天然の要塞都市であり、ムラービト朝の度重なる攻撃にも耐えた■。

他方、ピレネー山麓の狭い領域に過ぎなかったアラゴンを継承したラミーロは、その領域の維持と拡大に苦労し続けたが、サンチョ一世（サンチョ・ラミレスとも）の代になって状況が変化した。彼は一〇六八年に、当時形成途上にあった西欧世界の宗教的権威たるローマ教皇にいち早く服従し、またピレネー以北の南仏諸侯との連携を強めながら、王としての権威を確立させた。さらにナバーラ王国の版図の一部を吸収して、南のエブロ川流域を治めるターイファのひとつフード朝サラゴーサ王国の国境域へも攻勢に出た。

カタルーニャでは、一一世紀半ば、いわゆる「封建革命」と呼ばれる動乱期を乗り越えてバルセローナ伯ラモン・バランゲー一世が、アラゴンと同じくローマ教皇との緊密な連携を模索しながら、カタルーニャ諸伯領の聖俗の第一人者として君臨した。

◀▲レオンの大聖堂とサン・イシドーロ教会　上：現在の都市レオンの大聖堂は13世紀後半のゴシック様式。左上、左：11世紀から12世紀にかけて、カスティーリャ＝レオンの王族の霊廟としても機能した。丸天井に描かれたロマネスク様式の壁画が有名である■。

こうして各地域で地歩を固めたキリスト教諸国は、一〇七〇年代頃を境にアンダルスに対する攻勢を一段と強めた。そのクライマックスが一〇八五年のトレード征服であった。しかし先述したようにこれ以後、アンダルスを併合したマグリブのベルベル系王朝（ムラービト朝・ムワッヒド朝）との一進一退の攻防の時期に突入する。カステ

▶**ペトロニーラとラモン・バランゲー四世**　アラゴン連合王国の礎を築いた二人（フィリッポ・アリオスト作、一五八六年、プラド美術館、現存するのは一六三四年のコピー）。

イーリャの下級貴族から立身出世を遂げたエル・シッドの活躍もあったが、劣勢に立たされたカスティーリャ＝レオン王アルフォンソ六世は、唯一の嫡男をウクレス会戦で失い、その翌年一一〇九年、失意のうちに亡くなった。

✣レコンキスタの時代✣

カスティーリャ＝レオン王位は娘のウラーカが継承したが、彼女の治世は極度の混乱を見せる。寡婦となっていたウラーカは、父王の死の直前にアラゴン王アルフォンソ一世と政略結婚を済ませたが、これに伴う確執は、両王国間の軍事的衝突にまで発展し、さらに王国内諸貴族が党派に分かれて公然と反抗した。この混乱は、ウラーカの前夫との間に生まれたアルフォンソ七世が即位して、再度王国を安定させるまで続いた。なお、この混乱に乗じてウラーカの姉妹で庶出のテレーサは、夫の死後ポルトガル伯領を束ねて事実上独立した勢力を形成する。この後、彼女の嫡男アフォンソ一世のもとで、支配領域がポルトガル王国として国際的に認知されるに至る。

かたや同じ時期、ムラービト朝の直接的な攻勢に晒されなかったアラゴンでは、歴代諸王のもと、エブロ川流域の征服活動で着々と成功を収めていき、一一一八年には最大拠点サラゴーサを征服した。征服活動に邁進し続けたが、一一三四年の夏のフラガ包囲戦時にムラービト朝軍との戦闘で亡くなったアルフォンソ一世には嫡子がなく、王位継承問題が生じた。ナバーラはガルシア三世の傍系の曾孫をたてて独立するとともに、アラゴンでは聖職にあった先王の弟ラミーロが還俗しラミーロ二世として即位した。政治的駆け引きの結果、一一三七年、このラミーロ二世の生まれたばかりの娘ペトロニーラが、カタルーニャを統べるバルセローナ伯ラモン・バランゲー四世と将来的に結婚するという約定でもって、以後、両政治単位は同じ君主を戴くことを取り決めた。ここに、近世の後半まで命脈を保つアラゴン連合王国の原初形態が成立したのである。

▶**ラス・ナバス・デ・トローサ会戦**　ちなみにこの「英雄的会戦」には、ムワッヒド朝と手を結んでいたレオン王は参戦していない（フランシスコ・デ・パウラ・ファン・アレン作、一八六四年、プラド美術館）。

アンダルスが第二次ターイファ時代に突入する一一四〇年代、ポルトガル、カ

▲**フェルナンド三世**　カスティーリャ王（在位一二一七～五二）。一二三〇年にレオン王国も継承する。一六七一年に列聖された。写真はセビーリャ大聖堂に置かれている像である（写真提供：押尾高志）。

スティーリャ＝レオン、アラゴン＝カタルーニャは、各々征服活動に邁進して成功を収めるが、ムワッヒド朝治下でマグリブ・アンダルスの再統一時代を迎え、再び戦力が拮抗した。こうして一二世紀の後半、再びアンダルスへの征服活動は停滞するとともに、王国同士のみならず、有力貴族同士の党派対立が国をまたいで生じ、さらにここへムワッヒド朝すら介入する混乱期へと突入する。

ムワッヒド朝の攻勢に対抗する国際的な十字軍運動の一環として、一二一二年のラス・ナバス・デ・トローサ会戦での勝利へと結実する時期を除けば、その後もキリスト教諸国同士の反目は続いた。アラゴン連合王国はアルビジョワ十字軍に関与するが、ローマ教皇、イングランドと北フランスの諸侯によって構成される十字軍士と、トゥールーズ伯をはじめとする南仏諸侯との間で板挟みとなった国王ペラ一世（ペドロ二世）は、幼少の嫡男ジャウマ（ハイメ）

▲**ジャウマ1世**　アラゴン連合王国国王（在位：1213～76）。自らの治世期のメモワールとして書かせた『勲功録』は、第一級史料である。

◀**「大レコンキスタ」の推移**　ムワッヒド朝の瓦解によって、アンダルスは急速に縮小した。

▲**コルドバに残るミナレット跡（通称「サン・ファンの塔」）** コルドバの街中で、現在まで残されている九世紀半ばから一〇世紀初頭に建造されたミナレット。教会の一部として使われ続けてきた■。

を残して敗死した。

しかしムワッヒド朝の瓦解と、各キリスト教諸国内部の再統合と安定とが時期的に一致した結果、いわゆる「大レコンキスタ」の時代を迎える。成年に達したジャウマ一世は、アラゴン＝カタルーニャ双方の諸貴族・都市民の力を束ねながら、一二二九年以後、バレアレス諸島とバレンシア地域の併合をそれぞれ着実に進め、その生涯のうちにほぼ完了させた。カスティーリャ王フェルナンド三世は、アンダルスへの軍事介入を続けながら一二三〇年、父のレオン王アルフォンソ九世の死後に同王国を継承してカスティーリャ王国（コローナ・デ・カスティーリャ）を成立させた。この後、コルドバの征服（一二三六年）、ムルシア地域の属領化（一二四三年）、ハエンの征服（一二四六年）、セビーリャの征服（一二四八年）と、残りの生涯を現在のアンダルシーア地方の征服活動に捧げた。なおポルトガル王国も一二四九年には、最南端部アルガルヴェ地方の征服活動を完了させている。

▲**アルフォンソ10世** カスティーリャ王（在位1252～84）。国内改革に加えて、マグリブへの更なる進出と、神聖ローマ皇帝位の獲得に邁進した。また、カスティーリャ語を整えて、西欧諸国の中でもいち早く俗語による行政制度を導入したことでも知られている。

3 中世後期の危機と再生 ❋

「大レコンキスタ」と総称される征服活動の結果、キリスト教諸国がその支配面積を急激に拡大する一方で、ナスル朝グラナダ王国のみが狭隘な地帯でアンダルス社会の存続にかろうじて成功した。一三世紀半ばとは、西欧社会が成熟を見せ、新たに誕生した托鉢修道会の者たちが全世界のキリスト教化を夢見て活躍する、中世史において最も希望に満ちた時代であった。イベリア半島のキリスト教諸国もまた、西欧世界と地中海世界全体の中で確固たる地歩を築くことに成功した。しかしこの背後では「危機」が着実に忍び寄ってきていた。

カスティーリャ王国では、フェルナンド三世を継いだアルフォンソ一〇世が、壮大な王国行政改革の計画を提示し、俗語の地位に甘んじてきたカスティーリャ語の整備を主眼におきながら文芸活動を精力的に展開したが、経済政策と対外政策の失敗、王国諸貴族の反抗、マグリブ

LAS SIETE
PARTIDAS DEL SABIO REY
don Alonſo el nono, nueuamente Gloſadas por el Licenciado Gregorio Lopez del Conſejo Real de Indias de ſu Mageſtad.

Impreſſo en Salamanca Por Andrea de Portonaris, Impreſſor de ſu Mageſtad.
Año. M. D. L. V.
Con priuilegio Imperial.
Eſta taſſado el pliego a cinco marauedis.

▲**『七部法典』** 一五五五年にサラマンカで出版されたグレゴリオ・ロペス版の表紙。アルフォンソ一〇世が編纂を命じたこの法典は、スペインのみならず、アメリカ大陸の法規範にも影響を与え続けた■。

のマリーン朝の軍事介入を招いて、失意のうちに没した。これ以後も国内外をめぐる状況は混迷を見せるものの、それでも一四世紀に入ってアルフォンソ一一世期に、マグリブからの軍事介入へ終止符を打たせることに成功した。

この一方でアラゴン連合王国は、地中海方面への勢力伸張を明確に志向した。このことは、一二八二年の「シチリアの晩禱」事件を契機として同島を支配下に組み入れた出来事にはっきりと示されていよう。同連合王国は、同じ野望を抱くフランス王国、アンジュー伯治下のシチリア・ナポリ王国、海洋都市国家ジェノヴァやヴェネツィア、そしてローマ教皇らと衝突しながらも、マグリブ沿岸部から遠く中東、そしてエーゲ海からバルカン半島に及ぶ政治的・商業的権益をネットワーク化させた地中海帝国への道を切り開いていった。

他方、カスティーリャとアラゴンとの間に挟まれてアンダルスへ向けた拡大路線を採ることができなかったナバーラ王国では、一二三四年に男系の血統が絶えると、ブロワ家（シャンパーニュ家とも）から王が迎えられた。一時期カペー朝フランスとの同君連合を経験した後、エヴルー家出身の王が続くなど「フランス」寄りの地域となる。とはいえ、古よりの特権（フエロ）が追認され続け、地域独自の伝統が継受されていたことも事実である。

▲マグリブ・アンダルスとの戦争の実態　カスティーリャ王アルフォンソ10世が編纂させた詩集『聖母マリア賛歌集』第181節挿絵。マリーン朝軍（左）と勝利を収めるムワッヒド朝軍（右）の両陣営の前線に、西欧の甲冑を身にまとったキリスト教徒騎士が配置されている。金貨の溢れるマグリブは、イベリア半島や南仏の騎士たちにとっての「出稼ぎの場」でもあった■。

✢黒死病と社会の混乱✢

一四世紀の半ばになると、「危機」が本格化した。既に一三世紀の後半から小麦価格をはじめとする物価のインフレが

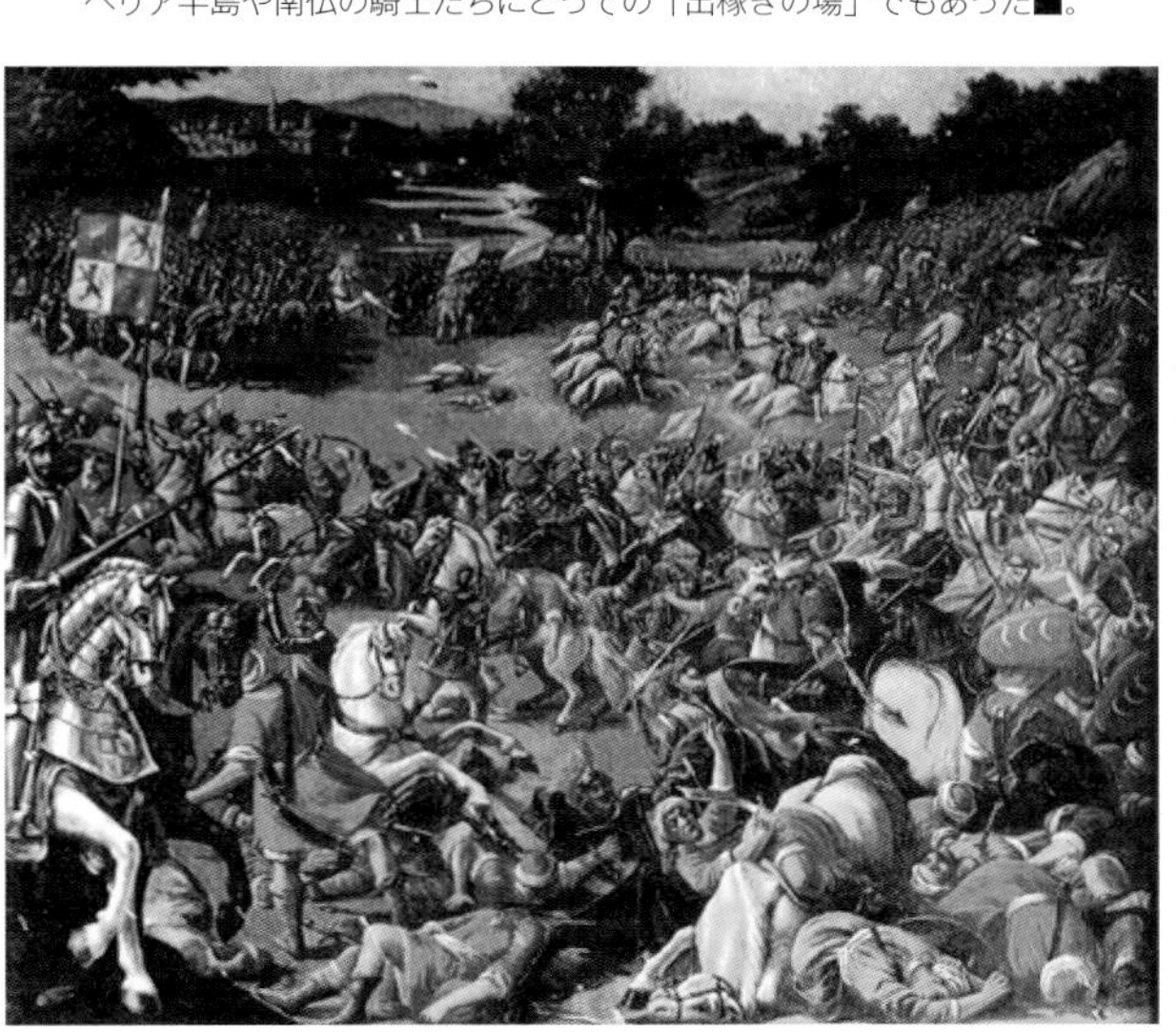

◀サラード会戦　一三四〇年一〇月三〇日、カスティーリャ・ポルトガル連合軍とナスル朝・マリーン朝連合軍が、タリファ近郊で衝突した。ムワッヒド朝以来続いてきたマグリブ王朝によるアンダルス介入に終止符を打たせた戦闘として有名（作者不詳、一七世紀、グアダルーペ修道院）。

生じていたものの、一四世紀にはいると小氷期への本格的移行に伴う気候変動が生じ、深刻な飢饉がたびたび発生した。それでもなお、西欧世界の人口は一三四〇年頃まで増加し続けている。

このとき、いわゆる黒死病が襲いかかった。一三四七年以後、ヨーロッパ全域に急速に拡散し猛威を振るったペスト禍の影響は、当然ながらイベリア半島社会にも及んだ。当時ジブラルタル遠征中であったカスティーリャ王アルフォンソ一一世とその側近たちは、陣中に蔓延したこの疫病に罹患し、王として最初で唯一の犠牲者となった。

これに呼応するかたちで、政治的混乱が極限に達した。カスティーリャ王アルフォンソ一一世の後を継いだペドロ一世と、その異母兄エンリケ・デ・トラスタマラとの確執（いわゆるトラスタマラ内戦）は、アラゴン連合王国との戦争へと発展し（「二人のペドロ（ペラ）戦争」）、さらに英仏百年戦争と連動して、西欧世界のすべてを巻き込む危機的状況を招いた。最終的にカスティーリャ王国内戦で勝利を収めたエンリケがトラスタマラ朝を開くものの、近隣の西欧諸国との戦争、国内貴族同士の権力闘争は継続し、王国の安定がもたらされたとは言いがたい。

他方でアラゴン連合王国は、地中海に面しているという地の利が逆に仇となり黒死病の被害が甚大なものとなった。半島内外の戦争に巻き込まれ、それまで一定の成功を収めてきた地中海政策も頓挫した。苦境に立たされる王権は、自らの地位を維持するために国内諸身分の代表から構成された議会を前にして大きな譲歩を迫られ、カスティーリャとは異なる王国統治体制が定着していった。

戦争や王朝交代劇に示される極度の政治的混乱が続く中、アンダルスへの対応を視野に入れる余裕はなく、諸王国はナスル朝と和平を更新し続けた。また政治

▲サンタ・マリア・ラ・ブランカ教会（トレード） 当初はシナゴーグであった。トレードは有数のユダヤ人コミュニティを抱えていたが、1391年の迫害で大きな被害を受けた■。

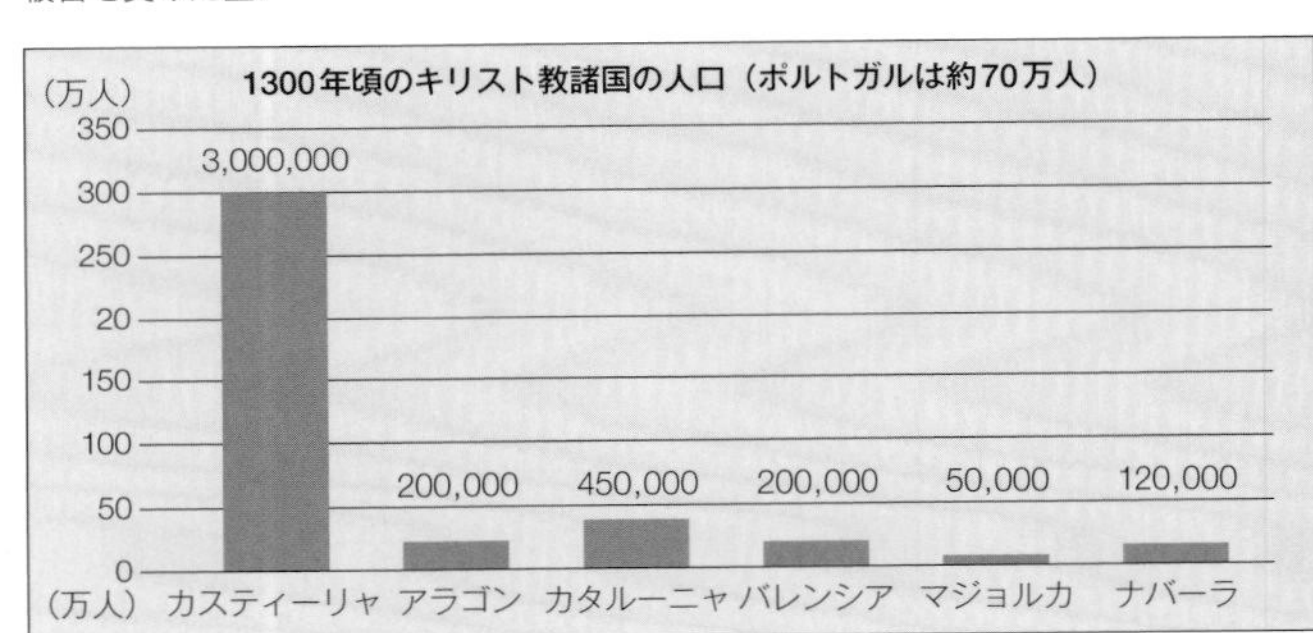

▲▼イベリア半島人口の推移 アラゴン連合王国やナバーラ、ポルトガルと比較すると、広大な領域を統べるカスティーリャ王国の人口規模の大きさが分かる。14世紀のペスト禍にもかかわらず、15世紀にカスティーリャの人口は激増した。

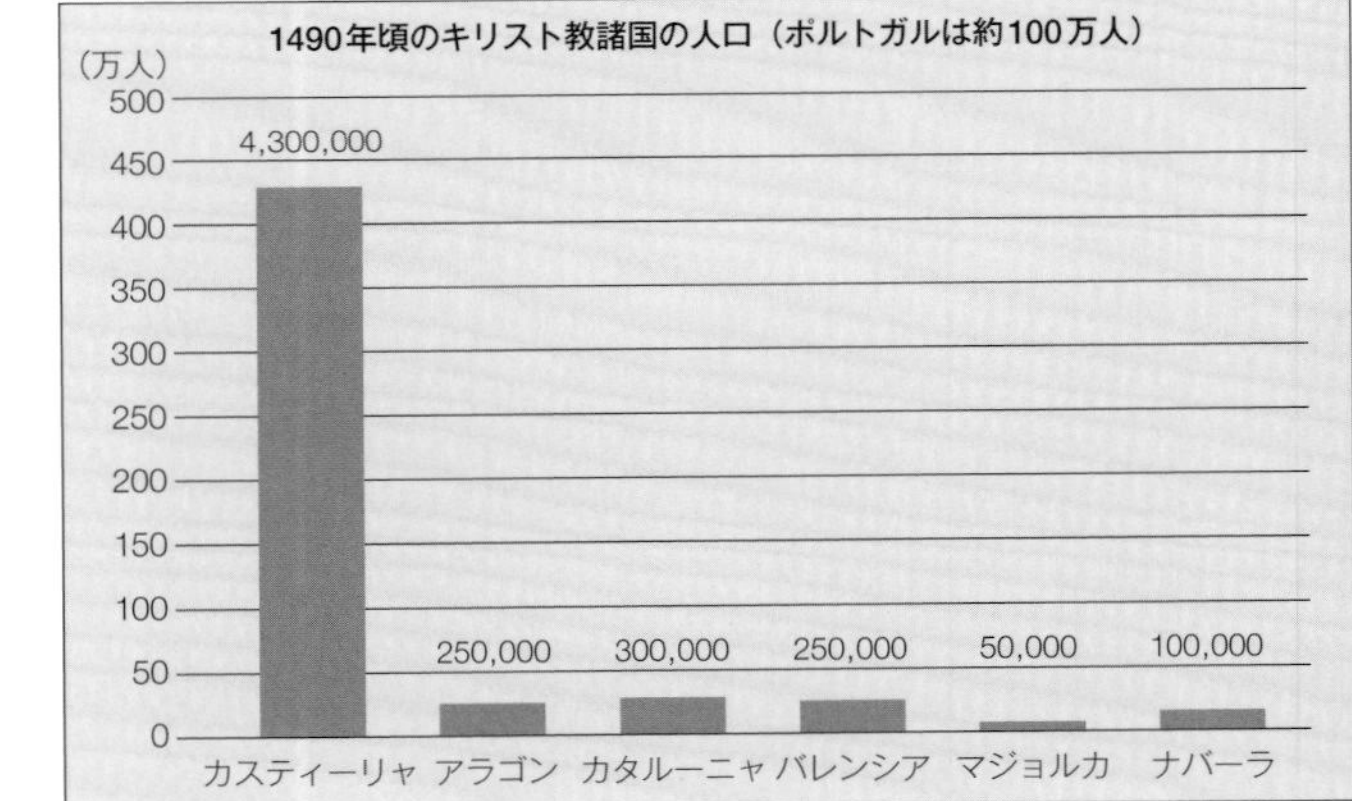

的な混乱は社会経済的な混乱にも直結し、各都市内部での騒擾や党派抗争も激化する中、これと連動して一三九一年にはユダヤ人虐殺が半島全域に燃え広がった。

このような状況に変化が見られるのは、一五世紀の初頭である。ナスル朝への攻撃を計画しながら一四〇六年末に夭折したカスティーリャ王エンリケ三世の遺志を継いだ摂政フェルナンド（後のアラゴン王ファラン一世）は、その翌年からグラナダ王国への領域侵犯を繰り返して、一四一〇年に要衝アンテケーラを征服することに成功した。王権や側近らの勢威発揚がおもな目的であったとはいえ、これ以後、カスティーリャはことあるごとにナスル朝への内政干渉と軍事侵攻を繰り返していった。

一方、アラゴン連合王国には、大きな状況改善の兆しは見られない。疫病や戦乱で激減した人口の回復は遅れ、また連合王国という統治体制の弱点として、内部に複数併存している各政治単位の思惑が異なり、これらを一致団結させた動きがとりにくいからである。往年の地中海政策に専心した国王アルフォンス四世（アルフォンソ五世）は、一四四三年よりナポリに宮廷を置いたものの、群雄割拠するイタリア半島の政治に翻弄されて、連合王国内部の分断がより深刻化する負の結果をもたらす。

Column④

アンダルスとの「交流」の結果

キリスト教諸国は、アンダルスと対峙するにせよ、それと和合するにせよ、常にそこから影響を被りながら、自らの地歩を固めていった。よって他の西欧諸国とは異なる独自の社会を形成していくことは必然であった。

まず、アンダルスへ向けた戦争遂行と領域防衛に主眼を置いた社会が形成されていった点に最大の特徴がある。それを象徴しているのは「平民騎士」という、最前線に居住し防衛を担当することと引き換えに、出自とは無関係に騎士に類する特権を享受できる稀有な身分の存在であろう。戦争の遂行で最も頭を悩ませるのが資金調達だが、この軍資金を迅速に確保するための合議・承認機関として、イベリア半島では議会が他の西欧諸国と比べても非常に早く成立した。なお常にイスラーム世界への最前線であり続けたことは、地名にも表れており、今でも南部アンダルシーア地方には「デ・ラ・フロンテーラ（フロンティアの）」という名が付けられている町がたくさん存在する。

征服活動が暴力的な行為であることに変わりはないものの、キリスト教諸国は被征服民のムスリムを完全には排除しない政策をとった。征服後に残留するムスリムは「ムデハル」と呼ばれる。この結果、古

▲アビラ　11世紀末から12世紀にかけて、ムラービト・ムワッヒド両王朝とのせめぎあいにおいて最前線都市として防衛と攻撃を担った時代を彷彿とさせる城壁■。

▼ヘレス・デ・ラ・フロンテーラ　現在は酒精強化ワインのシェリーで有名なこの町も、当初は対ナスル朝国境地帯を支える最前線拠点であった■。

から居住するユダヤ人、アンダルスに居住していたアラビア語に堪能なモサラベ、そしてムデハルが混住する特異な社会が誕生した。彼らが一所に会する場となった都市トレードや、アラゴン王によって征服されたエブロ川流域で、一二世紀を中心にアラビア語からラテン語への知の翻訳運動が活発化したことは、偶然ではないのである。

これに加えて、いわゆるムデハル様式と呼ばれるアンダルス・モードを組み込んだ建築・芸術様式がとりわけ一三世紀以降に花開き、イスラーム世界に伝来していた製紙技術もいち早く受容した。専門語彙から法制度、乗馬法、衣服、食文化に至るまで、アンダルスから被った影響は枚挙にいとまがない。

▲**マグリブ・アンダルスのものを模した金貨** 一一九三年と一二一七年に作られたカスティーリャ王国のマラベディ金貨。アラビア語で銘文が打刻されながらも、十字架とアルファベット（ALF：アルフォンソの略）が中央部に加えられている。

▶**ペドロ一世宮殿（セビーリャのアルカサル）** カスティーリャの王族やエリート層はこぞって「アンダルス風」の建築様式や文物に魅了されている■。

◀**エル・サルバドール塔（テルエル）** 一四世紀の典型的なアラゴン・ムデハル様式。地域色豊かなムデハル様式が中世後期に育まれた■。

第五章 スペイン帝国の幕開けと興隆

1 カトリック両王

一四六九年の一〇月一九日、王位継承をめぐる策謀が渦巻く中、カスティーリャ王エンリケ四世の異母妹イサベルとアラゴン王子ファラン（フェルナンド）が結婚した。フェルナンドは、ナポリを征服後イベリア半島に帰ることのなかったアルフォンス四世の弟ジュアン二世の嫡子であった。一四七四年にエンリケ四世は死去し、ポルトガルとの王位継承争いを経て女王イサベル一世が国内を平定した。さらに一四七九年、彼女の夫もアラゴン連合王国のファラン（フェルナンド）二世として即位した。

この出来事をもってスペイン王国の成立と通俗的に解釈されているが、二つの王国を完全に統合する正統性は未だ存在せず、二人の君主も各々の王国の統治者として振る舞った。

とはいえ、のちに「カトリック両王」と呼ばれるこの二人の治世が、のちのスペインへとつながる複合君主政を定着させた画期となったのは事実である。複合君主政とは、各々の言語や法、特権、社会構造が温存されたままの諸王国・諸領邦の長を、ひとりの君主が兼任するかたちでゆるやかに連合する政治形態を指す。カスティーリャ王国とアラゴン連合王国が、その各々が戴く君主の結婚を契機として、これまでになく綿密な連携をとっ

▲**エンリケ4世**　カスティーリャ王（在位1454～74）。イサベル1世の異母兄。彼の治世期には国内で内戦や貴族反乱、そして王位継承問題が頻発した。のちのプロパガンダ合戦のなか、「不能王」と呼ばれることとなる。

▼**カトリック両王**　聖母子の前で祈りを捧げるカスティーリャ王イサベル1世（在位1474～1504）とアラゴン連合王国国王ファラン2世（在位1479～1516）。1496年、ローマ教皇から「カトリック王」の称号を獲得する（作者不詳、1491～93、プラド美術館）。

たことは間違いない。

✢カトリック両王の改革と統治 ✢

カスティーリャを治めるイサベルは、抜本的かつ迅速な諸改革を断行した。これは、宗教的、政治的な統合を目指そうとする西欧全体の主権国家確立への動向と明らかに連動していた。軍事面においては、諸都市の民兵組織を束ねた治安維持組織（サンタ・エルマンダー）を自らの指揮下に組み込んだが、この歩騎一万四〇〇〇名からなる部隊は、常備軍の先駆形態と言える。中央と地方を結ぶ指揮系統を抜本的に見直すべく、国政を補佐する有能な文官（レトラード）を重用するとともに、王権の命が行き届くように地方コレヒドール（国王代官）職の任命を慣例化した。また王財政を整備・拡充し、司法の一元化をうちだした。

複合君主政という地域ごとの多様性が存続する形態をとるからこそ、なおのこと統合原理としてのカトリック信仰が重視され、宗教的な「他者」に対する厳しい措置が出現した。一四八〇年から教皇の認可を得て、王権の強い統制下で異端審問所が活動を開始した。民衆の反コンベルソ感情を払拭する狙いもあって、ユダヤ教からキリスト教への改宗者（コンベルソ）を審問のおもな対象とした。さらに同年のトレード議会では、ユダヤ人とムデハル街区の強制隔離も命じられている。

王国改革に邁進するちょうどこのとき、ナスル朝との国境紛争が勃発する。これを好機と考えたカトリック両王は、約一〇年に及ぶ、当時としては異例の長期にわたる戦争を計画的に遂行してナスル朝領域を着実に征服、遂に一四九二年の一月二日、都グラナダを占拠した。これをもって、八世紀より勢威を誇ったアンダルスは歴史の表舞台から姿を消した。

一四九二年は、もうひとつの異教徒に対する不寛容が明白となる年でもある。三月の末にイサベルはユダヤ教徒追放令を発布し、キリスト教への改宗か、さもなくば四か月以内の国外退去を命ずる。宮廷ユダヤ人を中心として改宗が進む一方、一〇万から二〇万人に及ぶユダヤ人が、カスティーリャとアラゴンから退去することを選択したとされる。

グラナダ王国の征服は、それまでと変わらない寛大な降伏協定のもと、数多くのムデハル臣民を生み出した。しかし異教徒であるムデハル臣民に対する対応も、アンダルスの消滅によって次第に硬化していく。キリスト教への強硬な改宗政策

▲「グラナダ戦争」 1482年のアラマ攻防戦を描いた、トレード大聖堂内、聖歌隊席の木彫彫刻。既に大砲と携帯用の火器が用いられているのが分かる（ロドリーゴ・アレマン作、1489～93）。

▼ナスル朝の降伏 10年近くに及ぶ戦争の結果、孤立したグラナダ最後のスルタン、ムハンマド11世（ボアブディル）は秘密裏に降伏条件をめぐる交渉を繰り返し、1492年の年始に都市を明け渡した（フランシスコ・プラディーリャ作、1882年、上院議事堂）。

をめぐってムデハル反乱が勃発したことを契機に、カトリック両王は一五〇一年からその翌年にかけて、彼らに改宗か退去かの二択を迫った（アラゴン連合王国領では一五二六年に命令布告）。こうして、数多くの新キリスト教徒（モリスコ）が誕生した。表面上、王国臣民の全員がキリスト教徒となったわけである。

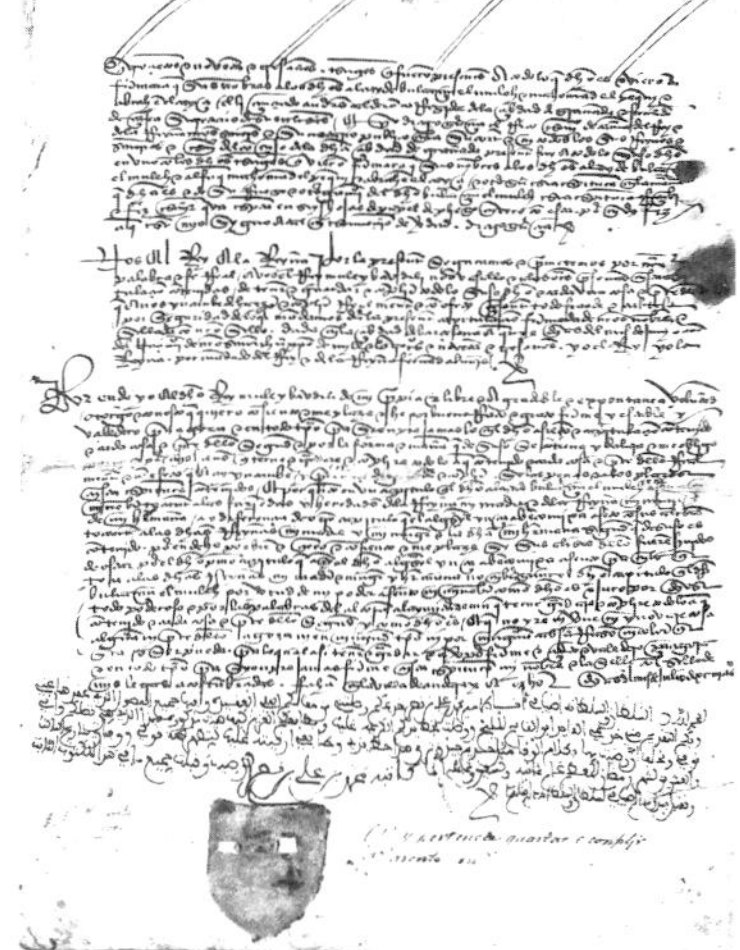

▲**玉座の間**　アルハフェリア宮（サラゴーサ）内に1492年に作られた部屋。ゴシック様式、ムデハル様式をはじめとするイベリア半島独自の要素が混在した豪華絢爛たる部屋である■。

◀**ムハンマド11世とカトリック両王との間に交わされた書状**　ムハンマド11世は結局マグリブへ亡命することとなるが、その許可をめぐる書状が残されている。下段はアラビア語で書かれている。

　カトリック両王期は、西欧諸国内での覇権の確立を志向した時代、言うなれば一六世紀から一七世紀にかけての覇権国家としてのスペイン帝国の基盤が形成された時代でもあった。ヴァロワ朝フランス王国の南下拡張政策に直面したカトリック両王は、ドイツとフランドルにおいて勢力を誇るハプスブルク朝、イングランドのテューダー朝、そしてポルトガルとの婚姻外交を模索しながら、ライバル国フランスを封じ込め、イタリア半島支配を盤石なものとした。

　一五〇四年一一月二六日、時代転換期の荒波を自らの才覚で乗り越えた女王イサベルは亡くなり、ブルゴーニュ公国に

▲**カトリック両王の紋章**　アルハフェリア宮（サラゴーサ）のカトリック両王の紋章。グラナダ征服という偉業を反映させ、その象徴であるザクロが最下部に挿入されている■。

◀**ユダヤ教徒の追放**　（エミーリオ・サラ・フランセス作、1889年、プラド美術館）

+ prologo.

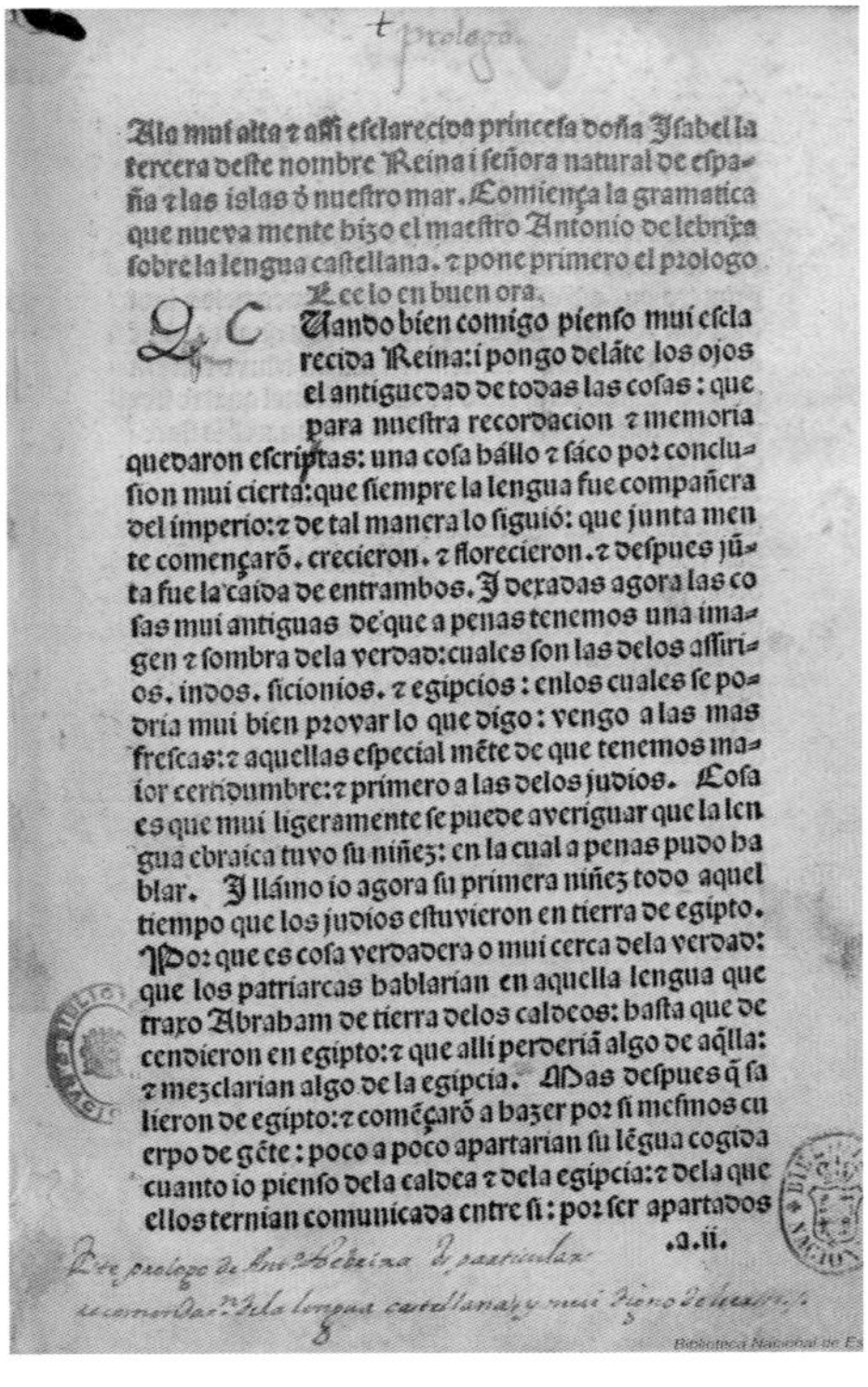

Ala mui alta ꝛ assi esclarecida princesa doña Isabel la tercera deste nombre Reina i señora natural de españa ꝛ las islas ꝺ nuestro mar. Comiença la gramatica que nueva mente hizo el maestro Antonio de lebrixa sobre la lengua castellana. ꝛ pone primero el prologo Lee lo en buen ora.

Quando bien comigo pienso mui esclarecida Reina: i pongo delãte los ojos el antiguedad de todas las cosas: que para nuestra recordacion ꝛ memoria quedaron escriptas: una cosa hallo ꝛ saco por conclusion mui cierta: que siempre la lengua fue compañera del imperio: ꝛ de tal manera lo siguió: que junta mente començarõ. crecieron. ꝛ florecieron. ꝛ despues jũta fue la caida de entrambos. I dexadas agora las cosas mui antiguas de que a penas tenemos una imagen ꝛ sombra dela verdad: cuales son las delos assirios. indos. sicionios. ꝛ egipcios: enlos cuales se podria mui bien provar lo que digo: vengo a las mas frescas: ꝛ aquellas especial mẽte de que tenemos maior certidumbre: ꝛ primero a las delos judios. Cosa es que mui ligeramente se puede averiguar que la lengua ebraica tuvo su niñez: en la cual a penas pudo hablar. I llámo io agora su primera niñez todo aquel tiempo que los judios estuvieron en tierra de egipto. Por que es cosa verdadera o mui cerca dela verdad: que los patriarcas hablarian en aquella lengua que traxo Abraham de tierra delos caldeos: hasta que decendieron en egipto: ꝛ que alli perderia algo de aqlla: ꝛ mezclarian algo de la egipcia. Mas despues q̃ salieron de egipto: ꝛ començarõ a hazer por si mesmos un cuerpo de gẽte: poco a poco apartarian su lẽgua cogida cuanto io pienso dela caldea ꝛ dela egipcia: ꝛ dela que ellos ternian comunicada entre si: por ser apartados

a.ii.

◀ネブリーハ著『カスティーリャ語文法』序文　ヨーロッパ初の俗語文法書が、一四九二年、イサベル一世に献呈された。「言語は常に帝国の伴侶であった」という象徴的な表現で知られる。後の帝国の公用語としての普及に貢献した。

◀▶王室礼拝堂　カトリック両王は、グラナダのこの礼拝堂内にそろって眠っている▶。

嫁いでいた次女ファナがカスティーリャ王位を継承した（ファナ一世）。しかし一五〇六年の九月、夫フィリップが急死したことで、当初より精神疾患を抱えていたファナが国政を完全に執りおこなえなくなると、父ファラン二世が娘の摂政としてカスティーリャの統治に再度乗り出す。

再び両王国を差配することとなった彼は、故国アラゴン連合王国が伝統的に推進してきた地中海政策（イタリア半島支配・マグリブ沿岸部進出）をさらに推し

▲シスネーロス枢機卿　1436～1517。トレード大司教の任にありながら、カトリック両王期に要職を歴任した。征服後のグラナダで、ムデハルに対する苛烈な処遇を提唱したことであまりに有名であるが、彼は現在のマドリード・コンプルテンセの前身となる大学をアルカラ・デ・エナーレスに設立するなど、学問の発展にも著しい貢献をしている。

進めるとともに、フランスとの争点となっていたナバーラ王国へ侵攻してこれを迅速に併合することに成功した。マキャヴェリにも絶賛されたこの老獪な王は、孫でフアナの嫡子ブルゴーニュ公シャルル二世にカスティーリャとアラゴン両王国の相続を委ね、一五一六年一月二三日、激動の生涯を閉じた。このシャルル二世こそ、カスティーリャとアラゴン連合王国の君主カルロス一世、世界史上名高い神聖ローマ皇帝カール五世である。

Column⑤

なぜナスル朝は滅亡したのか？

一三世紀半ばに成立し、建前上はカスティーリャ王の家臣であったはずのナスル朝君主が治めるグラナダ王国は、なぜ滅ぼされたのであろうか。「国土回復」という悲願（いわゆる「レコンキスタ理念」）の成就がカトリック両王とその側近らを突き動かした唯一の動機であったと考えるべきではない。

イタリア・ルネサンスが花開き、車の両輪のように新たな政治思想と宗教的熱情とが生み出されていく一五世紀、西欧は新たな国家体制の構築を模索し、それを競い合う時代であった。イングランド、フランス、そしてカスティーリャもみな、王権のもとで一円的かつ排他的な領域支配権を持つ国家を目指したが、政治によって宗教を管理しようとするならば、君主同士の封建的主従関係のみでつなぎとめられてきたナスル朝領域をそのまま許容し続けることは不可能であった。

一五世紀のイベリア半島の歴史は、諸王国間の継承戦争や王国内部の宮廷闘争で彩られているが、この最混迷期をイサベル一世は王国内諸貴族や富裕商人の協力を得て勝ち残ることができた。当然ながら彼らに土地や利権といった恩賞を与える必要に駆られていたのである。また当時のカスティーリャ王国では人口が急激に増加しており、人口圧が高まっていた。このような社会経済的な要因も、最終的な征服を決断させるきっかけとなったはずである。

さて、当時の国際情勢を大局的に見ると、別の動機も見え隠れする。一四五三年にはコンスタンティノープルが陥落し、オスマン朝の東地中海領域における勢威は日を追うごとに増大していた。ムデハルやユダヤ人、そしてコンベルソの中には、このオスマン朝による解放を期待する者も存在した。オスマン朝君主を「アンチキリスト」の到来と解釈する終末論が高まりを見せる中、聖地エルサレムをキリスト教徒の手に再び奪還するための前哨戦としてグラナダを征服する意図も、カトリック両王にはあったと言われる。

▲カルロス1世　在位1516～56（神聖ローマ皇帝在位1519～56）。数多くの世襲領をまとめあげた彼は、「スペイン」の枠には収まらない王といえる（ティツィアーノ・ヴェチェッリオ作、1548年、プラド美術館）。

2 カルロス一世とフェリーペ二世 ❋

　一五〇〇年二月二四日、カトリック両王の孫カルロスは、ヘントで生を受けた。一五一六年の祖父の死去により、既にブルゴーニュ公位にあった彼は、一六歳という若さでカスティーリャ、アラゴン連合王国の両王冠を戴いた。イベリア半島にそれまで縁のなかった彼は、カスティーリャ語を話すこともできないまま、ブルゴーニュ公国の側近を引き連れて一五一七年にイベリア半島に上陸する。一五一九年、神聖ローマ皇帝であった父方の祖父マクシミリアン一世の死去に伴い、ハプスブルク家オーストリア世襲領を継承し、皇帝として選出された。そして、その位に就くため、その翌年にドイツへと向かった。

　王が不在となったこのとき、カスティーリャではコムニダーデス（コムネーロス）反乱が勃発した。カトリック両王期の王権の伸張と対外政策に伴う社会の急激な変化を経験した民衆や聖職者らの不満と、都市・貴族間の党派抗争とが相まって、一時は王国全土を覆う大規模な反乱に発展するかに思われたが、社会構造の変革を求める過激派が擡頭すると孤立し、あえなく鎮圧された。同様にこの時期にはアラゴン連合王国のバレンシアを端緒として都市党派抗争が深刻化していた（ジャルマニーアの乱）。神聖ローマ皇帝となったカルロスは一五二二年にイベリア半島へ帰還すると、事態の深刻さに鑑みて二九年まで腰を据えて半島統治に専念した。こうして名実ともにカルロスは「スペイン王」となった。

✣カルロス一世の覇権時代✣

　カトリック両王の対外政策を継承した彼は、「ハプスブルク＝ヴァロワ戦争」とも言われるフランス王国とのイタリア半島支配をめぐる戦争（イタリア戦争）に明け暮れ、一五二五年二月二四日のパヴィアの戦いで勝利を収めてフランス王フランソワ一世を捕虜とした。そして一五三〇年の誕生日にボローニャで皇帝戴冠式を挙行し、一五三五年以降はミラノ公国の支配権を獲得するなど、彼のイタリアにおける地位は盤石なものになったかに思われた。しかし西欧諸国間の複雑極まる外交関係に巻き込まれる中、故地ネーデルラントの確保に加えて、神聖ローマ皇帝として宗教改革の吹き荒れるドイツ国内のルター派へのデリケートな対応を迫られた。さらに、オスマン帝国が陸路でバルカン半島を支配下に収め、海路でマムルーク朝を滅ぼし、マグリブへも直接的な影響力を行使し始めたため、その対処も急務となった。

　多方面での政治外交的対応と戦争に忙殺されたカルロスは、まさに移動し続ける皇帝であり、在位四〇年間のうちイベリア半島には一六年に満たない期間しか滞在していない。イベリア半島内に留まっての堅実な統治を進言する側近に対し、カトリックを土台とした普遍帝国の完成を夢想する彼は、聞く耳を持たなかった。
しかしカルロス一世の覇権とは、故地ネーデルラントとドイツ、イタリア、そしてイベリア半島とを緩やかにつなげる中世的な「帝国」の域を出なかった。言い換えれば、これは一円的な支配を及ぼす近代国家ではなく、人と人との紐帯でつながりあう中世封建国家としての側面が未だ強い、ハプスブルク家の家産としての支配領域の集合体に過ぎなかった。広大な領域を統べながらも、その各々の政治単位は強い自律性と固有のアイデンティティを維持し続けており、「帝国臣民」としての一体感はついぞ醸成されることがなかった。これが、のちの運命を決する。各地で同時に展開される軍事行動を継続するために必要となる莫大な戦費は、次第に帝国中枢であるカスティーリャの肩にばかり重くのしかかり始めた。

イングランド王国
ネーデルラント
神聖ローマ帝国
ルクセンブルク
フランシュ=コンテ
フランス王国
オーストリア
ハンガリー
ミラノ
ナバーラ王国
ポルトガル王国
アラゴン連合王国
カスティーリャ王国
オスマン帝国
ナポリ王国
サルデーニャ
シチリア王国

ハプスブルク家の父フィリップからの相続
カスティーリャの母フアナ1世からの相続
アラゴンの祖父ファラン2世からの相続
ハプスブルク家領
カルロス1世による征服
オスマン帝国
神聖ローマ帝国の境界

▲カルロス1世期の「帝国」 オーストリア世襲領はカルロス1世の弟フェルディナントが継承し、スペイン＝ハプスブルクとオーストリア＝ハプスブルクに分裂することとなった。

▲マグリブ政策 セビーリャのアルカサルに所蔵されている一六世紀半ばのチュニス遠征を描いたタペストリー。南北が逆転している。マグリブ支配をめぐって、オスマン帝国との対立が続いた■。

◀フェリーペ二世 在位一五五六～九八（ティツィアーノ・ヴェチェッリオ作、一五五一年、プラド美術館）。

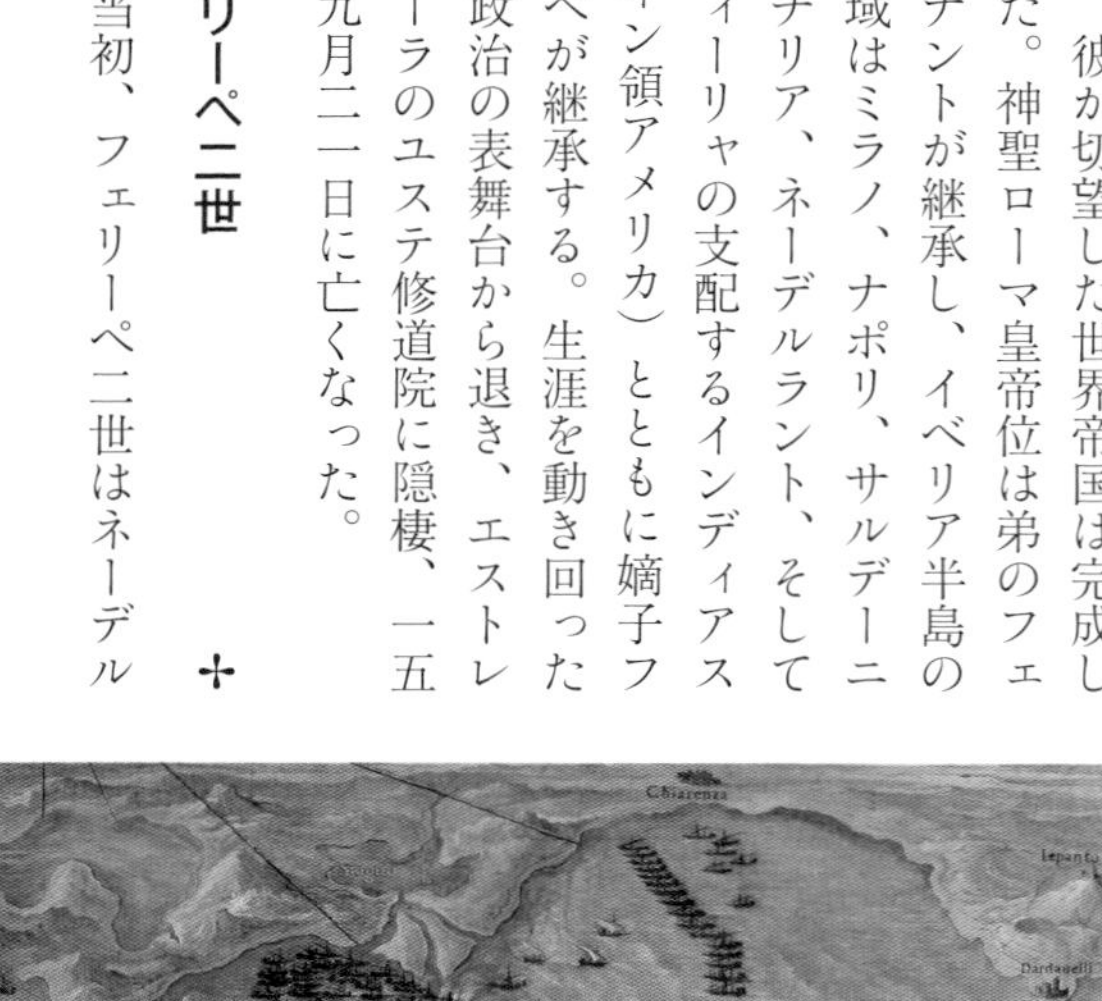

結局、彼が切望した世界帝国は完成しなかった。神聖ローマ皇帝位は弟のフェルディナントが継承し、イベリア半島の支配領域はミラノ、ナポリ、サルデーニャ、シチリア、ネーデルラント、そしてカスティーリャの支配するインディアス（スペイン領アメリカ）とともに嫡子フェリーペが継承する。生涯を動き回った皇帝は政治の表舞台から退き、エストレマドゥーラのユステ修道院に隠棲、一五五八年九月二一日に亡くなった。

✢フェリーペ二世✢

即位当初、フェリーペ二世はネーデルラントに滞在しており、カトー・カンブレジ和約を締結、イタリア戦争を有利なかたちで一旦終結させた。一五五九年の秋、イベリア半島に腰を落ち着けた彼は、六一年にトレードとバリャドリードの中間に位置するマドリードに宮廷を据えた。経済的な重心もまたイベリア半島、とりわけカスティーリャに置かれていく。

父カルロスとは違い、都から動かない「書類王」であったフェリーペは、カトリックの盟主たらんと欲し、地中海圏の覇権をめぐってオスマン帝国と正面衝突した。オスマン帝国との同盟を選択したフランスと争いながら、一五七一年一〇月七日、オスマン帝国艦隊に対する勝利を収めた（レパントの海戦）。とはいえヴェネツィアはいち早くオスマン帝国と和平を結び、ネーデルラントの反乱に

▲レパントの海戦　ちなみに、『ドン・キホーテ』の作者セルバンテスも参加している。（イグナツィオ・ダンティ作、1571～86、ヴァティカン美術館）

▲アンダルス時代のマドリード　王宮とアルムデナ大聖堂の南にあるアンダルス時代の城壁跡■。

▲ビリャ広場（マドリード）　王宮と太陽門（プエルタ・デル・ソル）の中間に位置する、首都マドリードの中で最も古い街区のひとつ■。

▲サン・ロレンソ・デ・エルエスコリアル修道院　サン・カンタンの戦いでの勝利日（1557年8月10日）が聖ロレンソの殉教日であったことに由来する。1563年に着工し、1584年に完成。フェリーペ2世にとっての教会であり宮廷、知の殿堂、そして王朝の菩提寺であった■。

手を焼いていたフェリーペ二世もまた、大西洋戦線に集中するためにオスマン帝国との和平の道を選択する。したがってこの海戦がパワーバランスを一変させたと考えてはならない。

アメリカ大陸で産出される銀の供給量が飛躍的に増大する一五七〇年代から、フェリーペは西欧に対して積極的な拡張政策を展開している。そして一五八〇年に隣国ポルトガルで生じた王朝断絶に即応して、彼はポルトガル王位の継承権を主張、同年の夏にはポルトガル国王を自称しつつリスボンへと乗り込み、その翌年四月にポルトガル議会で正式にフェリーペ一世として承認された。これと並行して彼は国内でのプロテスタントの影響を排除すべく、ネーデルラント統治に強硬姿勢で臨み、かつての同盟者であったイングランドとも激しく対立した。

イベリア半島全域を統一するばかりか、中世後期アラゴン連合王国時代の懸案でもあったイタリア支配を成し遂げ、さらに各地に散らばるハプスブルク支配下の領域をも連結させたこのスペイン帝国は、まさに当時の西欧における覇権国家であった。それを裏付けるかのように、帝国の中核を構成していたカスティーリャ王国の人口は急激な増加の一途をたどって一五八〇年代にピークを迎えている。

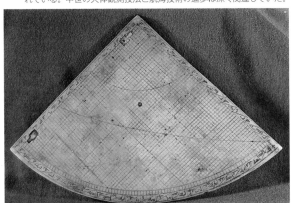

▲テルシオ　1600年7月2日、ニーウポールト会戦時のスペイン帝国軍の編成図。軍の主力となったのは、槍兵と銃兵を中核として構成されたテルシオと呼ばれる常備軍的な部隊であり、帝国の軍事的な覇権の維持に寄与した。

▼四分儀　国立考古学博物館（マドリード）所蔵。アラビア語で記されている。中世の天体観測技法と航海技術の進歩は深く関連していた。

世界各地に散らばる広大な帝国領域を効率よく統治するために、政治領域単位の各々を管轄する顧問会議が設置され、そこから各地に赴任する副王へと命令が迅速に伝達された。国務、国防、財務、異端審問などの担当業務ごとの顧問会議も置かれ、大学を修了した文官が積極的に登用された。帝国を構成する各政治単位が、別々の法と慣習に則った政治機構と自治権を持ちながらも、各種顧問会議を中央に配置して、この両者を多岐にわたる各々の利害で連結した国制であった。西欧でも先駆的なかたちで、中央集権的・官僚制的な支配機構が構築されたのである。

スペイン帝国は、北ヨーロッパと繋がる経済圏、地中海と繋がる経済圏、そしてアメリカ、さらにその先のアジアと繋がる経済圏、これら複数の相異なる経済圏の結節点となった。この結果、支配領域内での学問と文化の交流もまた促進された。地中海圏で先んじていたイタリア・ルネサンスと、遅れて生じたいわゆる北方ルネサンスとが連結され、これと宗教改革やアメリカ大陸への到達と植民に伴って生じた知識と経験が真に合流するダイナミックな場が形成されたのである。

カトリックの盟主としてスペイン帝国の最盛期を創り出したフェリーペ二世は、

一五九八年九月一三日、この世を去った。

＊

3 「太陽の沈まぬ帝国」

一五世紀の末から一六世紀にかけて、イベリア半島の諸国は、大西洋の向こう側のアメリカ大陸から、さらに太平洋を越えたアジア世界までを繋げた。ナスル朝が滅亡したのと同じ一四九二年、カトリック両王の支援を受けたコロンブスは、一〇月一二日にカリブ海のグアナハニ（現サン・サルバドール島）に上陸した。これ以後、アメリカ大陸への探索と征服、そして入植が急ピッチで進められた。かたやポルトガル王国はアフリカ東回り航路を開拓してインドから中国、そして日本列島にまで影響を及ぼしていく。いわゆる大航海時代の幕開けであるが、なぜイベリア半島社会が、その先駆者となりえたのであろうか。

▲**サラマンカ大学**　西欧最古の大学のひとつ。このファサードは一六世紀前半のプラテレスコ様式のもの。中央下段にはカトリック両王のレリーフが見える（写真提供：菊田和佳子）。

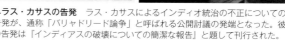

▲**ラス・カサスの告発**　ラス・カサスによるインディオ統治の不正についての告発が、通称「バリャドリード論争」と呼ばれる公開討議の発端となった。彼の告発は『インディアスの破壊についての簡潔な報告』と題して刊行された。

第一の理由は、大西洋と地中海の結節点に位置するイベリア半島ならではの経験の豊富さであろう。カスティーリャ王国は中世後期から北海・大西洋海運を展開していたし、大西洋に浮かぶカナリア諸島の征服と植民をアンダルシーア貴族たちが主導していた。アラゴン連合王国は地中海圏での活動経験を有していたし、一三世紀の半ばの時点で半島での征服活動を完了していたポルトガル王国は、いち早く北アフリカへと視野を広げていた。

第二に、イベリア半島のキリスト教諸国がアンダルスやマグリブといったイスラーム世界と濃密な接触を繰り返しており、天文学や航海技術のいち早い発展をみた点である。しかし信仰上のライバルでもあったイスラーム世界に属するアンダルスを征服することに野心を燃やし続

▲**インディアス古文書館**　アメリカとヨーロッパの結節点となったセビーリャは、17世紀の後半まで新大陸通商を独占した。商務院（通商院）として16世紀に建造され、現在は古文書館となっている■。

▲**セビーリャ大聖堂**　中世から近世にかけてのセビーリャの繁栄を象徴する大聖堂であり、ゴシック建築としては世界最大。堂内にはコロンブスの棺も安置されている■。

▼**1580年時点でのスペイン帝国**

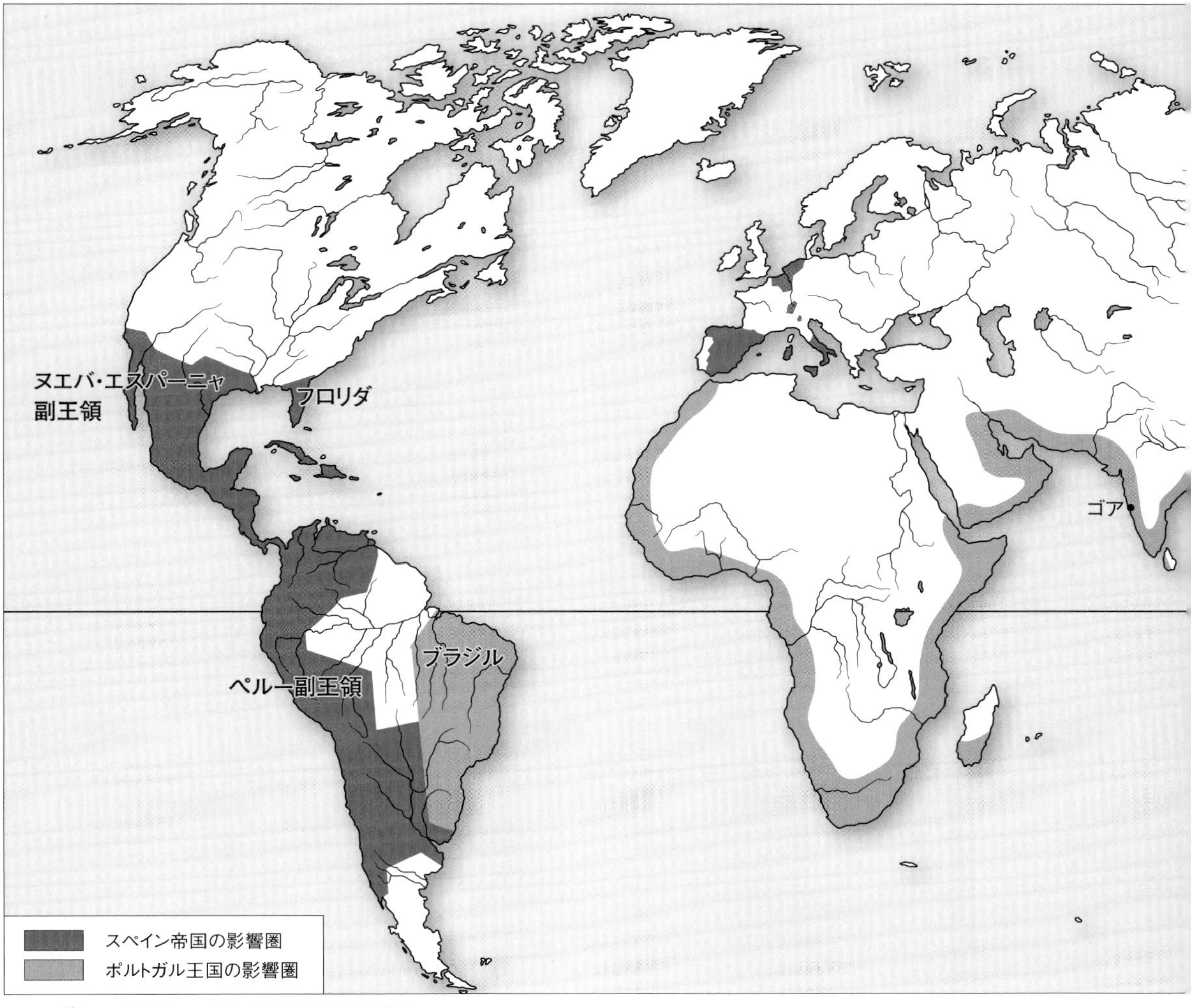

けたこの社会は、常に新たな略奪品を求め、征服地を得るべく不屈の闘志を維持できる人びとで満ち溢れてもいた。既に中世の時点で、これらの王国は、将来的に征服可能な領域を分割して競い合いながら征服と植民を推進していた。これが、トルデシーリャス条約（一四九四年）へと繋がる。とりわけ「フロンティア精神」を根付かせたカスティーリャ社会は、一五世紀から急速な人口増加傾向を見せている。大航海時代のはじまりは、中世イベリア半島の社会情勢を考慮せねば、適切に理解することはできない。

✣グローバリゼーションの先駆者✣

大西洋と太平洋を隔てて地球上に広がる領域を統治したスペイン帝国は、当然ながら数多くの試練に直面し、この解決のため試行錯誤を繰り返す中で、結果的に全世界に影響をもたらした。周知のとおり、アメリカ大陸は無人ではなく、精緻な文明を持つ先住民（インディオ）らが多数居住していた。ローマ教皇やプロテスタント知識人も議論に関与しながら、「サラマンカ学派」はインディオたちの処遇とアメリカ統治法についての思索を重ね、のちの経済学や統治理論、人権や国際法へと繋がる知的成果をいち早く生み出していった。

インディオをキリスト教へ改宗させ教導するために、托鉢修道会士やイエズス会士らが率先して現地に赴き、彼らの言語と文化情報を収録し、編纂しながら布教が推し進められた。極めて広大な領域を統治するため、各地の情報収集と分析を担う専門人材が多数必要になり、サラマンカ大学や新設されたアルカラ大学では、教会法や世俗法に通暁する文官の育成が急務となった。インディオに対する苛烈な支配がなされたことは否定できないものの、帝国支配があくまで法に則ったものであったこともまた事実である。

またアメリカ大陸への入植が進むことで、造船業から繊維工業をはじめとするヨーロッパのさまざまな産業の成長が促進された。一六世紀ヨーロッパの経済成長とスペイン大西洋貿易の発展とが密接に関連していたのである。一五四五年に発見されたポトシをはじめとする銀鉱脈から産出・精錬されたアメリカ銀は、まさに帝国形成とその維持発展の財源となるばかりか、帝国の一角を占めたフィリピンを経由して東アジアへ大量に流れていき、中国の王朝交代劇にも影響を及ぼした。

ポルトガル王位を獲得したフェリーペ二世の時代に実現した「太陽の沈まぬ帝国」は、全地球規模でヒトやモノ、そして情報が連結するグローバリゼーションを史上初めて牽引した先駆者であったのである。

Column 6

スペインは西回りで、ポルトガルは東回りで航路開拓を進め、極東アジアで両者が邂逅した。一五二一年にマゼラン率いる艦隊は現フィリピン諸島へ到達したが、この命名自体、当時未だ王太子であったフェリーペ二世の名にちなんでいる。一五二九年のサラゴーサ条約によって、ポルトガルと取り決めていた世界分割線が修正された。これを根拠として、のちにマカオを拠点とするポルトガルに対して、フィリピン諸島はスペインの支配域と定義づけられた。

一五四二年にはルイ・ロペス・デ・ビリャロボスによる諸島探索が本格化した。懸案事項であった太平洋帰還航路の発見に成功したのち、一五六〇年代から同諸島への本格的な植民が開始される。一五七一年にはレガスピが政治・経済の拠点として都市マニラを創設するが、この都市は現地先住民、華人、日本列島出身者とイベリア半島からの移

Column 6

スペインと東アジア

住者とが混住する特異な場となった。

これに伴って、いわゆるガレオン航路が整備された。これは、毎年三月にヌエバ・エスパーニャ副王領（現メキシコ）のアカプルコを出港して五月にマニラに到着、七月にマニラを発ち一二月にアカプルコへと帰還する太平洋定期航路を指す。禁輸措置をくぐり抜けた莫大な量に及ぶアメリカ銀が持ち込まれ、アジア産の品々（とりわけ絹）がアメリカに輸出された。フィリピンは、中国と日本はもとより、東南アジア、インド亜大陸、アフリカ大陸にまで及ぶ人びとや物品が取引される「世界貿易拠点」として機能したのである。

スペインと日本列島とが繋がったのもこの時代である。ちょうど戦乱期の「日本人」は東南アジアからフィリピンにかけて広範に活動しており、マニラの日本人町は、一六二三年には三〇〇〇人以上の人口を擁していたとされる。イエズス会をはじめとするイベリア半島出身の修道士らが日本列島を訪れて、多くのキリスト教への改宗者（いわゆるキリシタン）を生み出したことは日本でも知られている。江戸時代、伊達政宗の命を受けた支倉常長が率いる慶長遣欧使節が、太平洋から大西洋を越えて国王フェリーペ三世に謁見している。最新の研究は、日本列島出身者を含む東アジアの人びとが、これまで考えられてきた以上にアメリカ大陸へ奴隷あるいは自由民として渡航していたことを明らかにしてきている。

「世界貿易ルート」の形成によって、西欧から持ち込まれた新しい軍事技術がアジアにいち早く広まるばかりか、キリスト教を伝播させて、それらを基盤に置く、あるいはそれを拒絶しようとする政治形態が広く誕生した。スペインとポルトガルが「先兵」となって切り開いた一六世紀の歴史は、真にグローバルなそれの始まりであった。

S·P·FRĀCISCUSXAVERIVSSOCIETATISIV

▲**フランシスコ・ザビエル**　1506～52。ナバーラ王国で生を受け、のちにパリでイグナティウス・ロヨラとともにイエズス会を創設、東アジア布教の途上で亡くなった。日本でよく知られるこの図像は、1920年、大阪府茨木市で発見されたものである。

▼**慶長遣欧使節**　伊達政宗の家臣、支倉常長が団長となって、太平洋から大西洋を渡って西欧に向かった（1613年10月月浦発―1620年9月帰国）。右：これを記念したコリア・デル・リオ（セビーリャ県）の像（写真提供：押尾高志）。左：彼の乗船したガレオン船サン・ファン・バウティスタ号の復元船。宮城県石巻市にある。

第六章　スペイン帝国の陰り

1　政治と経済の混乱

❋

「太陽の沈まぬ帝国」スペインの覇権は決して長続きすることはなかった。覇権の維持を妨げる弱点を複数抱えていたからである。

第一に経済的要因である。カルロス一世以来、多方面で同時に展開される政治と戦争を維持する莫大な費用を賄う手段として、歴代国王は官職売買、長期公債（フーロ）の発行、個人宛のアメリカ銀の没収、そして通貨の悪鋳に訴え、経済の大混乱を招いた。フェリーペ二世は父の残した莫大な負債をも継承せざるをえず、ドイツやイタリアの国際金融業者に対して三度にわたる「国庫支払い停止宣言」をおこなった（一五五七、一五七五、一五九六）。そして半島外の銀行家への依存体質が常態化するばかりか、租税を取り立てる仕組みも未成熟、免税特権を持つ貴族や聖職者と平民（ペチェーロ）との間で税負担をめぐる極端な不公平が固定化し、中間層の経済的自立と発展が阻害された。さらに帝国収入はフェリーペのお膝元カスティーリャにばかり依存することとなった。

それに追い打ちをかけたのが、いわゆる価格革命であり、一六世紀に進行したインフレで物価が約五倍に上昇した。その原因については議論の余地があるが、とりわけ帝国の中枢カスティーリャ産製品が高騰して国際競争力を失っていった。アメリカ大陸という無尽蔵の市場を抱えているにもかかわらず、資本の蓄積と投資に失敗し、イベリア半島は西欧とアメリカで売買される工業製品の中継点の役割しか果たせないままで、一七世紀の不況へと突入した。気候変動による急激な寒冷化と、疫病の大流行がこれに重なり、人口減少傾向へと入ったイベリア半島社会の経済は沈滞を余儀なくされた。

第二に、宗教改革の影響による帝国領域内の混乱である。一六世紀は政治によって宗教を統制する傾向（いわゆる宗派化）が強まる時代であり、プロテスタント陣営に対応してカトリック陣営も対抗宗教改革を推進した。そのひとつの到達点であるトレント公会議の終幕後、フェリーペ二世はこの公会議決議に則り、聖職者の質を高めて帝国臣民を真のカトリックへと帰依させることを自らの統治目標とした。こうして、対抗宗教改革に伴う厳格な管理措置が政治主導で本格化した。

既に機能していた帝国独自の異端審問所は、プロテスタント、新たにキリスト教徒となった元ユダヤ教徒（コンベルソ）や元ムスリム（モリスコ）に対して目を光らせるのみならず、異端、同性愛者、重婚者を取り締まった。さらに検閲と書物輸入規制を通じた思想統制が実施されて、カトリックとしての綱紀粛正が図られた。アメリカ大陸でも国王教会保護権（パトロナート・レアル）を通じてトップダウンで布教活動が管理され、諸修道会と連携しながら社会形成を推進した。

✣ネーデルラントとの争い✣

とりわけこの対抗宗教改革の推進で問題となったのが、ネーデルラントである。カルロス一世は、一四七七年以来ハプスブルク家領となり帝国財政の基盤となっていたネーデルラントとの繋がりを重視し、プロテスタントとの対話も欠かすことはなかった。当時のスペイン帝国では、むさぼるようにエラスムスの著作が読まれ、自由闊達な議論が交わされていた。

　しかし同地にルター派とカルヴァン派住民が多数流入するにつれ、スペイン総督との軋轢が強まった。とりわけ一五六七年に派遣されたアルバ公はプロテスタントに対して強硬な姿勢で応じたため、この翌年からネーデルラント一七州はオランイェ公ウィレムを旗印にして大規模反乱を開始した。南部一〇州はスペインに再服属したものの、一五七九年一月に北部七州はユトレヒト同盟を結成し、徹底抗戦の構えを見せて事実上の独立を宣言した。このネーデルラント北部七州（オランダ）を援助するイングランドとの交戦の中で、スペイン帝国「無敵艦隊」が敗北を喫したことは、よく知られている。帝国海軍そのものは再建されるも、「無敵」という神話が打ち破られたことが、絶頂期を迎えていた帝国にとってトラウマとなったことは事実である。

◀**トレント公会議**　一五四五年から一五六三年にかけて、北イタリアのトレントで開催された公会議。プロテスタントの擡頭に応じたカトリック陣営の改革運動と位置付けられる。

　泥沼化していくオランダ独立戦争に加えて、イベリア半島内でも混乱が生じた。宮廷内派閥の権力闘争に加えて、帝国の一角を占めるポルトガル王国とアラゴン連合王国で反カスティーリャ感情が高まっていたのである。絶頂期を現出したフェリーペ二世の晩年、はやくも帝国の行く末に暗雲が立ち込め始めていた。

❋

2　異分子の排除——単一の帝国形成への邁進

中世イベリア半島のキリスト教諸国はイスラーム世界と恒常的に接触し、その拡大の過程で自領域内にユダヤ教徒とムスリムという複数の信仰共同体を抱えるに至った。対抗宗教改革により、プロテスタントの排除のみならず、中世からのユダヤ・イスラーム的伝統を受け継ぐコンベルソやモリスコといった「新キリスト教徒」に対しても、帝国当局は猜疑の視線を注いだ。

◀**アルバ公**　フェルナンド・アルバレス・デ・トレード（一五〇七〜八二）。ミラノ総督、ナポリ副王を歴任した後、ネーデルラント総督となる。晩年はポルトガル副王に任じられた。

　ここで重要な役割を果たしたのが、先にも述べた異端審問所であった。一三九一年の半島全域に及んだユダヤ人ポグロム以来、多数生み出された改宗者（コンベルソ）家系を監視するために導入されたこの機関は、ユダヤ教徒追放令（一四九二年）以後も力を持ち続けたコンベルソ家系に加えて、一六世紀のムスリムからの改宗者（モリスコ）をも監視対象とした。多種多様な宗教文化的背景を持つ臣民を統治するうえで重要な役割を担った異端審問のクライマックスが、判決宣告式（アウト・デ・フェ）であり、とりわけフェリーペ二世の治世初期には国王自身が臨席のうえで幾度も挙行されている。国王、大司教、有力貴族が列席し、都市の中央広場で大々的に施行された判決宣告式は、民衆教化のために実施された大規模な見世物としての側面をも有していた。

　ただし異端審問所が理不尽な拷問と火刑に血眼となったという通俗イメージは、

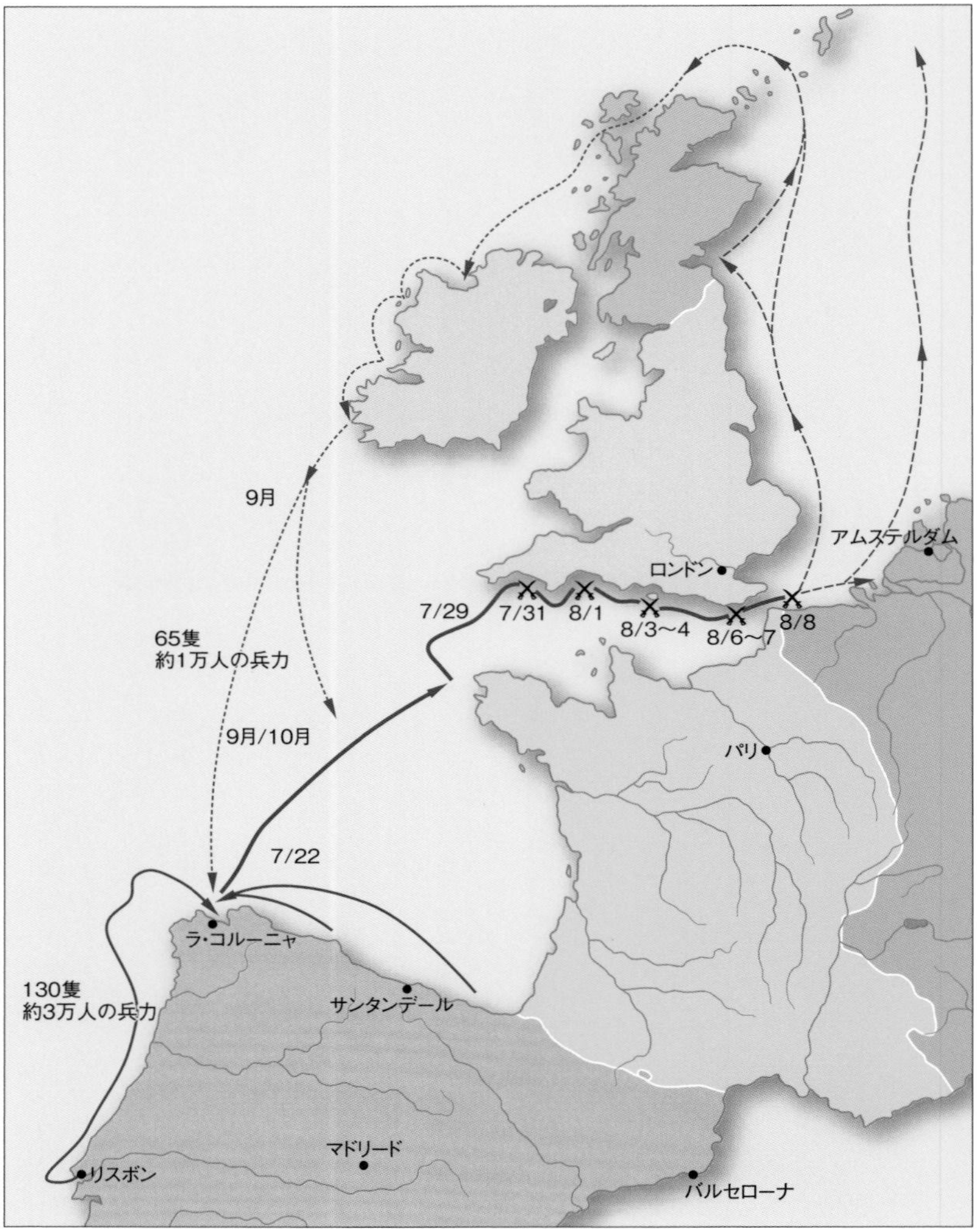

▲▼アルマダ海戦　1588年、ネーデルラントとイングランドに対する戦争の一環で実施されたこの遠征で成果を上げることができず、さらにブリテン島周回で不必要な損害を被った。

◀異端審問　表情豊かに、真に迫る異端審問の場面を描いている（ペドロ・ベルゲーテ作、一四九三～九九、プラド美術館）。

▲**アウト・デ・フェ（判決宣告式）** カルロス２世臨席のもとで1680年6月30日にマドリードで挙行された大規模な宣告式の模様（フランシスコ・リーシ作、1683年、プラド美術館）。

一定の修正が必要であろう。確かにフェリーペ二世治世初期をはじめ、告発と審問、続く処刑が盛んになった時期は存在する。しかしそれはごく短期間であり、審理の方法も証拠の提示を前提とする「理性的」なものであった。魔女の摘発について異端審問所は通常は関与しなかったし、異端審問所の存在とは無縁に生涯を終える民も多かった。聖人崇敬も継続しているし、出版検閲についてもそこまで厳格なものではなかったと言われる。形式上、この異端審問所の活動は一八三四年まで続くが、痴話喧嘩などあらゆる領域に関する日常問題を扱う機関に変容していったのもまた事実である。

また社会の多方面で異分子を排除する役割を果たしたのが「血の純潔」規約である。一五世紀から先例が見られるこれは、少なくとも三世代にわたってユダヤ人やムスリムの血が混じっていないもののみを「正統」とする社会的差別の機構である。特にコンベルソとその子孫を特定の社団から排除するために制定されたイベリア半島に固有の制度であり、その実効性については大いに研究の余地があるものの、一八三五年まで形式的には存続した。

✢モリスコの反乱と追放✢

アンダルスの消滅によって、ムスリムの多くが洗礼を受けることを選択してモリスコとなったわけであるが、とりわけナスル朝治下で代々ムスリムであった彼らの同化が喫緊の課題となった。一五二六年にかつてのナスル朝の都グラナダにも異端審

▲**「とんがり帽子（Coroza）」と「サンベニート（Sanbenito）」** 異端審問により有罪とされた者に着せられる特徴的な服装（フランシスコ・デ・ゴヤ作、1812～19、プラド美術館）。

▲**キリスト教への強制改宗** フェリーペ・ビガルニ作のグラナダ王室礼拝堂の祭壇画（1521年頃）。洗礼を待つムデハルたちが列をなしている。

▲モリスコの姿　グラナダのモリスコたちの姿（クリストフ・ワイディッツ作、1529年）。

◀モリスコ追放　モリスコらは海岸部まで強制的に追い立てられて、船に乗せられた（ビセンテ・カルドゥーチョ作、1627年頃、プラド美術館）。

問法廷が設置されてモリスコ同化政策が本格化したが、当初はアラビア語を用いながらの、カスティーリャ語の修得を通じた穏健な教育政策が採られた。しかしフェリーペ二世期、グラナダであらゆる場面でのアラビア語の使用禁止が徹底される。中世に多くのムスリムを抱え、ゆえにモリスコが農村部に多数居住し続けたバレンシアでも、かつてモスクであった教会はすべて意図的に破壊されていった。さらにモリスコ経済の基幹産業である絹産業の衰退、異端審問所による彼らの財産没収が追い打ちをかけ、モリスコの不満が高まっていった。

不満は、モリスコが集住する山岳地帯を起点として暴発した。第二次アルプハーラスの反乱（一五六八～七一）である。同反乱の鎮圧後、グラナダ領域に多数集住していたモリスコは、カスティーリャ全土へと分散させるために強制移住させられた。この措置は、奇しくも帝国の北方ネーデルラント支配が揺らぎ始めたのとほぼ同時期になされている。

一五八〇年代から帝国中枢では、献策家（アルビトリスタ）の提言を交えつつ、モリスコ追放の可能性について論じ始める。ちょうどオランダ独立戦争で休戦協定が締結され、プロテスタント勢力に対するスペイン帝国の実質的敗北を埋め合

◀▲テトゥアンとシャウエン　ムデハルやモリスコ、そしてユダヤ人らが移り住んだ、モロッコのテトゥアン（上）とシャウエン（左）。今もなお「モリスコの子孫」としてのアイデンティティを持つ者も多い（写真提供：押尾高志）。

わせるかのように、一六〇九年の九月二二日、国王フェリーペ三世はモリスコの全面的追放の命を下した。一六一四年まで帝国領内で計画的に実施されたこの蛮行の結果、二七万人から三〇万人に及ぶモリスコがマグリブの各地へと配流された。とりわけアラゴン連合王国のうち、数多くのモリスコ住民を抱えていたバレンシアとアラゴンでは彼らの突然の追放によって大きな経済的打撃を被った。皮肉なことに、その覇権に陰りがはっきりと見え始めた時代になって初めて、イベリア半島は中世から続いていた宗教的・文化的な多様性を削ぎ落とすことにある程度成功したのである。

Column 7

ユダヤ人とモリスコのディアスポラ

中世末から近世前半にかけて、イベリア半島から多くのユダヤ人、ムスリム、そしてモリスコが自発的・強制的に退去を余儀なくされた。

一四九二年に追放令が出されたユダヤ教徒の移住先は、極めて広範囲に及ぶ。当初は未だ追放令が出ていなかった陸続きのポルトガル王国に多数が移住したが、同王国でも一四九六年の末に追放令が出されたため、さらにフランス、イタリア、そしてネーデルラントへと拡散し、とりわけアムステルダムに多くが定住した。イタリアではトスカーナ大公国領リヴォルノにコミュニティが形成されていった。彼らはマグリブへも移住し、さらにオスマン帝国領へと拡散していった者たちは、イベリア半島から持ち込んだ技術や知識を生かしつつ、多種多様な分野でオスマン帝国の発展に寄与した。大航海時代の「グローバル化」に伴い彼らのネットワークは一気に拡大し、アメリカから東アジアにまで及ぶ。スペイン系ユダヤ人（セファルディーム）は、各地で「故郷」の言語であったスペイン・ポルトガル語を一定程度維持し続けている点が興味深い。現在でもイスタンブルには二万人以上のセファルディームが「ユダヤ・スペイン語」を使って生活し、食文化や言語的紐帯を維持しているという。

一四九二年のナスル朝の滅亡後、移住するに足る財力と人的コネクションを持つナスル朝社会の上層の多くは、いち早くマグリブへの移住を選択していた。一五〇二年から各地で発布されるムデハル追放令に伴って、イベリア半島に残存せざるを得なかった者たちはキリスト教へ改宗し、残留を選択した。地域差が激しいものの彼らモリスコは、言語の面でも信仰の面でも、なかなかキリスト教社会に同化することができなかった。とりわけ地中海に面したバレンシアからグラナダにかけての領域に住むモリスコの同化は困難を極め、一六世紀にオスマン帝国が西地中海情勢に直接介入してくると、アラビア語を理解できスパイとして適任な彼らに対する恐怖は現実味を帯び始めた。

しかし近年の研究の進展によって、近世の宗教的不寛容の犠牲となった「一方的弱者」としてのモリスコ像は修正されてきてもいる。たとえば、「アラビア語を話すキリスト教徒」としてモリスコもまたスペイン帝国の忠実な臣民たりうると、偽文書を作成してまで積極的に主張するグラナダのモリスコが存在した。この一方で、オスマン帝国の西地中海への進出と西欧でのプロテスタント勢力の拡大に期待を寄せつつ、信教の自由を盛り込んでいた中世の降伏協定を反故にしたスペイン帝国に対する抵抗権を主張し、フランスのアンリ四世やイングランドとも連携しながら蜂起を企てるアラゴン・バレンシアのモリスコも暗躍していた。スペイン帝国内で共生の可能性を模索するにせよ、同帝国からの解放を目指すにせよ、モリスコは単なる近世の宗教的不寛容の声なき犠牲者ではなく、当時の社会動向に積極的に関わる存在でもあった。移住あるいは追放されたモリスコらはマグリブに定着し、サード朝やハフス朝といった現地王朝の庇護下で重用された者たちもいた。追放後もスペイン帝国内を経由しながら、モリスコがマグリブからシチリア、南フランスを移動している証拠が出てきている。本音と建前は相当乖離していたと考えるべきなのであろう。モリスコの子孫たちが、現在に至るまで当時の記憶と文化を継承している点も、セファルディームと同様である。

3 寵臣政治の時代

近世前半のスペイン帝国は、世界の各地に散らばる支配領域を持ち、極度の多様性を内包した社会であった。カトリックの盟主を自認する以上、その多様性を削ぎ落としながら、効率よく臣民をまとめあげるための機構をいち早く整備していかざるを得ない。しかしその限界がフェリーペ二世の死後、露呈し始めた。

既に述べた経済的停滞とそれに付随する帝国財政の危機に加えて、中枢部での政治的危機が生じた。広大な領域から日々もたらされる情報を整理・把握する顧問会議が整備されたことは既に述べたが、この頂点に君臨する国王には、的確な判断を日夜下すという重責が課せられた。「書類王」と呼ばれたフェリーペ二世は例外的にこれをこなすことができたが、それでも王を補佐する秘書官の役割が重要となるばかりか、宮廷闘争により、彼らの暗殺や更迭が相次いでいた。二〇歳で即位したフェリーペ三世は政治的能力に欠け、寵臣（バリード）に実務を委ねることとなったのも自然であった。一六世紀末から一八世紀初頭までの時期は「寵臣政治の時代」と言われる。君主の信頼を勝ち得た者が政治的実権を握って、王に代わって政治をおこなう体制が確立するが、当然ながらその弊害として富と権力が寵臣に集中してしまった。

フェリーペ三世の寵臣となったレルマ公爵は、自身の家門とその取り巻きへの利益誘導をおこない、対外政策には消極的であった。この時代にオランダ独立戦争で実質的な敗北を喫し、モリスコ追放が断行されているが、彼は一六一八年一〇月に失脚し、息子のウセダ公爵が実権を掌握する。

✢オリバーレス伯公爵の政治✢

先王が亡くなり、一六二一年にフェリーペ四世が一六歳で即位し、彼の侍従を務めていたオリバーレス伯公爵は帝国改革を強力に推し進めた。彼はサラマンカ大学で教会法と民法を学んだ後、フェリーペ四世の寵臣として頭角を現し、一六二一年から四三年まで政治の実権を握り続けた人物である。

彼は国内政策として、政治腐敗の是正に取り組むとともに財政の立て直しを図った。自らが座長を務める改革大評議会を設置して、綱紀粛正、奢侈禁止、税制改革を強く打ち出した。これまでジェノヴァ系銀行家に強く依存していた帝国財政を見直し、よりお膝元に近いイベリア半島のポルトガル系コンベルソ商人・銀行家と手を結んだ。さらに農工業を振興

▶**レルマ公爵**　フランシスコ・ゴメス・デ・サンドーバル・イ・ロハス（一五五三〜一六二五）（ルーベンス作、一六〇三年、プラド美術館）。
◀**フェリーペ四世**　馬上の姿。在位一六二一〜六五（ディエゴ・ベラスケス作、一六三五年頃、プラド美術館）。

▲『ブレダの開城（槍）』 1625年のネーデルラントの都市征服を描く。ネーデルラント側（左）とスペイン側（右）の武器の形状の対比が興味深い（ディエゴ・ベラスケス作、1634～35、プラド美術館）。

▲オリバーレス伯公爵 ガスパール・デ・グスマン（1587～1645）。失脚後の1645年7月22日、失意のうちに死去（ディエゴ・ベラスケス作、1636年頃、プラド美術館）。

してイベリア半島外との貿易を促進した。

世界の各地に散らばる帝国領域で展開される軍事活動に即応できる仕組みを編み出したのも彼である。軍隊統合計画（ウニオン・デ・アルマス）と呼ばれ、一四万人の兵からなる機動力に富む常備軍創設が目指された。失った制海権を取り戻すべく、帝国艦隊の整備にも着手した。そしてこれらの常備軍を支える財源として、それまでのようにカスティーリャのみに頼るのではなく、帝国を構成する他の地域にも平等に負担を求めた。これは、カスティーリャ王国のマドリードに軸を据えながらも、究極的には全土で利害を共有するひとつの「スペイン」へと帝国を改造しようとする遠大な中央集権化計画であった。

フェリーペ四世の即位直後から、オリバーレスは対外政策にも積極的に取り組む。休戦状態であったオランダとは戦争を再開し、ドイツを主戦場とする三十年戦争へも参戦した。当初はスペイン帝国に有利に事態が推移し、西欧諸国内におけるスペイン帝国の軍事的覇権を一時回復するまでに至った。

雲行きが怪しくなり始めたのは一六二七年末である。スペイン帝国領の一角、北イタリアのミラノに隣接するマントヴァの公位継承をめぐって、スペインとフランスとの利害が衝突したのである。この継承戦争が続く一六二八年から三一年にかけて、当初の中央集権的政策は失敗し、不作による食物価格の高騰、そして重税が経済的疲弊をもたらした。この時期にバスクのビスカヤでは塩税をめぐって反乱も起きている。

✣ポルトガルとオランダの独立✣

一六三五年五月、ついにスペイン帝国とフランスは開戦に至るが、既に疲弊していたスペイン帝国は、一六三九年から翌年にかけて、急速に瓦解した。一六三九年一〇月二一日、ダウンズ海戦でオランダに対し大敗北を喫するばかりか、アメリカ大陸戦線でも敗北を喫した。アメリカ銀の流入途絶と大西洋貿易の破綻により、これに強く依存していたカスティ

▶**「収穫人戦争」におけるバルセローナ攻撃**　一六四〇年六月七日、臨時雇い人夫（作物収穫人）らが、聖体の祝日にバルセローナで暴動を起こし、カタルーニャ副王を殺害する事態となり、これがカタルーニャ離反のきっかけとなった。その後、都市バルセローナはスペイン軍に陸海から包囲された。

ーリャ経済がまず崩れた。

　事ここに至って、スペイン帝国内部でくすぶっていた不満が一気に爆発した。一六四〇年からカタルーニャが反乱を起こし、フランスの介入を受けてこれが長期化した。ポルトガルでも、同年の一二月にブラガンサ公爵がポルトガル王ジョアン四世として即位し、帝国からの分離を宣言する。ポルトガルは以後スペイン帝国に再服属しないまま、一六六八年二月一三日のリスボン条約でその独立が正式に認可された。これらの反乱はナポリやシチリアへも飛び火し、アラゴンやアンダルシーアでも陰謀が企てられた。

　一六四三年一月、オリバーレスは失脚した。スペイン帝国の栄華と没落のまさに分水嶺で頭角を現したオリバーレスは失意のうちに亡くなるが、これは、彼の同時代人である枢機卿リシュリューが、フランス王国繁栄の礎を築いた名宰相として歴史に名を残すのとは対照的である。彼の後継は、甥のルイス・メンデス・デ・アロであったが、オリバーレスのスペイン帝国改革案が継承されることはなかった。

　一六四八年のウェストファリア条約でスペイン帝国は、正式にネーデルラント北部七州の独立を承認する。一六五二年の一〇月、未だ反乱を続けていたバルセローナが降伏し、再び恭順した。フランスとの戦争は継続するものの双方決定打のないまま、一六五九年一一月七日にピレネー条約が締結され一旦終結した。この条約でスペイン帝国はルシヨンとセルダーニュの一部をフランスに割譲し、こうしてピレネー山脈が事実上の両国の国境線となり、現在に至っている。帝国北

▲**『バルニル＝デュックの包囲』**　三十年戦争後も、フランスとスペイン間の戦争が継続した。この画はスペインが優勢であった時期（1652年）の戦闘模様を描いている（ピーテル・スネイエルス作、プラド美術館）。

▲**フェリーペ4世とルイ14世**　1660年6月、両国国境のファイサネス（フェザン）島での面談。左がルイ14世で、右がフェリーペ4世。彼の後ろに控えるのがマリア・テレーサ。

方では、アルトワ、フランドルとルクセンブルクの一部の割譲を余儀なくされた。そしてこの約束を既成事実化すべく、フランス王ルイ一四世とフェリーペ四世の長女マリア・テレーサの婚姻が約された。一六六五年九月一七日、フェリーペ四世はこの世を去り、嫡子のカルロス二世がわずか四歳で即位したが、肉体的・精神的疾患を抱える彼は帝国統治という責務を担うことはできず、当然ながら寵臣同士の権力闘争が激化し、王国政治は麻痺した。

▲**カルロス2世**　在位1665～1700（フアン・カレーニョ・デ・ミランダ作、1681年、プラド美術館）。

さて、一七世紀後半という時代は、科学と哲学・政治思想の発展に支えられながら、中央集権的な大国を目指すフランス、そしてコンパクトな「財政軍事国家」を目指すイギリスに比べて、明らかにスペイン帝国の劣勢が際立った時期である。「太陽王」ルイ一四世の率いるフランスに対して常に劣勢に立たされたスペイン帝国は、フランドル諸都市とフランシュ・コンテの割譲を強いられるなど、帝国領域は着実に縮小していった。とはいえ、徐々に明るい兆しが見え始めていたのも事実である。イベリア半島北部は著しく人口が増加し、カタルーニャはアメリカ大陸貿易に目を向け始めている。

一七〇〇年一一月一日、世継ぎを残さずカルロス二世は亡くなった。これをもってスペイン・ハプスブルク朝は断絶した。取り巻きと諸外国の思惑が錯綜する中で、彼が生前に署名した遺言に従い、アンジュー公フィリップがフェリーペ五世として即位する。彼はフランス王ルイ一四世の孫であり、フランスの覇権を快く思わない諸勢力は、当然ながらこの継承に異を唱えることとなる。

Column 8

「黄金世紀」の実像

一五世紀末から一七世紀まで、イベリア半島社会は西欧の他地域の何処にもまして、急激な変化を経験した。政治的な覇権と没落、経済的な栄華と破綻、そして社会的には自由闊達な時代から、宗教的純化を目指す閉塞した統制の時代。このような両極端を数世代のうちに経験した近世前半期は、文芸の視点に立つと、逆説的かもしれないが「黄金世紀（シグロ・デ・オーロ）」であった。それは、中世から近世への社会激変に強い苦悩と葛藤を感じながら、批判精神が極度に先鋭化した時代、とりわけ芸術や文学の分野で多くの天才たちが活躍した時代であった。

アメリカ大陸への到達と植民、そしてアジア諸文明との接触が濃密になる中で、人権や国際法についての思索が深まったことは既に述べた。検閲と思想統制がありながらも、献策家（アルビトリスタ）たちは帝国の没落原因を特定し、その解決法をめぐって自由に議論を交わし、後の経済学の礎を提示した。

急速に変化する社会への不適応者が急増したこの時代、社会批判を臆することなく展開する文学作品が数多く誕生する。早くも一六世紀半ば、ピカレスク小説の先駆『ラサリーリョ・デ・トルメスの生涯』が、この不適応者を主人公として、世知辛い世の中をたくましく渡り歩く様を写実的に描写している。セルバンテス作『ドン・キホーテ』は、中世騎士道物語のパロディという形式をとりながら、過ぎ去った時代

▶**エル・グレコ**　ドメニコス・テオトコプロス（一五四一～一六一四）。スペイン帝国宮廷がまさに芸術の中心地となった時代を生きた。この絵は、繁栄と没落の兆しを体験した、彼の住処、古都トレードを描いたもの。

◀**『蚤をとる少年（物乞いの少年）』**　スペイン帝国内の社会経済的格差の現実を冷静に描こうとする視点は、あらゆる芸術作品に共通しているといえる（バルトロメ・エステバン・ムリーリョ作、一六四五～五〇、ルーブル美術館）。

▶**セルバンテス**（右）著**『ドン・キホーテ』**『才智あふれる郷士ドン・キホーテ・デ・ラ・マンチャ』（右下）は、一六〇五年に前編が刊行された。

◀**『ラス・メニーナス』**　フェリーペ四世付き宮廷画家ディエゴ・ベラスケス（一五九九～一六六〇）によって一六五六年に作成された、最も著名な絵画。同王の家族を描いたもの（プラド美術館）。

EL INGENIOSO
HIDALGO DON QVI-
XOTE DE LA MANCHA,
Compuesto por Miguel de Ceruantes Saauedra.
DIRIGIDO AL DVQVE DE BEIAR,
Marques de Gibraleon, Conde de Benalcaçar, y Bañares, Vizconde de la Puebla de Alcozer, Señor de las villas de Capilla, Curiel, y Burguillos.
Año, 1605.
CON PRIVILEGIO,
EN MADRID, Por Iuan de la Cuesta.
Vendese en casa de Francisco de Robles, librero del Rey nro señor.

とのコントラストを示し、同時代の社会批判を展開した不朽の名作となった。

　カトリック陣営による対抗宗教改革が閉塞状態を即座に生み出したと考えてはならない。むしろ一六世紀後半には修道制の改革運動が活発化し、アビラの聖テレーサ、ルイス・デ・グラナダ、フアン・デ・ラ・クルスらがいわゆる神秘主義文学を創りあげる。フランシスコ・デ・ケベード作『ぺてん師ドン・パブロスの生涯』をはじめ、腐敗し堕落した聖職者に対する痛烈な批判精神も維持された。

　美術はスペイン帝国宮廷の手厚い庇護のもとで、宮廷画家ベラスケスの時代に頂点を迎えるが、彼は喜怒哀楽に満ちた民衆のありのままの姿を活写している。決して宮廷の閉じられた世界だけを見ていたわけではない。

ロペ・デ・ベガからカルデロン・デ・ラ・バルカに至る天才によって大衆演劇が確立したのもこの時代である。帝都マドリードが現在の姿に整備されるのもこの時代であった。政治・経済的な没落が進行する中ではあっても、演劇を観覧し、祝祭と娯楽に歓喜する民衆のエネルギッシュな時代であった。この側面も無視してはならない。

▶**聖テレーサ**　聖テレジアとも。一五一五〜八二。神秘主義思想家。
◀**ロペ・デ・ベガ**　劇作家（一五六二〜一六三五）。大衆演劇を確立させた立役者。

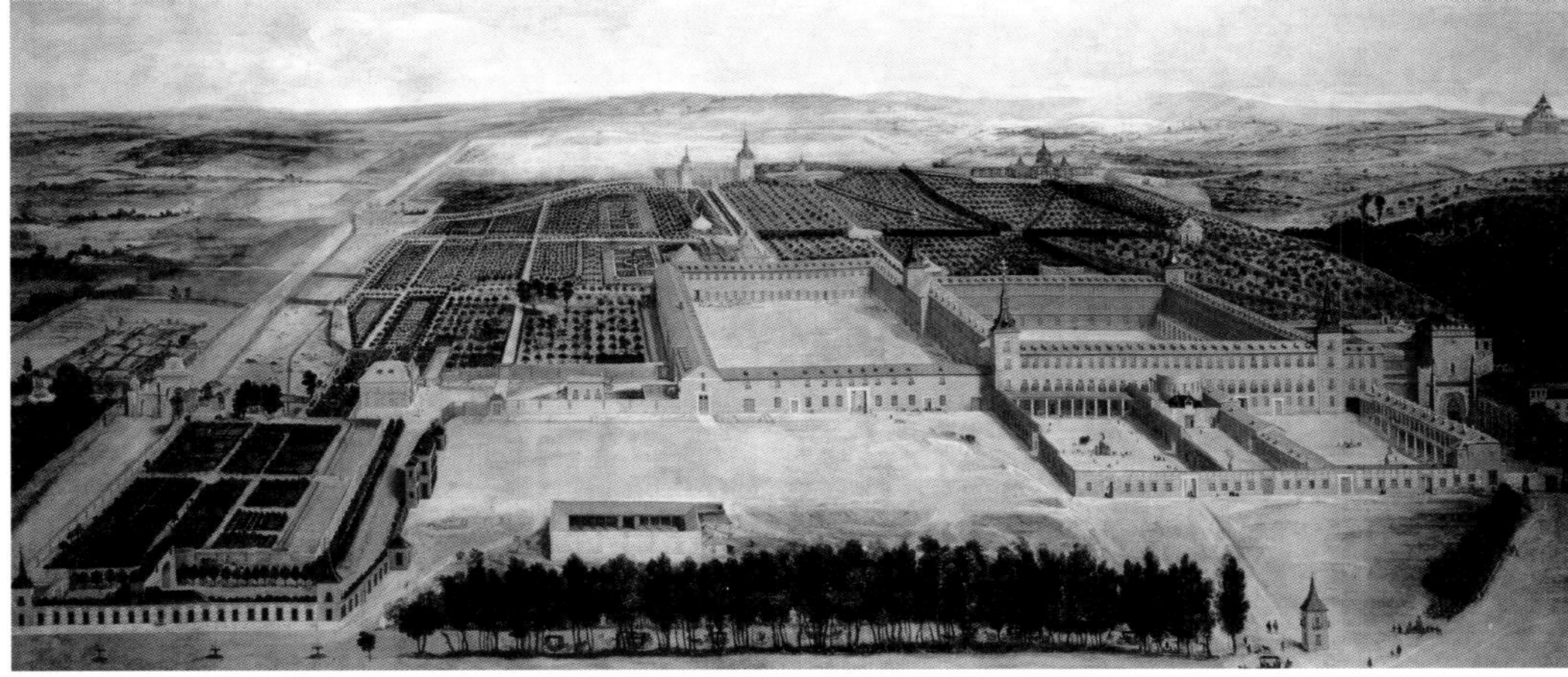

▲**ブエン・レティーロ宮**　フェリーペ四世期、帝都マドリードの東のはずれに建造された離宮。激動の近代のさなか、そのほとんどが取り壊された。宮殿に付属して設けられた庭園は、現在、ブエン・レティーロ公園として市民の憩いの場となっている。
◀**マドリードのマヨール広場**　中央にフェリーペ三世の騎馬像が置かれている。現在、市民の待ち合わせ場所として最も有名なスポットである■。

第七章 ブルボン王朝と啓蒙改革

1 新王朝の成立と王国改革 ※

カルロス二世の遺言を受けて、アンジュー公フィリップがスペイン国王フェリーペ五世として即位した。スペインにとっては二〇〇年続いたハプスブルク家からブルボン家への王朝交代で、フランスとの王朝的絆を軸にしてヨーロッパと海外に広がる広大な領土の保全を成就しようとするものだった。しかしフェリーペの祖父ルイ一四世が国際状況を甘く見て、フランスとスペインを統合するという野望を露わにすると、イギリスとオランダはスペイン王位継承権を主張していたハプスブルク家のオーストリアに接近して、大同盟を結成した。

ここにスペイン継承戦争（一七〇一～一四）の火蓋が切られた。これは伝統的な王位継承戦争を超えて、海外領土と通商・経済権益の争奪や確保を目指した近代最初の世界戦争となった。ちなみに北アメリカでのイギリスとフランスの植民地争奪戦は、アン女王戦争と呼ばれる。この戦争はおおかた大同盟に有利に展開したが、オーストリアの推す対抗王カール（カルロス三世を称した）が、一七一一年に新たな神聖ローマ皇帝に選出されたことで状況は一変する。スペインとオーストリアに君臨するハプスブルク大帝国の出現は、イギリスにとって許容できるものではなかった。フランスもまた戦争で疲弊していて、スペインとの王冠の併合は望むべくもなく、ユトレヒト＝ラシュタット条約で和平が実現した。結果、フェリーペ五世はヨーロッパ領土をすべて失い、その支配領土はスペインとインディアス（スペイン領アメリカ）にほぼ限られることになった。

✢戦後の分裂と改編✢

このスペイン継承戦争は、国内的には内戦の様相を呈した。伝統的な「複合君主政」の在り方を重んじるアラゴン連合

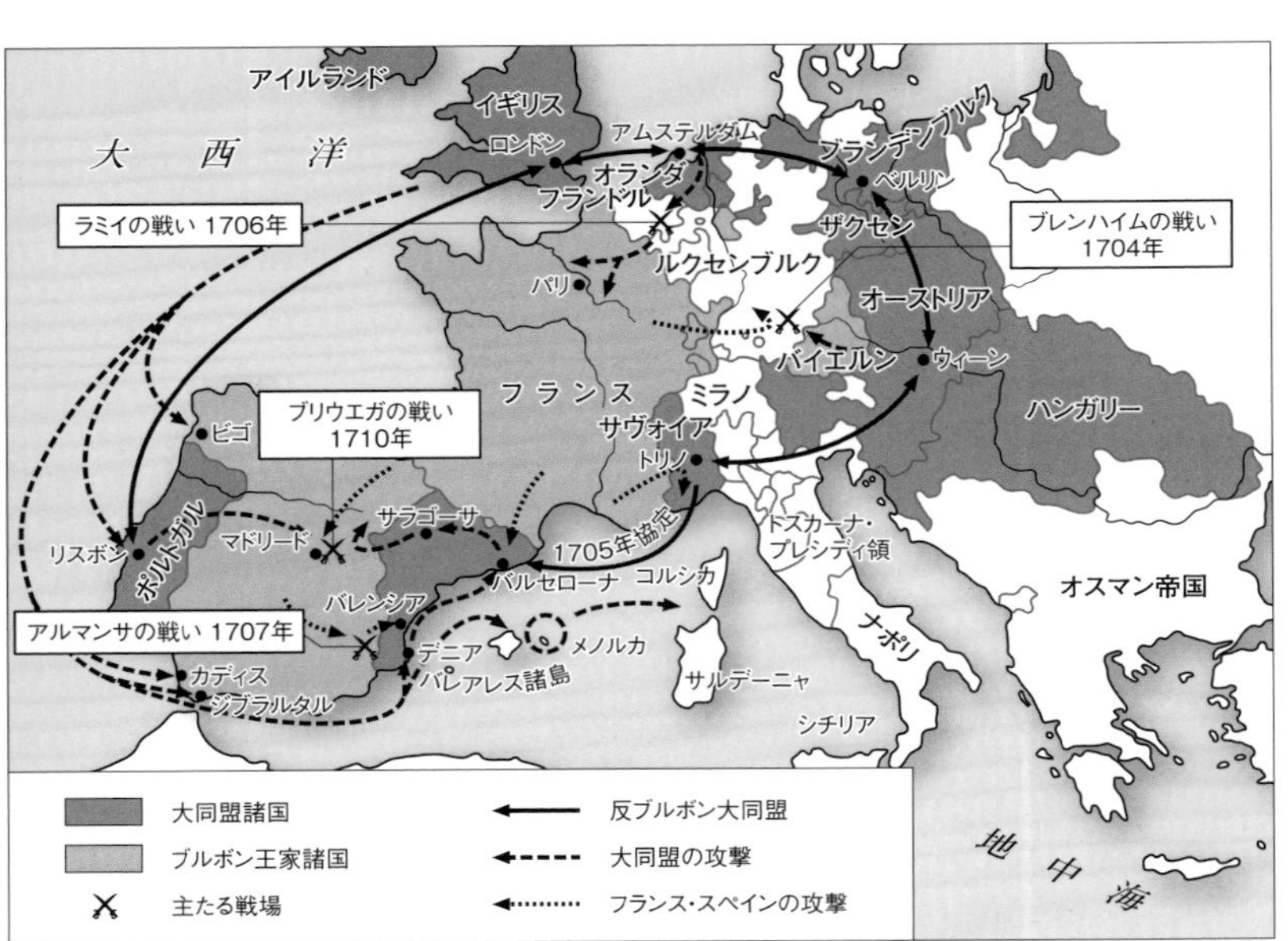

▲スペイン継承戦争の経過 スペイン継承戦争（1701～14）は、フランス・ブルボン家とオーストリア・ハプスブルク家の対立にとどまらず、イギリス、オランダなどを巻き込んでヨーロッパ全体の国際戦争となった。他方、スペイン国内ではカスティーリャとアラゴン連合王国がそれぞれに王位請求者を支持して内乱状態になった。

王国諸国は、フェリーペ五世に反発して、対抗王カール支持に回ったからである。スペイン王国は二つに分裂して、マドリードとバルセローナのそれぞれに宮廷が置かれたが、一七〇七年四月、フェリーペ側がアルマンサの戦いに勝利し、バレンシアとアラゴンを征服した。一七一三年のユトレヒト条約に従って大同盟軍が撤退した後もカタルーニャは戦争を継続したが、最後の拠点となったバルセローナも、翌年九月一一日に陥落した。

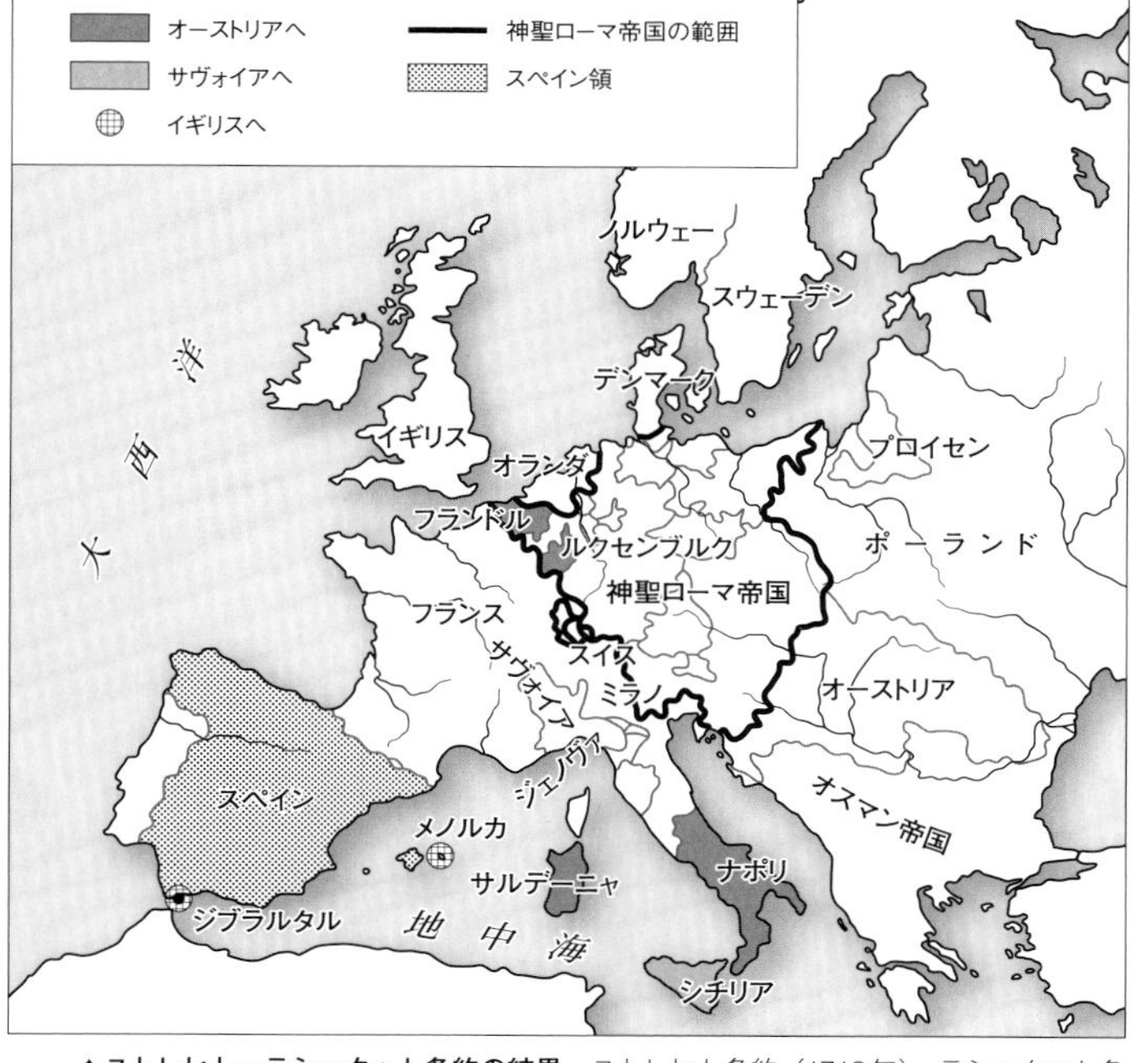

▲**ユトレヒト＝ラシュタット条約の結果**　ユトレヒト条約（1713年）、ラシュタット条約（1714年）が結ばれて、国際戦争としてのスペイン継承戦争は終結した。フェリーペ5世の国王承認とひきかえに、オーストリアはミラノ、フランドル、ナポリ、サルデーニャを獲得し、イギリスはジブラルタルとメノルカを手に入れ、スペイン領アメリカとの交易の特恵措置を獲得した。

「征服権」を盾にしてアラゴン連合王国諸国の地方諸特権（フエロス）を廃止したフェリーペは、新組織王令に基づいた制度的改編をおこなって、カスティーリャの法制に沿った形で国家としての政治的・法的一元化を達成した。ただしフェリーペを支持したバスク地方とナバーラは、「免除県」として地方諸特権を引き続き享受した。旧アラゴン連合王国諸国では副王制が廃止されてカスティーリャに倣った地方行政制度が導入されたが、カタルーニャでは民法の廃止に手を付けなかった。実際に各地の民衆世界のカスティーリャ化が進行し、それと同時に反発も生まれるのは、一九世紀のことである。

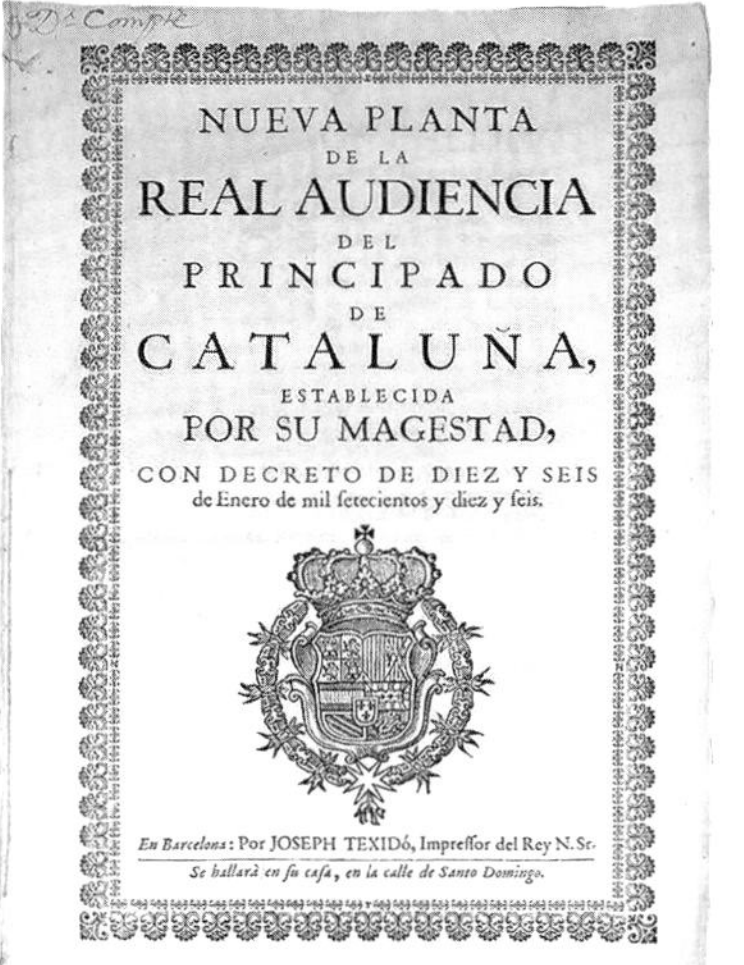
NUEVA PLANTA
DE LA
REAL AUDIENCIA
DEL
PRINCIPADO
DE
CATALUÑA,
ESTABLECIDA
POR SU MAGESTAD,
CON DECRETO DE DIEZ Y SEIS
de Enero de mil setecientos y diez y seis.

En Barcelona: Por JOSEPH TEXIDÓ, Impressor del Rey N. Sr.
Se hallarà en su casa, en la calle de Santo Domingo.

▲**新組織王令**　フェリーペ5世は、「征服権」を盾に、バレンシアとアラゴン（1707年）、マジョルカ（1715年）、カタルーニャ（1716年）に新組織王令を公布して、地域独自の政治諸制度を廃止した。図は1716年1月16日のカタルーニャに対する新組織王令の扉絵。

✢国王権力の強化✢

スペイン・ブルボン王朝は、フランスのルイ一四世の施策に倣う形で王国全体にわたって国王権力の強化に努めた。フェリーペ五世とフェルナンド六世の治世は、そうした意味での王国改革の時代であった。副王制を廃止した王権は、カスティーリャ顧問会議以外の領域別顧問会議（アラゴン会議、イタリア会議など）を廃止し、分野別顧問会議の権限も縮小した。一六・一七世紀のスペイン・ハプスブルク王朝の時代には、「複合君主政」と呼ばれるように諸王国に独自の議会が存在していたが、従来のカスティーリャ議会に旧アラゴン連合王国の代表が新たに参加する形でスペイン王国議会が実現した。もっともその形骸化はますます進

▶**フェリーペ5世の家族**　ルイ＝ミシェル・ヴァン・ロー画「フェリーペ5世の家族」（1743年、プラド美術館）。フランス王ルイ14世の孫でスペイン王となったフェリーペ5世（在位1700〜24、復位24〜46）とその家族が一堂に会したかたちで描かれている（実際にはありえなかった）。左から3番目が後のフェルナンド6世、4番目にフェリーペ5世、右端にのちのカルロス3世。

▲**イサベル・デ・ファルネシオの肖像画**　フェリーペ5世は、1714年に2番目の王妃としてイサベル・デ・ファルネシオ（エリザベッタ・ファルネーゼ）を迎えると、パルマ出身の王妃の意向に沿ってイタリアの失地回復にスペインの外交政策を転換し、イギリス、オランダ、オーストリアに加えてフランスも敵に回して、四国同盟戦争を起こした（1718〜20）。その後もイタリア諸国の王位継承を意図した政策を続行して、1734年に息子カルロスのナポリ王即位を実現した。

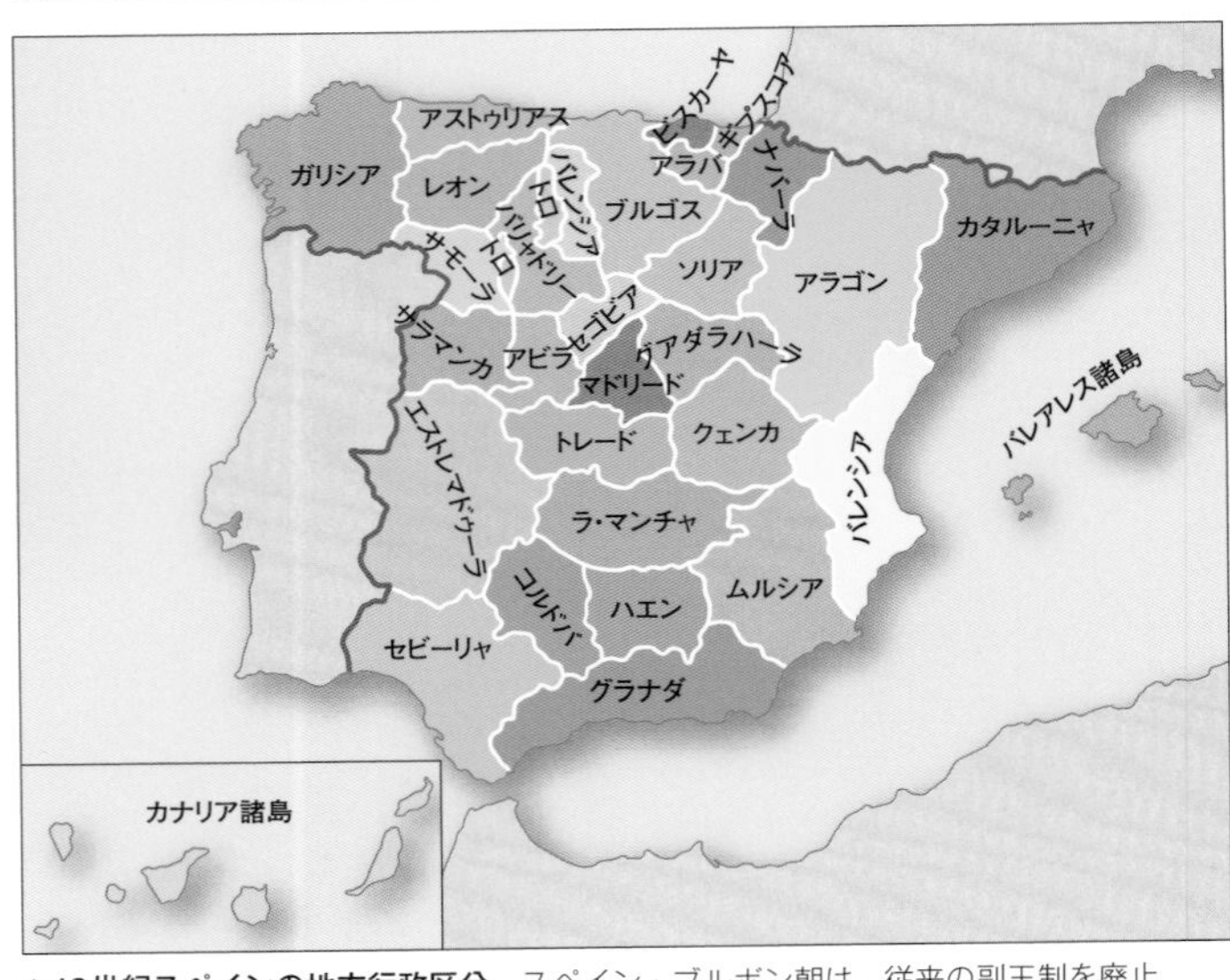

▲**18世紀スペインの地方行政区分**　スペイン・ブルボン朝は、従来の副王制を廃止して（スペイン領アメリカには維持）、新たな地方区分を導入し、地方（プロビンシア）には方面軍司令官を任命した。併せて方面軍司令官が主宰する地方高等法院が設置され、全国の主要都市にはカスティーリャに倣って国王代官（コレヒドール）が派遣された。

み、王太子の王位継承承認と新国王即位の儀式がおこなわれる場に過ぎなかった。

カスティーリャ顧問会議は、王国全体に関わる諮問機関かつ最高法院となり、ほぼ現在の省庁制度に似た大臣組織（セクレタリーア）が確立し、これらが王国全体に関わる中央行政機関となった（外務、陸軍、海軍、法務、財務）。地方統治に関しては、地方区分ごとの方面軍司令官と地方高等法院、下位のコレヒドール管区の整備に加えて、フランスのアンタンダンを模した地方監察官（インテンデンテ）を各地方に派遣して、軍事・財政上の統制強化と地方経済の活性化を図った。

さらに国家財政の再編が試みられ、征服権を盾に旧アラゴン連合王国の諸地域に住民の財産に応じて課税される単一税（カタルーニャではカタストロ、バレンシアではエキバレンテと呼ばれる）を導入した。王権はカスティーリャにも同様の税制を施行しようとして一七五〇〜五三年に国富調査をおこなったが、特権諸階層の抵抗に遭い阻まれた。

2 ブルボン王朝の対外政策

スペイン・ブルボン王朝はヨーロッパの政治的覇権の可能性を断たれた中で始まったが、王家による王朝的利益の追求を免れたわけではなく、その結果、幾度も戦争に巻き込まれた。特に一七一四年にフェリーペ五世が二番目の妻としてイサベル・デ・ファルネシオ（エリザベッタ・ファルネーゼ）を迎えると、二人の間に儲けられた子供たちにイタリア諸国の王位継承権を与えようとして、オーストリアと恒常的に対立し、場合によってはユトレヒト体制を堅持しようとするフランスとも衝突した。結局、二人の間の第一子カルロス（のちのカルロス三世）は、ナポリ王カルロ七世となった。さらにオーストリア継承戦争（一七四〇〜四八）を経て第二子フェリーペのパルマ公フィリッポとしての即位が実現した。

オーストリア継承戦争の発端となったのはイギリスとスペインの海上権争覇の戦争で、これはジェンキンスの耳の戦争と呼ばれている（一七三九〜四八）。イギリスはスペイン継承戦争の結果、ジブラルタルとメノルカ（バレアレス諸島の一つ）を獲得し、アシエント（三〇年間にわたるインディアスへのアフリカ人奴隷の独占供給権）を得ていたが、さらにインディアスにおける経済権益を拡大しており、スペイン側は密貿易を取り締まるべくイギリス商船の拿捕を繰り返した。そして船長ジェンキンスが拿捕されて耳を切り落とされたと本国で訴えると、イギリスとスペインは戦争状態に入ったのである。

この戦争は一七四八年のアーヘンの和約でいったん収まり、四六年に即位していたフェルナンド六世は、宮廷内での親フランス派と親イギリス派の確執もあって、外交上の中立を選択した。そしてインディアスへの航路を維持するために、スペイン海軍の再建強化に努め、エンセナーダ侯爵のもとでそれはヨーロッパ有数のものとなった。

◀**エンセナーダ侯爵の船舶建造**　エンセナーダ侯爵の努力のおかげで一八世紀半ばにスペインの船舶建造は急速に進んだ。その中心的人物が一七五〇年に総司令官となったフアン・ホセ・ナバーロである。図はナバーロが考案した応急マスト（バンドーラ）。

▲**カルロスのナポリ王退位**　アントニオ・ジョリ画「カルロス・デ・ボルボンの退位」（1759年、プラド美術館）。ナポリ王カルロ7世はその王位を息子フェルディナンドに譲って、スペイン王カルロス3世（在位1759～88）となり、ナポリ王としての経験の上に立ってスペインの諸改革に臨むことになった。

✢七年戦争✢

しかし一七五〇年代になるとイギリスとフランスによる植民地争奪の対立は強まり、ヨーロッパ大陸でのフランス、ロシアとプロイセン、イギリスの覇権争いが重なって、一七五六年、七年戦争が勃発した（〜一七六三）。フェルナンド六世の跡を継いだカルロス三世は、父王の政策を継承して当初は中立外交を維持しようとした。だがイギリスがフランスを圧倒することは、スペインのアメリカ植

▲**エスキラーチェによる首都の服装取締令** カルロス三世がイタリアから連れてきた改革派官僚のなかでもエスキラーチェ（スクイラッチェ）は、経済再建とともに治安維持に尽力した。しかし、一七六六年三月、首都の治安強化のために発した服装取締令（長外套とつば広帽子の禁止）は都市民衆の怒りを爆発させることになった。図は、強制的に服装取締令に従ってマントと帽子の裁断がおこなわれる様子を描いている。

▲**カルロス三世の肖像画** ゴヤ画「狩猟服姿のカルロス三世」（一七八六年頃、プラド美術館）。カルロス三世は狩猟を愛好する凡庸な国王であったとされるが、時代の要請に応えて積極的に改革派官僚（カンポマネス、ホベリャーノスたち）を登用した。そのためにその治世は、啓蒙改革の時代と呼ばれる。

民地領有にとって最大の脅威であった。結局スペインは一七六一年、フランスの誘いに応じて第三回家族協定を結んで対英戦争に参戦したが、防戦一方であった。一七六三年のパリ条約でスペインは、イギリスにフロリダを割譲するなど屈辱に甘んじた。イギリスの世界商業における優位の前にスペインは、これまでの海軍力増強の努力にとどまらず、植民地統治制度やカディスを拠点とする大西洋貿易独占体制を改めて、本国と植民地の間の新たな関係を築くことを求められた。

これに加えて、より強力な王国改革の必要をカルロス三世に認識させたのは、一七六六年に起こったエスキラーチェ暴動であった。エスキラーチェ侯爵は既にナポリ王国でカルロスの右腕として活躍していたが、カルロスがスペイン国王となると随伴し、スペイン近代化の方策に着手した。しかし市場経済が未発達の中での穀物取引自由化措置は市場での投機とパン価格の高騰をもたらした。加えて首都治安の改善のための強硬策（服装取締令など）は都市民衆の猛反発を招き、一七六六年三月、民衆の怒りは爆発した。

国王カルロス三世は、エスキラーチェの罷免、パン価格の引き下げなどの要求に応えることで事態の鎮静化に漕ぎつけたが、国内の経済・社会の近代化に取り組む必要を再認識せざるを得なくなった。内憂外患の中でカルロスは、一七六〇年代から八〇年代にかけて「上からの改革」に着手することになる。

▲**暴動の全国的広がり** 1766年3月の首都暴動でパン価格引き下げなどの国王の譲歩が得られたという知らせが伝わると、3月から5月にかけて全国の市町村で食糧暴動が頻発した。

3　スペイン的啓蒙改革

カルロス三世の諸改革は、自らが登用した啓蒙改革派官僚のもとで遂行され、その治世は「啓蒙改革」の時代と呼ばれている。即位直後のイタリア人官僚の政策失敗を経てカルロスは、アラゴンの大貴族アランダ伯爵を除き、おもに地方出身の中小貴族を積極的に登用した。

エスキラーチェ暴動が鎮まると法務大臣ロダらの主導で秘密調査委員会が設けられ、暴動はイエズス会の謀反行為であると断定された。一七六七年四月、五〇〇〇人以上のイエズス会士がスペインとインディアスから追放された。一部の会士の関与はあったと認められるが、全員の追放という措置がとられたのは、イエズス会がローマ教皇庁と強く結びつき、大学などの高等教育に深く浸透して、伝統的諸階層（大貴族や高位聖職者などの特権諸身分）と癒着して改革の妨げとなっていたためである。したがってこの措置をもって改革派官僚たちが反カトリック・反宗教的であったとする理解は正しくない。彼らは「カトリック的啓蒙」という理念に立ち、イエズス会を大きな桎梏ととらえていたのである（コラム9参照）。

◀イエズス会士の追放　一七六七年四月、前年三月のエスキラーチェ暴動の煽動者とみなされて、イエズス会士がスペインとインディアスから追放された。

ハプスブルク朝スペインは「カトリック君主国」とも称されたように国家と教会の強い同盟を柱に据えていた。そのため、教会は大きな社会的影響力を持つとともに、広大な土地を永代所有財産として所有していた。一八世紀半ば、聖職者数は約一六万人で人口の約一・七パーセントに過ぎなかったが、教会の持つ土地はカスティーリャ全体の七分の一を占め、その農業生産高は四分の一に及んでいた。カルロス三世政府は、国王教権主義（レガリスモ）の立場からさまざまな教会対策に取り組まねばならなかった。

一五世紀末以来、王権は複合君主政を構成する諸国の高位聖職者推挙権を手に入れて司教たちを王権に従属させていたが、国王教会保護権を前面に打ち出して、一七五三年の政教協約ですべての聖職碌受給者の推挙権を獲得し、国王の事前許可がなければスペイン国内で教皇の教書を公にすることを禁じた。さらに異端審問所に対しては権限の縮小が図られ、一七七〇年の王令で「異端と背教の罪」以外の審理が禁じられた。

教会は膨大な富を所有していたが、同時に蓄積していた富の多くを宗教的権威の誇示（豪壮な祭祀や建物・装飾品）のために費やしていた。また教会に集う貧民たちへのパンやスープの配布などの救貧行為にも充てていた。しかし当時、都市への乞食・浮浪者の流入は、治安を揺るがすほどになっていた。啓蒙改革者の理念は、臣民を「有用な民」とすることであり、教会の慈善は貧民を怠惰なまま放置するものであった。一七六六年に首

(5)

ESTATUTOS
PARA LA SOCIEDAD ECONÓMICA
DE MADRID
DE LOS AMIGOS DEL PAIS.

TITULO I.
De la Sociedad en comun.

I.
LA Sociedad Económica de los Amigos del Pais, que se ha formado en Madrid, constará de un número indeterminado de individuos.

II.

◀マドリード祖国の友・経済協会　最初の祖国の友・経済協会は、一七六五年にバスクでペニャフロリダ伯爵によって設立され、その後、カンポマネスらの支援を受けてスペイン各地に設立されて「上からの改革」の担い手となった。図は一七七五年に設立されたマドリード祖国の友・経済協会の規約の扉絵。

都に設けられたサン・フェルナンド救貧院は作業所を兼ねたものとして救貧事業のモデルとなった。しかし国家の救貧事業が教会の慈善にとってかわるのは、教会財産の大規模売却がおこなわれる一九世紀のことである。また、教会財産売却の措置すなわち永代所有財産解放（デサモルティサシオン）もカルロス三世の治世にはなされず、後述の一七九〇年代のゴドイの登場で初めて部分的着手が実現する。

✢手工業・農業の改革✢

そのほかにも「有用性」の観点からさまざまな取り組みがなされたが、伝統的諸階層の利益を大幅に侵害するような改革は実現できなかった。A・エロルサが指摘したように、スペインの啓蒙改革は「身分制社会の合理的再編成」の提起にとどまったのである。それを端的に表すのが、一つにはカスティーリャ顧問会議検察官カンポマネスらが積極的に推進しようとした手工業活動の振興である。一八世紀前半の独占権付与による奢侈品製造業の保護政策が破綻する中で、カンポマネスは「民衆的工業」すなわち一般品製造業の振興を提唱し、国王カルロス三世は「手工業」への蔑視感情を払拭するために、「仕事と貴族身分」の両立を謳った（一七八三年の勅令）。さらに各地に祖国の友・経済協会の設立を奨励して、啓蒙的理念に基づく経済活動の推進を図った。しかし、「技芸や職人芸」への伝統的諸階層の参与は限られていた。

もう一つには農業改革と農村の立て直しであったが、貧農や小作農への自治体所有地の分配措置は限定的なものにとどまった。またメスタ（移動牧畜業者組合）の移牧特権を批判し、小農民保護主義的な「農地法」制定を試みたが、具体化は先延ばしにされた。しかも一八世紀末になると「農地法」そのものが個人の私的利益の追求を妨げるものとして批判され、

▶**ラ・カロリーナ市街の航空写真**　一七六七年に制定された新定住地域特別法に則って、スペイン南部のシエラ・モレーナとアンダルシーアに新たな村落がつくられた。その一つがシエラ・モレーナ地域の中心となるラ・カロリーナの町で、啓蒙改革の理念に即して、六角形の広場を手前にして、碁盤目状に街路が設けられている。

バルセローナ港からアメリカへの輸出

カディス港からアメリカへの輸出

▲**カディスとバルセローナの輸出入**　1782～96年のカディスとバルセローナの輸出入の比較。1778年の「自由貿易」王令によって、スペイン領アメリカとの貿易がいずれも飛躍的に増加したが、カディスは依然として中継ぎ港としての性格を維持したのに対して、バルセローナはおもにカタルーニャ産品の輸出量を大きく伸ばした。

▼**カルロス4世の家族**　ゴヤ画「カルロス4世とその家族」（1800年、プラド美術館）。中央部にカルロス4世（在位1788～1808）と王妃マリア・ルイサが配され、左端から2番目にのちのフェルナンド7世が描かれている。ゴヤ自身もフェルナンドの背後に控えている。

経済振興のパラダイムは自由主義へと移行することになった。

啓蒙改革者の理想が唯一実現されたのが、カンポマネスの意向を受けたオラビーデがおこなったスペイン南部のシエラ・モレーナ新定住地域の村落建設事業であった。このモデルは、旧体制の特権諸階層の悪影響を免れた社会であり、小農民の安定的な農業・手工業活動は保証されていたが、資本主義的発展の契機を欠いた社会でもあった。この地域の入植者のための新定住地域特別法は、言うまでもなく、一九世紀の自由主義の時代になって廃止される。

対インディアスでも、啓蒙改革者は七年戦争の敗北を踏まえて、植民地統治制度や本国と植民地間の交易制度を立て直そうとした。植民地には本国と同様の地方監察官制度が導入されて、行財政改革が断行された。しかし本国の利益に適うような中央集権的改革は、地方利害に立脚したクリオーリョ（インディアス生まれの白人層）の反発を招き、のちの独立機運を高める要因になった。交易制度に関しては一七六五年、「自由貿易」規則を発表し、カディスによる独占体制を改めて、本国九港にインディアスとの交易を許可し、七八年にはスペイン一三港とインディアス二二港の「自由貿易」が確立した。この結果、一七七八年と八二〜九六年の平均を比較すると輸出額は四倍、輸入額は一〇倍に増加した。

4 旧体制の危機

一七八八年にカルロス三世が死去して、その息子がカルロス四世として即位した。善良だが意志薄弱とみられた新国王だが、当初は啓蒙改革の継承を望んでいた。フロリダブランカ伯爵が宰相の地位にとどまり、翌年の王国議会では限嗣相続制度の制限なども議論の日程に上っていた。しかしフランス革命が勃発して状況が一変した。隣国の革命理念がスペインに浸透して王権そのものを揺るがす危険が生じたからである。王国議会は解散となり、宰相のフロリダブランカ伯爵は革命の汚染を防ぐ「防疫線」をフランスとの国境に設けるとともに、異端審

▲マヌエル・ゴドイの肖像画　ゴヤ画「マヌエル・ゴドイ」（サン・フェルナンド美術アカデミー）。マヌエル・ゴドイ（1767〜1851）は、1792年、弱冠25歳で宰相に抜擢され、長く「宰相専制主義」と称される絶対的権力を享受した。 肖像画は、ポルトガルとの「オレンジ戦争」（1801年）に勝利したゴドイを称えたもの。

▼トラファルガーの海戦での敗北　1805年10月のトラファルガーの海戦で、フランス・スペイン連合艦隊はネルソン提督率いるイギリス艦隊に壊滅させられた。図は失った船舶の一つで当時最良のものとされた「サン・フアン・ネポムセーノ」号。

▼農業・工業・商業・科学の振興　ゴヤ画（プラド美術館）。ゴヤは、宰相ゴドイのために「農業」、「工業」、「商業」、「科学」を表す4枚シリーズのトンドを描いた（1802〜04、「科学」は消失）。

問所による検閲措置の強化、政府系を除いた新聞の発行禁止などをおこなった。

だがフロリダブランカの隣国への介入政策は失敗し、その跡を継いだアランダ伯爵の融和政策も失敗した。行き詰まった国王カルロス四世は、一七九二年末に王妃マリア・ルイサ（マリア・ルイーザ）の寵愛を受けていたマヌエル・ゴドイを事態解決のための切り札として新たな宰相に任命した。ゴドイは国王夫妻の信頼を得て、一七九八年から一八〇〇年にかけての一時期を除いて、「宰相専制主義」と称される絶対的権力を一八〇八年三月に失脚するまで享受した。

▲アランフエス暴動　1808年3月17日、反ゴドイ派貴族の煽動を受けて、国王夫妻とゴドイが滞在していたアランフエスで民衆暴動が起こり、カルロス4世は退位、ゴドイは失脚した。

✣連続する戦争✣

対外的には、一七九三年にフランス国民公会がルイ一六世を処刑するとフランスとの戦闘状態に入ったが（国民公会戦争）、九五年にバーゼル平和条約を結んで講和を実現した。その後のゴドイの戦略は、スペインのインディアス支配を揺るがすイギリスを牽制するためにフランスとの積極的同盟を築き、ナポレオン・ボナパルトの権力掌握（一七九九年）の後は、基本的にはナポレオンの政策への追従によってスペインと自らの地位を安泰なものにしようとした。結果、スペインは一七九六～九七年のイギリスとの戦争で敗北し、この間にインディアス交易はイギリス海軍に阻まれ、植民地が中立国と貿易することを許可せざるを得なくなった。このことが植民地の自立性を高めたのは言うまでもない。

一八〇一年のポルトガル（イギリスの衛星国の状態にあった）とのオレンジ戦争では勝利したものの、一八〇五年にはフランス・スペインの連合艦隊がネルソン提督率いるイギリス艦隊に壊滅させられた（トラファルガーの海戦）。一八世紀半ば以来の海軍再建の努力は水泡に帰し、スペインとインディアスとの連絡は途絶した。その後ゴドイはナポレオンからの離脱を図るが、一八〇六年イエナの戦いでフランス軍がプロイセン軍に勝利を収めると、再び追従の道を歩んだ。ナポレオンは「大陸封鎖」を強めるが、桎梏となったのがイギリスの同盟国ポルトガルであった。

この間に国内的には、政治的自由主義につながる動きに警戒しつつも、アメリカ植民地との関係が途絶するという国家存亡の危機の中で経済的社会的分野での「上からの改革」を遂行せざるを得なかった。一七九四年から九九年にかけては大量の国債（バレス・レアレス）発行をおこなったが、これではまったく不十分であった。そこでゴドイ政府は、カルロス三世の啓蒙改革期には理念提示に留まっていた永代所有財産解放に踏み切ることになった。一七九五年には今後教会が購入する土地と、貴族が限嗣相続財産として設定する土地には一五パーセントの税を課すことが決められ、九八年には慈善宗教団体の土地売却がおこなわれた。一七九八年から一八〇八年までの一〇年間に教会関係財産の六分の一が売却されて国庫収入となった。他方でゴドイは、一八〇五年にペスタロッチ士官学校を創立するなど新しい教育普及の推進者ともなって、農工業、商業、科学技術の進展を積極的に支援している。

こうした施策を前に伝統的貴族、財産売却に反発する聖職者、困窮した手工業者、絶えざる戦争に疲弊した民衆は、こぞってゴドイを怨嗟の的にした。王太子フェルナンドを筆頭とする守旧的勢力は、一八〇八年三月一七日、アランフェスの離宮に滞在していた国王夫妻と宰相ゴドイへの地元民衆の反発を煽った（アランフエス暴動）。フェルナンドは、父王カルロスの退位とゴドイの失脚を勝ち取り、同二四日、新国王として民衆の熱狂的歓迎の中、首都に入城した。

Column 9

スペインとカトリック的啓蒙

フランスやドイツで発展した啓蒙思想は、理性に信頼を置いて「(国民の）未成年状態からの脱却」を目指した。この理性的反省は現実の非理性的な支配に対する社会批判・文化批判に繋がり、なかでも伝統的教会の宗教的権威が鋭く批判された。しかしスペインの啓蒙思想は、フランスのヴォルテールらが唱えた「宗教的寛容」の精神とは程遠かった。カトリック教会との同盟によって「カトリック君主国」であると自任してきた王権にとって、ハプスブルク家からブルボン家への王朝交代はあっても、「祭壇」を「王座」の庇護のもとに置く伝統は堅持されねばならなかった。

カンポマネス、オラビーデ、ホベリャーノスといったスペインの啓蒙思想家・啓蒙改革派たちは、国内の社会経済的遅れからの脱却を啓蒙専制君主による「上からの改革」に求める一方で、宗教問題に関しては、「祭壇」を否認するのではなく、バロック的宗教性という外見的な荘厳さや民衆の迷信的崇拝を批判するにとどまった。それは、一六世紀の人文主義者エラスムスの唱えたような精神的帰依の重視であり、キリスト教の原型回復をめざした「カトリック的啓蒙」だったのである。

一七六七年のイエズス会士追放の理由には、その社会的経済的影響力（第七章の3を参照）に加えて、その思想的立場もあった。なによりも「国家内の国家」と揶揄されたように、ローマ教皇庁と強固に結びつき教皇至上主義に立つ団体であったこと、また暴君放伐論（人民は暴君に服従する義務はなく、その殺害も許されるとする主張）を政治理論として支持して絶対王政を否定する論客もいたことは、国王教権主義と啓蒙専制主義に拠る君主カルロス三世のもとで改革を進めようとする「カトリック的啓蒙」信奉者には許容できなかった。またイエズス会の唱える神の恩寵と自由意志の両立の主張は、神の恩寵を重視してバロック的宗教性を排除しようとする側からすれば、道徳的弛緩を生み出す元凶であった。イエズス会士追放は、既にフランス、ポルトガル、ナポリなどの諸国でおこなわれており、スペインの多くの聖職者からも「教会の健全化」として歓迎された。

だがスペイン啓蒙思想が、迷信や偏見への攻撃という意味ではヨーロッパの思潮に接近しながらも、「宗教的寛容」の萌芽に繋がらなかったことの意味は大きい。西ヨーロッパ諸国では啓蒙思想によって自由主義者たちが唱える信教の自由と政教分離の土壌が培われたのに対して、スペインの自由主義が「カトリック国教化」と「信教の自由の否認」の呪縛から解放されるには一九世紀後半を待たねばならない。

▲ホベリャーノスの肖像画　ゴヤ画（1798年、プラド美術館）。ガスパル・メルチョル・デ・ホベリャーノス（1744～1811）は、カルロス3世、カルロス4世のもとで教育改革、土地改革を立案して経済再建に努めた。劇作家、詩人としても活躍し、スペイン啓蒙思想、啓蒙改革の代表者とされる。1797年には法相となるが、厳しいカトリック的倫理観をもち、カルロス4世の宰相ゴドイと衝突し、投獄される。

第八章 革命と反革命の時代

1 独立戦争とカディス議会 ※

スペインの混乱を前にしてナポレオンは、スペインをフランスの衛星国にすることを決断した。カルロス四世と息子フェルナンド七世の二人をフランス国内のバイヨンヌに呼び寄せ、両者ともに王冠を放棄させ、一八〇八年六月には兄ジョゼフをスペイン国王ホセ一世とした。併せてバイヨンヌにスペイン人の名士会議を召集して新王朝を承認させるとともに、ホセ一世の名のもとにバイヨンヌ憲法を公布させた。

通常バイヨンヌ憲法はスペイン憲法史上からは除かれるが、ナポレオンがスペインを従順な王国としていかに安定させようとしたかを知るうえで興味深く、一八一二年のカディス憲法（後述）との共通性も大きい。すなわち、封建的諸特権が廃止され、法の前の平等や、税負担や公職就任に関しての平等が定められる一方、スペイン王国の伝統に則り、「カトリックは国王と国民の宗教であり、これ以外の宗教は認めない」とされていた。

▲ホセ1世の風刺画　ホセ1世（1768～1844、在位1808～13）は、多くのスペイン人にとっては「簒奪王」「侵入者たる王」であって、つねに侮蔑の対象とされた。図は、当時の風刺画の一つで、ホセ1世はその愛称ペペにひっかけて「キュウリ（ペピーノ）」に跨って描かれており、無類の酒好きが揶揄されている。

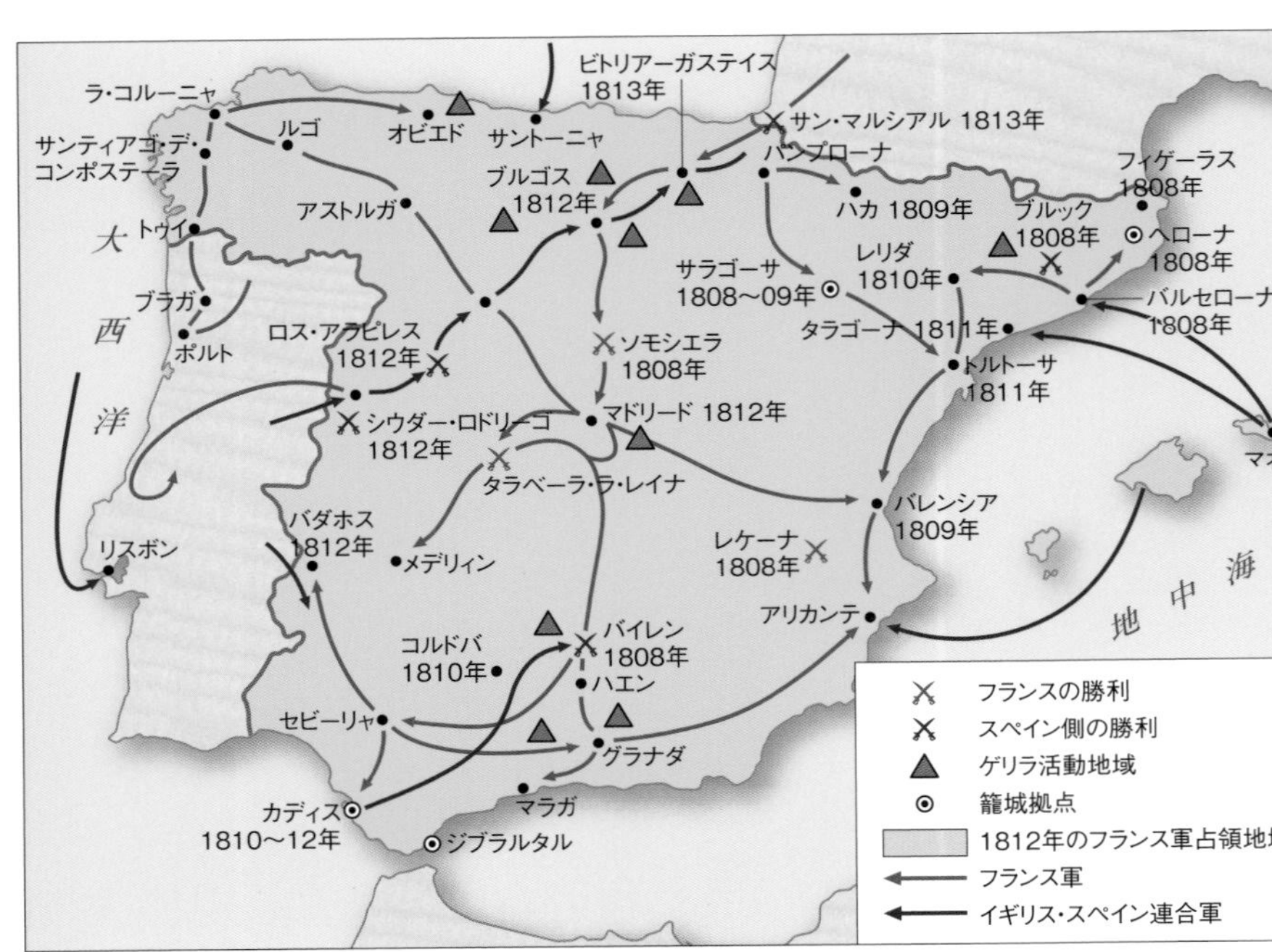

◀スペイン独立戦争の経過　フランス軍は、バイレンの戦い（一八〇八年七月）で敗北を喫するが、ナポレオン自らが大陸軍を率いて侵攻しマドリードを占領した（一八〇八年一二月）。その後三年間はスペイン領土のほぼ全域を制圧していたが、各地でゲリラの抵抗が続いた。一八一二年中頃から戦局はフランス軍に不利になり始め、ロシア遠征のためにスペインから兵力を引き上げざるを得なくなり、イギリス軍＝スペイン軍の反撃を前に戦線維持ができなくなった。一八一三年末にフランス軍はスペイン領からの撤退を開始し、一八一四年六月には完全撤退となった。

✢ナポレオンとの戦争✢

ゴドイの圧政に苦しんでいた民衆はフェルナンド七世を「期待される王」とみなし、その王がナポレオンに幽閉されているという情報と、前年から各地に駐屯するフランス軍への反発から不穏な動きが高まっていた。一八〇八年五月二日から三日にかけての首都マドリードでの民衆蜂起と、それに対するミュラー将軍指揮下のフランス軍による弾圧の知らせは、反フランスの動きを全国的なものにした。「国王、宗教、祖国万歳！」を叫ぶ民衆の突き上げの中で従来の市町村当局に代わる地区評議会が結成され、地方ごとにまとまって全土に一三の地方評議会ができ、九月にはアランフエスでこれらの代表によって構成される中央評議会が組織された。

フランス軍は七月一九日のバイレンの戦いで手痛い敗北を喫するが、一一月にナポレオン自らが大陸軍を率いて侵攻し、一二月にはマドリードに入城した。ナポレオンは異端審問制や封建的諸権利の廃止を宣言して、跡をホセ一世に託してフランスに戻った。一八〇九年初めから一一年末までの三年間は、スペインの大半をフランス勢力が軍事的に支配する状況が続いた。だがホセ一世が政治的支配を確立することは困難だった。ナポレオンをアンチキリストととらえ、ホセ一世をその傀儡として罵倒する声が止むことはなく、親仏派の協力を得ていくらスペインの近代化を唱えても、フランス勢力は民衆の日常生活を蹂躙する怨嗟の的であった。

ゲリラという言葉はこの時期に流布したスペイン語で、フランス軍の前に潰走した兵士たちが下級聖職者や農民を交えて小部隊を組織して、フランス軍占領地域で繰り返した撹乱行動を指す。フランス軍は各地のゲリラに対処するために多くの兵力を割かざるを得ず、正規軍同士の戦闘への動員力は大きく減じられたのである。フランス軍は、ゲリラ兵を正規兵と同様に扱わずに賊徒として処刑したために、報復的虐殺も生まれた。

一八一二年になるとナポレオンは、ロシア遠征のために大陸軍を結集する必要からスペインからも多くの軍隊を呼び戻した。ウェリントン率いるイギリス軍はこの機を逃さずに、スペイン領内に進軍して次々とフランス軍を圧倒していった。翌年六月、ホセ一世はフランス国境に逃れて、スペイン国王を退いた。一四年六月にフランス軍は残るカタルーニャ地域からも撤退して、戦争は終了した。

この間、アランフエスの中央評議会は有効な抵抗を組織できなかった。やがて摂政会議を経た一八一〇年九月、地理的有利もあってフランスの占領を免れた南部の港町カディスで、初めての近代議会が開催された。当初は身分制に基づく伝統的形式で召集されたが、各地域選出の国民代表の資格をもって集うことになり、しかも「国民主権は議会に存する」と宣

▲▼スペイン独立戦争の残虐さ　ゴヤ版画「戦争の惨禍」(1810～15、国立銅版画美術館)。ゴヤは、82点の連作版画の中で、独立戦争の凄惨さを冷徹に表現した。図は、32番「なぜだろう」(下図)、37番「これはもっとひどい」。

言して国民主権の原則が打ち出されたのである。カディス議会は旧体制を払拭するために一連の法令を発し、それらは一八一二年三月一九日に公布された憲法に結実した。このカディス憲法（一八一二年憲法とも）は、国民主権、三権分立などを規定して立憲君主制を謳った、スペインで最初の自由主義憲法であった。しかし、第一二条でカトリックを国教化して信教の自由を否認するなど、一八世紀の「カトリック的啓蒙」を継承しており、スペイン自由主義の限界を示していた。

▲マドリード民衆の蜂起　ゴヤ画「5月2日」（プラド美術館）。1808年5月2日、マドリード民衆の蜂起は首都に駐屯していたナポレオン軍によって数時間で鎮圧された。しかしこれは、スペイン各地の反フランスの動きを決定的にした。

▲カディス議会の開催　ホセ・カサード・デル・アリサル画（下院議事堂）。1810年、カディスのサン・フェルナンドにあるサン・ペドロ・イ・サン・パブロ教会における最初の議員たちの宣誓。近代議会とされるが、カトリック教会の権威は尊重せざるを得なかった。

▼ラテンアメリカの独立の経過　スペイン独立戦争の勃発によってラテンアメリカ植民地に対する統治は事実上途絶えて、クリオーリョ（インディアス生まれの白人層）を主体とする本国からの独立運動が起こった。フェルナンド7世の絶対主義復帰はクリオーリョたちの反発を強め、1816年にアルゼンチンが独立した。さらにボリーバル、サン・マルティンらの活躍によって各地域で独立の動きが強まり、1820年代までに、キューバとプエルトリコを除いてラテンアメリカ諸国が独立した。

ところで本国の混乱を前に、アメリカ植民地は独立の動きを強めていた。カディス議会は開催の直後に「両半球のスペイン領土は一つの同じ王国、一つの同じ国民」を形成していると宣言したが、一八世紀末から自立性を高めた植民地の独立運動を阻むことはできなかった。クリオーリョ、メスティーソ、そしてインディオらの対立もはらんで各地の解放運動は複雑な過程をたどるが、一八二四年、ペルーでのアヤクーチョの戦いでスペイン軍が大敗して、ラテンアメリカ諸国の独立は確定した。

2 自由主義国家の建設

ナポレオンはイベリア半島への干渉を諦めて、ヴァランセー条約でフェルナンド七世をスペイン国王として認知した。五月にマドリードに戻ったフェルナンドは、ただちに自由主義者の弾圧に着手して、絶対主義復帰を明らかにした。しかし、ラテンアメリカの独立運動が進展する中で、国家財政と経済の危機はさらに進行した。フェルナンドに期待を寄せていた農民層も、領主的諸貢租や教会十分の一税の不払いを続けた。そしてエスポス・イ・ミナ、ポルリエル、ラシーらの自由主義将校によるクーデタ宣言（プロヌンシアミエント）が毎年のように繰り返された。

▲1820年の自由主義者の蜂起 1820年1月1日、カディス北方のカベーサス・デ・サン・フアンでラファエル・デル・リエゴが、カディス憲法の復活を目指して蜂起した。図は、飛び火したカディス市内での蜂起の様子。

「自由主義の三年間」

一八二〇年一月にラファエル・デル・リエゴが起こした蜂起は、各地からの同調を得ていった。三月にフェルナンド七世は、カディス憲法への宣誓を余儀なくされて、「私を先頭に憲法の道を真摯に歩もう」という声明を発表した。ここに「自由主義の三年間」が始まった。この時期には、戦乱期のカディス議会の時代と異なり、さまざまな自由主義政策が実行に移された。異端審問所の廃止、結社の自由の承認、一部修道院の廃止などである。

しかし約二七〇〇もの愛国協会と称される革命的クラブが各地に生まれ、政府の施策の遅れを批判した。そして政権を担って穏健的改革を目指す「一二年憲法派」に対抗して、「熱狂派」が形成された。都市部では民衆が絶対王政を支持する聖職者たちを脅かすという反教権主義的行動も芽生えた。一方、絶対王政の復活を企てる国王派が各地で武装組織を作るなど反政府的攻勢を強めた。この動きは、穀物価格の低落に悩み、新たな金納での租税負担に苦しむ農民層の支持を受けた。

絶対主義への回帰

国内の混乱を収拾できない自由主義政府は、外国からの干渉によって倒壊した。スペインの革命進行を恐れるウィーン反動体制下の列強がフランスに軍事干渉を委任し、「聖ルイの一〇万の息子たち」と呼ばれるフランス軍がスペイン国内に侵攻した結果である。一八二三年一〇月、フェルナンド七世は再び絶対主義的統治に復帰した。以後、一八三三年に国王が死去するまでの期間は、「忌むべき一〇年間」と呼ばれる。

この間に軍事委員会、信仰委員会、浄化委員会などの活動によって、自由主義者は激しい弾圧を被った。しかし、ラテンアメリカ諸国の独立もあって経済が崩壊状態に陥る中で、フェルナンドは経済的自由化の方向に舵を切らざるを得なかった。スペイン王権の安泰のために駐屯していたフランス軍も、穏健的な改革を要請した。一八二九年には商法を交付し、

▲反教権主義者の修道院襲撃　長年にわたって絶対主義的王政を支え、過度に土地財産を集積していた教会への反発は、教会のカルリスタ支援によって決定的となった。図は、1834年の修道院襲撃の様子。

サン・フェルナンド銀行を設立するなど、漸進的な行財政改革が進展した。だが伝統と特権に固執する国王絶対派は、嗣子をもたないフェルナンドの王位を継承すると目された王弟カルロス・マリア・イシドロに絶対主義回帰を期待した。

　スペインの政治状況は、フェルナンドが四度目の妻にマリア・クリスティーナを迎え、一八三〇年に娘イサベルが誕生したことで大きく変わった。女子王位継承権の復活で、一八三三年にイサベル二世の即位（在位一八三三〜六八）となるが、カルロス・マリア・イシドロ（ドン・カルロス）を支持するカルリスタと呼ばれる人たちは、これを黙認するわけにはいかなかった。各地でカルリスタ蜂起が起こる中、イサベルの母で摂政となったマリア・クリスティーナは穏健派自由主義者に接近して、娘の王位を安泰にしようとした。スペインは、一八三三年から六年間、第一次カルリスタ戦争の内戦状態に陥った（コラム10参照）。

　この頃、自由主義者は穏健派と進歩派に分かれ、前者は政治・社会秩序を優先して極端な制限選挙を主張しており、後者は政治的自由と選挙基盤の拡大を通じた旧体制の速やかな解体を唱えていた。政権を担った穏健派マルティネス・デ・ラ・ロサは、一八三四年に王国組織法（欽定憲法で有権者はわずか一万六〇〇〇人とされた）制定、異端審問所の最終的廃止、翌年には「血の純潔」証明要求の禁止に漕ぎつけたが、進歩派は中途半端な改革に失望した。

▲摂政マリア・クリスティーナの憲法誓約　摂政マリア・クリスティーナは、娘イサベル二世の王位を確実なものとするために、自由主義者に接近した。図は、一八三七年七月に娘イサベルとともに一八三七年憲法に誓約するマリア・クリスティーナ。

　進歩派はカルリスタに同調する反動的聖職者への反発を強める都市住民を煽動し、一八三四年から翌年にかけて各地で反教権的民衆暴動が起こった。マリア・クリスティーナは都市部の騒擾とカルリスタ攻勢に対処するために、メンディサバルを主導者とする進歩派に政権を託さざるを得なかった。一八三六年から翌年にかけて、教会十分の一税、領主制、限嗣相続制度といった旧体制の諸制度は次々と解体されて、少なくとも法制度的にスペインは自由主義国家となった。憲法制定議会で成立した一八三七年憲法は、王権と穏健派に妥協しつつも、自由主義的政治体制の基盤となるものであった。

✢穏健派自由主義の時代✢

その後、穏健派が憲法の枠組みは維持しつつも進歩派的要素の骨抜きにかかり、マリア・クリスティーナもこれを支持した。進歩派は王権と激しく対立し、一八四〇年、マリア・クリスティーナは亡命を余儀なくされ、翌年エスパルテーロ将軍が摂政となった。しかしエスパルテーロの親イギリス的自由貿易主義政策は特にカタルーニャの工場主・商人の反発を招き、その強圧的な抑え込みによって民衆的カリスマとされた人物像は打ち砕かれた。一八四三年、エスパルテーロは摂政を辞任し、イサベル二世の成人宣言となった。

◀**イサベル二世の肖像画**　図は馬上のイサベル二世（在位一八三三～六八）と王配フランシスコ・デ・アシス。三歳で即位したイサベルは一三歳で執政を始めたが、次第に保守主義に傾き、私生活でもスキャンダルにまみれた。一八六八年の革命で王位を追われて、パリに亡命した。

一八六八年まで続くイサベル二世の執政は穏健派自由主義の時代と呼ばれ、エスパルテーロが政権に復帰した進歩派の二年間（一八五四～五六）を除けば、穏健派による統治が続いた。この間に自由主義国家の建設が進められ、法律の一元化、行政機構の再編などを通じて国家の中央集権化が強まった。永代所有財産解放（教会財産の国有化・売却）によって教会と国家の関係に緊張が高まったものの、一八五一年にはローマ教皇と政教協約が結ばれてカトリック国教化が再確認され、五七年のモヤーノの公教育法公布によって教会による初等教育管理が保証された。保守的国家体制とカトリック教会との同盟がさらに進んで、宗教と政治、宗教と教育の分離は二〇世紀の課題として残された。

穏健派政権は、鉄道ブームなどの経済の順調な発展（後述）に支えられながら、モロッコとの戦争（一八五九～六〇）に

◀**アフリカ戦争に熱狂する民衆**　J・シグエンサ画「太陽の門広場でのアフリカ軍の歓迎」（一八六〇年頃、ロマン主義博物館）。オドンネル自由主義連合政権（一八五八～六三）は、対外戦争を繰り広げることによって国威発揚を図った。特に一八五九年から翌年にかけてのモロッコ戦争（アフリカ戦争とも）での勝利は、スペイン国内に大きな熱狂を引き起こした。

▲1868年9月の革命　版画「1868年9月29日、スペインの最後のブルボン家国王の肖像画を焼却するバルセローナ民衆」（バルセローナ市歴史文書館）は、興奮した民衆の様子を伝える。イサベル2世の退位という9月革命の主目的は達成されたが、その王位を誰が継承するかをめぐって紛糾する。

見られるように、積極的な対外戦争で国民の愛国意識を煽った。だが一八六〇年代半ばになると、強権的な方法では政権の綻びを覆い隠せなくなった。一八六六年頃から始まったヨーロッパの金融危機は、深刻な不況に繋がった。穏健派政権の担い手であった自由主義連合は進歩派との距離を縮め、これに普通選挙を求める民主派も加わって、反政府運動が大きく広がり、穏健派と癒着していたイサベル二世の退位を求める声が強まった。一八六八年九月、プリム将軍がトペーテ海軍少将とともに反乱を宣言し、政府軍がアルコレア（コルドバ県）で敗北すると、イサベルはフランスへ亡命した。

※

3 民主主義の六年間

一八六八年革命はほぼ無血で権力が倒壊したことから「名誉革命」とも呼ばれるが、新たな政府づくりには時間がかかり、この立憲君主制はじきに第一共和政へと転換した。しかも短い共和政期にはさまざまな混乱が生じた。一八七四年までは文字通り「革命の六年間」であり、同時に穏健派自由主義からの脱却を試みた「民主主義の六年間」でもあった。

進歩派、自由主義連合、民主派は、政治体制を改変して「祖国の刷新」を実現することで一致していた。一八六九年一月の憲法制定議会選挙の結果、これらの党派が議席の三分の二以上を占めたが、共和派も二割を超えており、王政の存続はもはや自明ではなかった。だが、プリム将軍らの主導のもとに六月に制定された憲法（一八六九年憲法）は、スペインを「立憲君主制」として、王政の堅持を唱えた。一方で、カトリック信仰の維持を謳いつつも国民の信教の自由を初めて認めるなど、スペインは同時代のヨーロッパの中でもかなり進んだ民主的憲法を手に入れたのである。

▲新国王アマデオ1世　「プリム将軍の遺体の前に立つアマデオ1世」の様子を描いた当時の絵画。難航の末にイタリア・サヴォイア家のアマデオが新国王に選ばれたが、その支えとなるはずのプリム将軍はアマデオのスペイン到着の3日前に暗殺されていた。

しかし肝心の新国王選出で議会は紛糾し、ヨーロッパ列強も選出問題にさまざまに干渉した。最終的には一八七〇年一一月にイタリア・サヴォイア家のアマデオが選ばれ、翌年一月には憲法に誓約したが前途は厳しかった。アマデオ一世の後ろ盾になるはずのプリムが銃撃されて死亡してしまい、直ぐに数々の困難に直面した。また植民地キューバでは独立運動がますます広がりを見せ（「十年戦争」、一八六八〜七八）、奴隷制度廃止によって解決の糸口を見出そうとしたアマデオの政府は、奴隷制存続を唱える本国経済界の猛反発を招いた。カルリスタの武装派勢力は、信教の自由にも反発し、北部で大規模な反乱を開始した（第三次カルリスタ戦争、一八七二～七六）。

さらに一八七〇年六月に結成された第一インターナショナル（国際労働者協会）・スペイン地方支部の非合法化を政府が決めると、思想の自由の立場から急進派はこの措置に反対した。非合法化されても第一インターナショナル支持者たちは積極的に活動を続け、連邦共和派の非妥協的勢力と結びつき、地方での騒擾を繰り広げた。一八七三年二月一一日、アマデオ一世は、「剣・筆・言葉によって」国内が混乱していると嘆き、退位を宣言した。

▲第一共和政の成立　1873年2月11日に成立した第一共和政は、守旧的な高位聖職者や軍人たちに対して「理性の力」を体現すると喧伝された（当時の版画）。

✢共和政の樹立✢

突然の空位に諸政党は虚を突かれ、同日の夜、上下両院は「国民議会」の名のもとに合同議会を開催して、圧倒的多数の賛成で共和政樹立を宣言した。しかし共和政のあるべき政体（統一的共和政か連邦的共和政か）の合意はなく、ブルボン王朝の王政復活を目指す勢力は事態の混乱を傍観する戦術を採った。この第一共和政は、翌年一月に崩壊するまでの一年足らずの期間に、フィゲーラス、ピ・イ・マルガル（マルガイ）、サルメロン、カステラールと四人も大統領が交代し、実質的な成果を生むことはなかった。

だが連邦共和派の主導で七三年七月に議会に提出された「一八七三年憲法草案」は、三三年の県制度に基づく中央集権的行政を根本的に改めた一五州からなる地方分権的行政の実現を図っており、これは二〇世紀末の「自治国家体制」を先取りするものであった。また、基本的人権を「自然権」と認め、国家と宗教の分離を明白に謳うなど、きわめて先進的な内容をもっていた。

だが、王政支持派の非協力、カルリスタ戦争、キューバ独立運動に加えて、急進的改革を性急に実現しようとする諸勢力も第一共和政の進展を妨げた。地方の連邦共和主義者は、市町村での完全自治区（カントン）の実現を目指す武装蜂起をおこなった。これには一八七一年のパリ・コミューンの影響が大きかったが、地方的抵抗の域を超えることはなかった。そして一八七四年一月、パビア将軍が軍隊を率いて議場に乱入し、議会を閉鎖した。

この後、セラーノ将軍が新政府を組織し、議会を開かないまま独裁政治をおこなった。だが、一八七四年一二月、マルティネス・カンポス将軍のクーデタが起き、共和政が崩壊した。新国王となった

▲共和主義者の間の対立　共和国が成立したが、その政体の性格をめぐって共和派の間に鋭い対立がみられた。連邦共和主義者の代表がピ・イ・マルガルで、中央集権的共和主義者の代表がカステラールであった。この風刺画は両者の対立を揶揄している。さらに連邦共和主義の中には暴力闘争も辞さない非妥協派が存在し、政権の安定的維持は困難を極めた。

▲**第一共和政の崩壊**　政治的混乱が続き治安状況が悪化する中、1874年1月、パビア将軍が軍隊を率いて国会に乱入した。このクーデタによって1873年2月に成立したばかりの第1共和政は実質的に終焉した。

▼**メンディサバルの肖像画**　メンディサバル（1790～1853）は商業活動に長けるとともに自由主義者として活躍し、1835年に蔵相、さらに首相となって近代化の諸措置に着手した。1836年には永代所有財産解放令を公布して、教会・修道院財産の国有化と売却を進めた。その後メンディサバルは亡命を経験して要職に就くことはなかった。永代所有財産解放の措置は、1855年、大蔵大臣マドスに引き継がれて、自治体所有地売却を含む統一永代所有財産解放令の公布となった。

アルフォンソ一二世（イサベル二世の息子）は、翌年一月に亡命先のイギリスから帰国した。

4　産業化と地域的不均衡

スペインは、揺り戻しを伴いつつも一八三〇年代から六〇年代にかけて、資本主義的な経済社会を作り出した。要となったのは土地所有関係をブルジョワ的なものに転換することで、領主制の廃止に加え、限嗣相続制度などの不可譲渡制度廃止、そして永代所有財産解放がおこなわれた。永代所有財産解放の立役者がメンディサバルで、一八三六年から一九〇〇年までに国土の約七分の一にあたる教会所有地や自治体所有地の国有化・売却がおこなわれたと推計されている。ただし、国家財政の必要から土地売却には競売方式が採用されたため、おもな受益者は従来の地主、新興市民、富裕農に限られてしまい、小農民や日雇い農の耕作地取得の要望に応えるものにはならなかった。結果、アンダルシーアなどでは大土地所有制度（ラティフンディオ）が一層拡大した。いずれにせよ土地市場拡大の措置は農業への刺激となり、一九世紀の人口増大に見合う農業生産の拡大がみられた。

鉄道と工業の発展

ヨーロッパ諸国の国内市場形成に不可欠であったのが鉄道網の整備であった。スペインの鉄道は一八四八年に初めてバルセローナ－マタロ間に開通した。一八五五年に鉄道法が施行されると飛躍的に発展し、六六年には総延長約五〇〇〇キロに達して、国内市場の接合に貢献した。しかし鉄道建設はフランスなどの外国資本に依存し、資材の調達も輸入に大きく依存したために、国内の関連産業の発展という後方連関効果は乏しかった。

この間に、ギルド廃止や営業の自由が実現し、近代工業の発展も見られた。もともと織物業が盛んであったカタルーニャでは、一八四〇年代以後、イギリス製の機械を積極的に導入して、繊維産業、特に綿工業が飛躍的発展を見せた。一八五六年の統計によれば、カタルーニャは国内の綿工業の九割以上、毛織物工業の三割を占めるばかりか、金属、製紙などの部門でも圧倒的割合を占め、「スペインの工場」の名を享受した。

製鉄業に関しては、カルリスタ戦争で北部地域が混乱すると、周辺に鉄鉱石を産出する南部マラガを中心に高炉が建設された。しかし、コークスの入手が困難であったためにそれ以上の発展は望めなかった。一九世紀後半になって北部アストゥリアスの炭鉱開発が進み、鉄鉱石輸出の見返りにイギリスのコークス調達の見通しが立つと、ビルバオを中心とするバスク地方で製鉄業が確立していった。

こうして地域固有言語と独自の文化を持つカタルーニャとバスク地方が産業化を主導する地域となり、粗放的な小麦生産に依拠する内陸部との経済的対比はますます顕著となっていった。しかも政治的中心たるマドリードは内陸部に位置しており、スペインの地域的不均衡は、経済のみならず政治においても複雑な影を落とすこととなる。

▲**鉄道網の拡大**　1850年代から60年代にかけて鉄道敷設が急速に進展し、国内市場の接合に貢献した。地図は年代ごとの敷設拡大の状況を示す。

▲**ロマン主義の隆盛**　19世紀半ばにはスペインでもロマン主義が流行し、文芸サークルがつくられた。エスキベル画「現代の詩人たち」（1846年、プラド美術館）は、画家のスタジオに詩人たちが集まり、ソリーリャの講演を聴く風景を描いている。

▲**カタルーニャの紡績工場**　カタルーニャでは、繊維工業を中心に産業革命が進展し、「スペインの工場」と称されるようになった。全体的に遅れたスペインの中でのカタルーニャの経済発展は、地域主義展開の基盤となった。

✢言語と文化✢

また一九世紀は、自由主義国家体制が築かれるとともに、国民意識の形成が図られた時代でもあった。他のヨーロッパ諸国と同様にスペインでもロマン主義が盛んとなり、啓蒙思想の普遍主義に代わって自国の言語＝文化と国民精神を叙情的に謳い上げた。批評家ではラーラ、詩人ではエスプロンセーダ、ベッケルが活躍し、ブルジョワ市民層の保守的文芸サークルが作られた。またラフエンテ『スペイン全史』三〇巻（一八五〇～五九）は、国民意識形成の要請、すなわち国民の歴史の創出に直接的に応えるものであった。

だが複合君主政の長く存続していたスペインで

は、国家公用語（スペイン語）による言語＝文化の伝統を創造することは困難であった。スペイン語が全国の教育言語として普及する一方で、固有の言語を有する地方では地域言語＝文化の復興の運動が起こる。早くも一八三〇年代にカタルーニャでは文芸復興（ラナシェンサ）の動きが誕生し、五〇年代にはガリシアで文芸復興（レシュルディメント）が起こり、固有言語の後退の著しかったバスク地方でも、一九世紀末にはバスク言語＝文化の復興が叫ばれるようになる。

Column⑩

自由主義改革とカルリスタ戦争

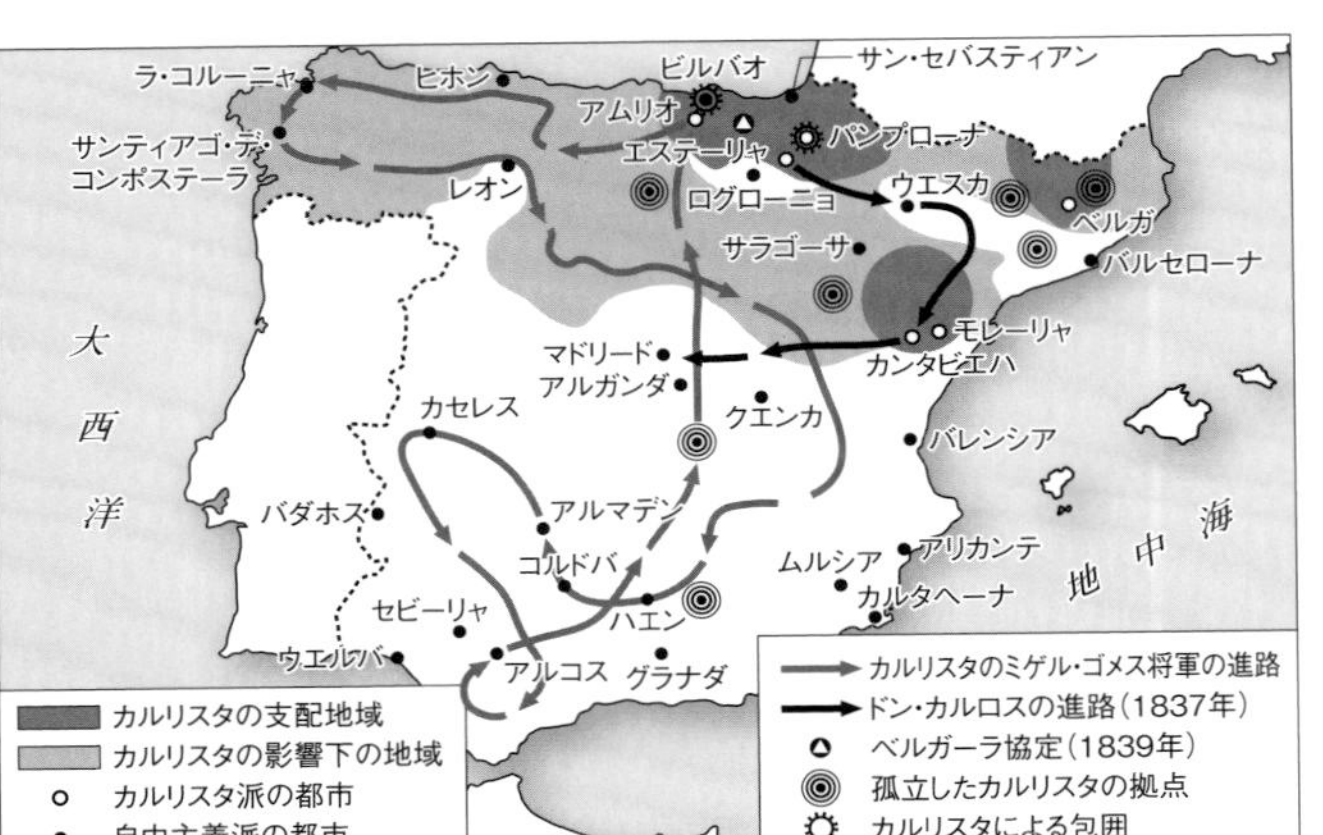

▲第1次カルリスタ戦争の経過　19世紀を通じてスペインは、3度のカルリスタ蜂起によって内戦状態になった。第1次カルリスタ戦争は1833年から39年まで続いた。地図に見られるようにカルリスタの支持基盤は、バスク地方やカタルーニャの山間部であった。

▼カルリスタを揶揄する風刺画　自由主義者は、「神、祖国、国王」をスローガンに蜂起したドン・カルロスに盲目的に従うカルリスタたちを無知な羊たちに例えた。風刺画は、「ラ・フラカ」誌（1870年）掲載のもの。

第一次（一八三三〜三九、残党は四〇年まで）、第二次（一八四六〜四九）、第三次（一八七二〜七六）と続いたカルリスタ戦争で、一九世紀のスペインは三度の内戦状態を経験する。イサベル二世の王位継承を否認し、フェルナンド七世の弟ドン・カルロスとその系譜によるスペイン王位継承を支持する勢力（カルリスタ）が起こしたものであるが、この反乱は基本的に自由主義改革に反対し、絶対的王権の擁護、カトリック教会の権威と地方諸特権の護持を目指していた。第一次カルリスタ戦争の勢力図に見られるように、カルリスタは特にバスク地方、カタルーニャの山間部や農村部に大きな影響力を持っていた。

これほどカルリスタが影響力を持った理由は、スペインの自由主義改革のあり方と大きく関係する。一八三三年の中央集権的な県区分は、地方特別法（フエロス）を享受するバスク地方、ナバーラの住民層を広く伝統的諸特権擁護へと糾合した。一八三五年の修道院廃止令や翌年の永代所有財産解放令は、自由主義政府への聖職者の敵意を決定的にするとともに、守旧的聖職者の影響下にある住民層をカルリスタ支持へと追いやった。なによりも自由主義的法制は十分の一税、領主的課税を廃止したものの、同時に富裕層による土地囲い込みを誘発し、入会権などの共同体的慣行に依拠していた小農民たちの生活基盤を揺るがした。カルリスタのスローガン「神、祖国、国王」そして「裁き手」は、伝統的農村慣行を脅かされた農民たちにとっては、自由主義者の唱える政治的自由や私有財産権擁護の主張よりもはるかに心に響くものだったのである。

だが既に第一次カルリスタ戦争の時点で、北部の都市部は自由主義派の優勢な地域になっていた。一九世紀を通じた都市化の発展、工業化の進行の中で伝統的な農村部の比重は次第に低下し、カルリスタの存立基盤は失われていったのである。

第九章 ブルボン王朝の復古体制

1 王政復古体制の政治

❋

一八七四年一二月、ブルボン王朝の王政復古が実現したが、その立役者はA・カノバス・デル・カスティーリョであった。保守党を率いるカノバスは、一八七六年の総選挙に勝利して首相に就任し、新憲法を制定させた。この一八七六年憲法は、議会に代表される国民と国王との主権分有を定め、カトリックを国教とするなど「民主主義の六年間」からの後退が見られたが、民主主義の諸制度を取り入れる余地も残していた。

事実、一八七八年に普通選挙制は制限選挙制に戻されたが、九〇年には復活し、一九二三年のクーデタまでは議会政治が継続した。一八八〇年にサガスタが率いるより進歩的・世俗的な自由党（当初は合同党）に政権が譲られ、以後、保守党と自由党の二大政党が交代で政権を担当した。第三次カルリスタ戦争の終結（一八七六年）とキューバの十年戦争の終結（一八七八年）が、二大政党制の安定化に寄与した。そして、奴隷制の最終的廃止（一八八六年）、結社法（一八八七年）、婦女子の労働制限法（一九〇〇年）などが実現し、スペインの社会改革と近代化が進んだ。

ただしこの政治的安定は、二大政党制に不満をもつ左右の勢力、さらにはこの頃に盛んとなった地域主義政党を少数政党にとどめる仕組みによって成り立っていた。保守党と自由党は二〇世紀に入るまで政権交代を順調に繰り返したが、それは両党で国会議席の九割を占めることを可能にしたカシキスモの賜物であった。地方への見返りを期待してカシーケ（市町村の政治的ボス）は、中央の二大政党の指図に従って、さまざまな不正手段を用いて集票したのである。これに失望した反体制派の人たちは選挙に無関心となり、王政復古体制期の投票率は概ね二割に過ぎなかった。

AQUI DESCANSA
–¿Salgo?
–¡No hombre, no! Aún no, hasta el día 10.

▲カシキスモの風刺画　『おしゃべり』誌に掲載の風刺画（1881年）。保守党と自由党の二大政党制はカシーケ（市町村の政治的ボス）による不正な選挙操作に支えられていた。この新聞の風刺画は、有権者の投票行動を無理強いしている様子（左）、そして死者を有権者として投票に駆り立てる様子（右）を描いている。

✢米西戦争✢

しかしこの安定を揺るがす事件が一八九八年に起こった。キューバでは既に一八九五年から独立闘争が再燃していたが、砂糖産業などでキューバとの経済的関係を強めていたアメリカ合衆国は、一八九八年二月、ハバナ港に停泊していた軍艦メイン号爆発・沈没が起こると、責任をスペインになすりつけて、同年四月にスペインに宣戦布告したのである。この米西戦争の結果は、キューバの独立、プエル

▲▶装甲艦メイン号の爆破・沈没　1898年2月15日、ハバナ港に停泊していたアメリカ合衆国の装甲艦メイン号が突然に爆発して沈没し、3分の2の乗員を失った。上は停泊の様子を描いたイラストで、右は海上に残ったマスト部分の写真。この爆発の原因は不明のままである。

トリコとフィリピンの合衆国への割譲となって、かつての「スペイン帝国」はここに消滅した。この敗北はスペインの「災厄（デサストレ）」と受け止められ、知識人たちは自国の後進性の内省的洞察に向かった。ウナムーノ、バリェ・インクラン、ピオ・バローハらの「九八年の世代」は哲学、小説、詩などで数々の作品を生み出した。さらにスペイン政治の再生と近代化を訴える動きはコスタを代表とする再生主義（レヘネラシオニスモ）に結実し、カシーケ体制打破の動きを促した。

しかし米西戦争の敗北による経済的打撃は限られていた。植民地から還流した資本は、スペイン国内への投資に向けられ、工業化の進展を促した。これに伴い、マドリードとスペイン北部では、社会主義を基盤とするＵＧＴ（社会労働党系の労働者総同盟）が成長し、その加入者数は一九〇二年の三万人強が、二一年には二四万人に達した。一方、アナーキズムの影響の強かったバルセローナでは急進的な労働者結社が組織され、一九一〇年にはＣＮＴ（全国労働連合）が創立された。ＣＮＴは、スペイン南部にも急速に拡大し、一八年の加入者数は七〇万人に達したとされる。

一八九七年にカノバスはアナーキストによって暗殺され、一九〇三年にはサガスタが死去した。一九〇二年にアルフォ

全国労働連合（CNT）の組合員数
1万人以上
5,001～1万人
1,001～5,000人
1,000人以下
労働者総同盟（UGT）組合員を擁する県
・200人

▲UGTとCNTの勢力拡大　20世紀に入ると産業化の進展に伴い、労働組合が成長する。社会主義を標榜するUGT（労働者総同盟）は、首都マドリードや、近代的製鉄業の発展したスペイン北部に地歩を固めた。一方、アナーキズムの影響を受けたカタルーニャと、日雇い労働者の多かったアンダルシーア西部ではCNT（全国労働連合）が強かった。図はUGTとCNTの勢力図（1911年）。

ンソ一三世が一九歳（即位年齢）になって親政を開始するが、保守党・自由党ともにカリスマ的政治指導者を欠く中で、若い国王の介入は二大政党制の政治を不安定にさせた。そして二〇世紀に入ると地域主義が高まり（後述）、共和主義の進展も見られ、二大政党以外の諸政党の国会議席数は一五パーセントを超えるようになった。都市部を中心にカシキスモに束縛されない有権者が増加していったことの証左である。

　ところで、米西戦争で植民地の大半を失ったスペインは、北アフリカへの進出に帝国主義的関心を向け、もともとのセウタとメリーリャの領有に加えて、一九一二年にはモロッコ北部のリーフ地方と南部のイフニ、西サハラを保護領とした。特にリーフ地方の鉱山採掘は経済的利益をもたらすと期待された。植民地支配を通じて軍の威信を回復しようとする「アフリカ派」の意向がこの動きを支えていた。しかしスペインの進出は現地リーフ人の反発を招き、一九〇九年には手痛い反撃を受けた。

　同年七月、ときのマウラ保守党政権が予備役の召集と軍の増派を決定すると、バルセローナでは戦争反対の抗議運動が起こり、共和主義者、社会主義者、アナーキストのゼネストに発展した。民衆は過激化し、八〇以上の宗教施設が襲撃放火に遭うなど、積年の反教権主義の暴力的表明の場となった。政府は非常事態宣言を発し、軍が過酷な弾圧をおこなって暴動は収まった（悲劇の一週間）。暴動煽動者として数多くのアナーキストが逮捕されたが、その一人に教育者のファレー（フェレール）がいた。彼は事件への直接関与がなかったにもかかわらず、鎮圧部隊によって処刑された。

　この事件後にマウラは辞任に追い込まれた。翌一九一〇年二月に成立したカナレーハス自由党政権は、政治の近代化を前面に掲げて教会の社会的影響力の削減に努めたが、一二年一一月、アナーキストの手によって暗殺された。一九一三年一〇月にダト保守党政権が成立したが、翌年夏に第一次大戦が勃発し、スペインの政局と経済状況はより複雑になった。

2　第一次大戦とスペイン ※

　ヨーロッパ諸国が戦闘に巻き込まれる中で、ダト政権は中立を表明した。近代

総選挙の年	体制派諸政党		反体制諸政党
	保守党	自由党	
1903	59.5	25.3	15.2
1905	30.2	56.5	13.1
1907	62.3	19.3	18.4
1910	25.2	54.2	17.3
1914	52.4	29.6	16.3
1916	27.6	56.2	15.1
1918	37.9	40.8	21.3
1919	49.3	32.5	16.9
1920	56.7	25.1	16.7

▲**国会に占める議席割合の推移**　王政復古体制を支える二大政党制は、20世紀に入ると次第に揺らぐ。表は1903年から1920年にかけての保守党、自由党、反体制諸政党の議席占有率の推移を表しているが、二大政党以外の諸政党がほぼ15%を超えている。

▲**「悲劇の1週間」**　モロッコでの戦争遂行のための予備役召集は、各地で大きな反発を招いた。特にバルセローナ市では、1909年7月、政府を支える教会に対する反教権主義の運動となって、市内各地の教会・修道院が焼き討ちに遭った。写真は宗教施設炎上の光景。暴動は軍隊によって鎮圧されるが多くの犠牲者を出し、「悲劇の1週間」と呼ばれる。

以後のスペインは不介入主義の外交政策をとっており、交戦諸国もまたスペインの参戦に重要性を見出していなかったからである。しかも国内世論は大きく分かれており、政府が協商国か同盟国かの選択をすることは困難だった。概して上層階級や教会、軍上層部はドイツ＝オーストリアを、進歩主義的知識人や共和主義者は英仏を支持し、労働組合や社会主義者はこの戦争を帝国主義列強間の対立であるとして中立を主張したからである。

年	実質賃金の指数	消費者物価の指数
1913	100	100.7
1914	102	100.0
1915	103	100.1
1916	102	110.9
1917	106	120.3
1918	123	154.3

▲賃金と消費者物価の推移　1913年から18年にかけての賃金と消費者物価の推移。この間に賃金の上昇は123%だったのに対して、消費者物価は154.3%に達している。したがって、戦争需要にもかかわらず、労働者の生活はますます苦しくなった。

✢ストライキとアナーキスト✢

中立のおかげで、大戦中にスペイン経済は飛躍的に成長した。スペインは戦争特需によって、工業製品と農産物の供給国となったからである。しかし国内では価格上昇と物資不足が起こり、民衆の生活は逼迫した。インフレーションに見合う賃金上昇が見られなかったために、労働組合はストライキを頻繁におこなって、これに対抗した。ストライキ件数は、一九一四年には二一二件だったが、一八年には四六三件に上っている。実質賃金に不満を持ち、アフリカ派に有利な昇進基準に反発する本土派の軍人たちは、「防衛評議会」を結成して昇進制度の改革、政治の刷新などを要求し、政局に混乱を招いた。

一九一七年八月、UGTとCNTはゼネストを決行した。これに対して政府は戒厳令を発し、軍隊を投入して鎮圧した。死者は七〇人以上に上り、約二〇〇〇人が逮捕されたが、その後の労働運動の尖鋭化は避けがたかった。同年秋のロシア一〇月革命の知らせは、スペインの農民運動を刺激した。南部の日雇い農民たちは、焼き討ちを含む激しい行動を展開し

▲1917年ゼネストの弾圧　労働者の生活の困窮を前に1917年、UGTとCNTによるゼネストがおこなわれた。これに対して政府は戒厳令を施行してゼネスト支持者を苛酷に弾圧した。写真は、マドリードで労働者たちを抑え込もうとする軍人たち。

バルセローナでの政治的・社会的理由による暗殺の犠牲者数（1916～1923年）

年	経営者	管理職・職長	警察官	労働者	合計
1916	-	1	-	1	2
1917	2	-	-	3	5
1918	4	3	-	6	13
1919	-	3	5	7	15
1920	8	4	1	26	39
1921～23	9	13	2	128	152
Total	23	24	8	171	226

▲バルセローナ市での暗殺犠牲者数　1917年のロシア革命の影響を受けて反体制運動は過激化した。バルセローナではアナーキストによる暴力的直接行動が頻発し、これに対して企業主は殺し屋を雇って活動家の暗殺をおこなった。表は、1916～23年の企業主、労働者などの暗殺犠牲者数である。

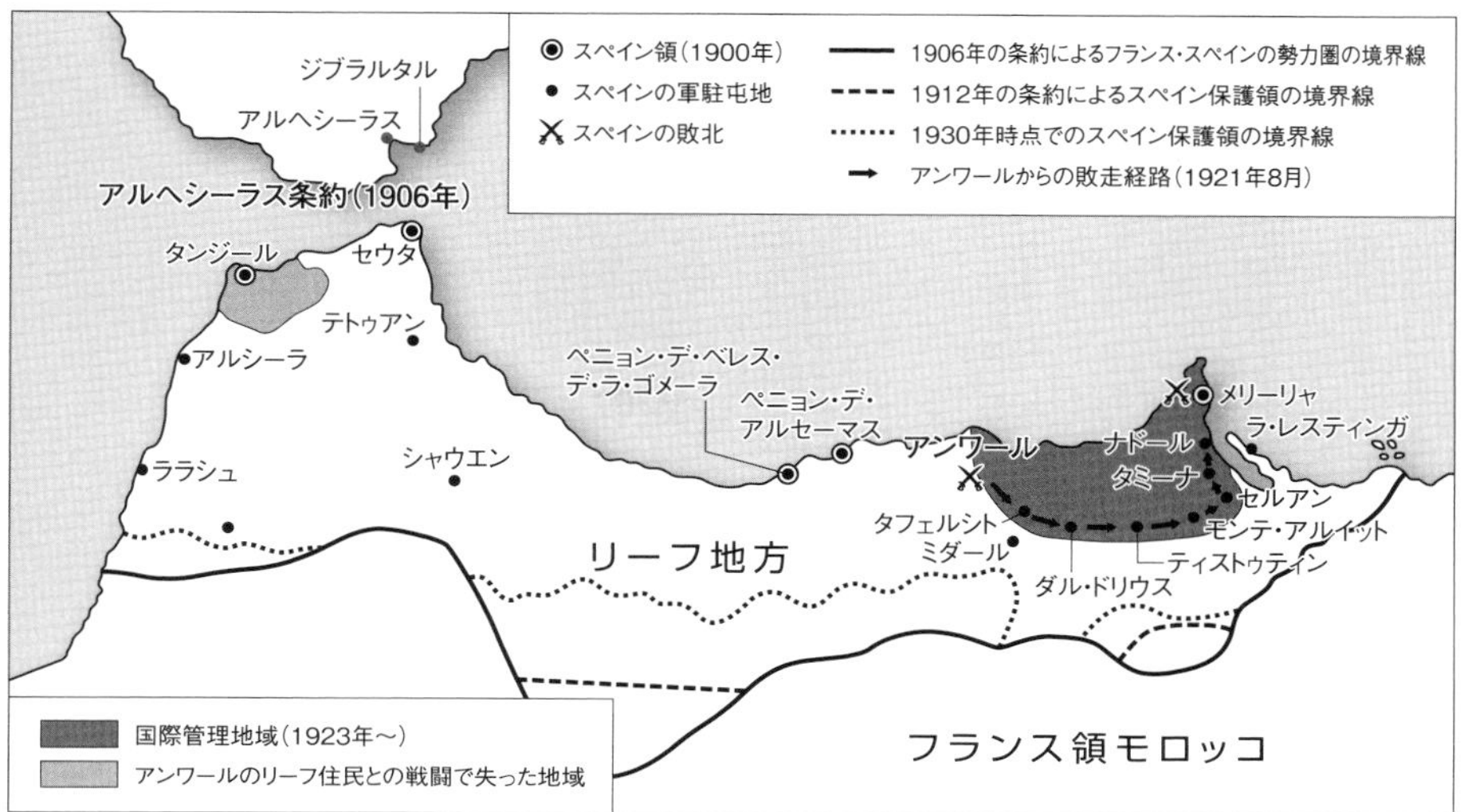

た。続く一九一八～二〇年の時期は「ボリシェヴィキの三年」と呼ばれている。労働争議も過激化し、一九一九年から二二年までスペインは、経営者側の要請に応えて非常事態下に置かれた。しかしバルセローナではアナーキストの暴力的直接行動と、これに対する企業主の雇う殺し屋による労働組合活動家の暗殺が繰り返され、「銃撃の時代」と称されるほどの治安悪化が生じた。ダト首相は一九二一年三月、首都マドリードで三人のアナーキストによって暗殺された。

王政復古体制を決定的に揺るがしたのは、モロッコ植民地問題であった。第一次大戦が終わると保護領での抵抗が激化した。アブドゥルカリーム率いる現地住民たちは、アンワール（アヌアル）のスペイン軍駐屯地に奇襲攻撃を仕掛けて、スペイン軍は総崩れになり、一万人もの死者を出した。この敗北は軍の組織的対応の欠如に起因するが、事件の責任を軍に帰す動きとこれに反発する軍という対立を生み、王政復古体制そのものへの批

▲モロッコのスペイン保護領とアンワール事件　スペインは最後の帝国植民地であったキューバやフィリピンを失い、威信のために北アフリカのモロッコへの進出を強めた。1906年のアルヘシーラス会議でフランスと勢力範囲を取り決め、1912年にはモロッコ保護領を設けたが、リーフ山脈での現地人の抵抗は増した。そして1921年、スペイン軍はアンワールの戦いで敗北し、1万人もの犠牲者を出した。図はスペインのモロッコ北部進出の経緯を描いたもの。

◀アンワール事件の風刺画　1921年、アンワールでのスペイン軍の敗走を批判する風刺画。

◀ミゲル・プリモ・デ・リベーラ独裁の開始　一九二三年、ミゲル・プリモ・デ・リベーラ将軍によってクーデタが起こされると、国王アルフォンソ一三世はこれを追認して政党政治は瓦解した。写真は、アルフォンソ一三世（前列中央）とプリモ・デ・リベーラ（前列左）、その他の軍人執政の閣僚たちである。

判も高まった。

3 プリモ・デ・リベーラの独裁 ❋

一九二三年、自由党のガルシア・プリエト政権は、教会の影響を抑え、国王の権限を狭めることで王政復古体制の民主化を図ろうとしたが、国王、教会、そして軍隊の強い反対に遭った。アンワールの敗北に関する「ピカソ調査書」が国会に提出されることになると、軍隊の反発は必至となった。同年九月、プリモ・デ・リベーラ将軍がクーデタを起こすと、国王アルフォンソ一三世は、ほとんど逡巡することなく、プリモに新政府の組閣を命じた。

　プリモは過激化した労働運動や分離主義的な地域主義の鎮圧、モロッコ問題の解決、そしてカシキスモの清算を約束しており、腐敗した政治に辟易していた大多数の人びとは概して樹立された軍人執政を歓迎した。当初プリモの姿勢はピュリズム的であり、深刻な社会革命を引き起こす「古い政治」に彼の批判は集中していたからである。ちなみにUGTはプリモ独裁の打ち出した労資紛争調停委員会に賛同し、労働条件の改善に期待した。第二共和政期に労働大臣となるラルゴ・カバリエーロもその政権の一翼を担った。

　一九二五年にプリモは、フランスと共同行動をとってアルホセイマ（アルセーマス）湾上陸作戦を遂行し、翌年五月にはアブドゥル・クリームを投降させ、モロッコ問題の鎮静化に成功した。一九二五年一二月には、それまでの軍人執政から文民執政へと移行して、体制の制度化を図った。その柱となる理念は社会・政治的コーポラティズム（協同体主義）で、イタリア・ファシズム体制を念頭に置いていた。二七年に設立された国民諮問会議は、行政機関の役人などの社会代表と間接選挙で選ばれる職能団体代表によって構成され、基本法草案を練るという課題を負った。さらに独裁体制は創設したUP（愛国同盟）をのちに設置される議会の中心政党として育成しようとしたが、参加は教会支持者や役人、カシーケなどに限られ、大衆的基盤を欠いた。

　しかしプリモ体制は、一九二〇年代の国際的好景気の恩恵を受けて、当初は順調な経済成長を遂げ、大衆の支持を集めることができた。体制は、保護主義的路線を強化して自国工業の保護を図るとともに、国家介入主義に基づいて国家主導

▲アルホセイマ湾岸へのスペイン軍侵攻　政権を掌握したプリモ・デ・リベーラ将軍は、1925年にフランスとの共同行動によってモロッコの事態を武力で鎮静化した。写真は、9月8日にモロッコのアルホセイマ湾岸に上陸するスペイン軍。

プリモ・デ・リベーラ独裁期における国家予算の赤字（単位：100万ペセータ）

年	一般会計予算（1）	特別会計予算（2）	鉄道予算（3）	（1）～（3）の合計
1926	-319.0	-81.1	-49.2	-449.3
1927	-21.8	-312.9	-276.5	-611.2
1928	185.5	-445.9	-443.1	-703.5
1929	134.8	-459.8	-585.7	-910.7
Total	-20.5	-1,299.7	-1,354.5	-2,674.7

▲プリモ・デ・リベーラ独裁期の予算赤字　1920年代後半になると国家予算の赤字が顕著となった。プリモ・デ・リベーラ独裁は多額の国債発行によって予算赤字をカヴァーしようとしたが、それには限界があった。

都市人口（単位：1000人）		
都市	1900年	1930年
バルセローナ	529	998
マドリード	519	948
バレンシア	151	282
セビーリャ	145	194
マラガ	112	152
ビルバオ	79	159
サラゴーサ	74	134
グラナダ	69	113
カディス	64	76
バリャドリー	64	75

▲**都市人口の増加**　1900年と1930年の都市人口の比較。20世紀に入ると、農村から都市への人口移動が顕著となり、特にバルセローナとマドリードでは人口が倍加した。

の投資と大規模な公共事業によるインフラ整備に着手した。たとえば一九二七年にはＣＡＭＰＳＡ（石油独占会社）を設立して、石油の輸入、精製、流通、販売にわたる独占権を賦与している。二九年にはセビーリャでイベロアメリカ博覧会を、またバルセローナで国際博覧会を開催して、この間のスペイン産業の発展を誇示した。しかし、こうした経済的ナショナリズムは、いずれかの時点で破綻することは明らかだった。多額の国債発行によって赤字をカヴァーしており、一九二四年から二九年にかけて国債の総額は七倍に膨れ上がった。

またこの体制の政策には、農村状況の改善につながるものは乏しかった。世紀転換期にはラテンアメリカへの移民が多かったが、国内の都市部での近代工業の発達とインフラ整備に惹かれた農村部からの人口移動が顕著となって、人口一万人を超える自治体が一般的となった。特にバルセローナとマドリードの人口増加は著しく、一九三〇年にはともに一〇〇万人都市となっている。都市における大衆文化が花開いたのもこの時期だった。一九一九年にマドリードで、二四年にはバルセローナで地下鉄が開通した。一九二〇年には三万台に達していなかった自動車保有台数が、三〇年には二五万台に増加した。映画やサッカーが大衆娯楽として広まり、一九二四年にはラジオ放送が開始された。消費を煽るポスターも登場し、ギャルソンヌ風の新しい女性が脚光を浴びた。

プリモ体制はＣＮＴとスペイン共産党（一九二一年に成立）を厳しく弾圧しただけでなく、一九二五年にはカタルーニャ四県連合体（後述）を廃止し、カタルーニャ語の公的使用を禁止し、サルダーナ（民族舞踊）などの固有の地域文化の表明を厳しく統制した。そのため当初は独裁を好意的に受け入れていた保守的カタルーニャ主義を標榜するリーガ（地域主義連盟）も、体制からの離反に向かった。急進的ナショナリストのマシアーは、一九二六年にフランスから義勇兵を率いてスペインに進攻し、失敗したものの内外にカタルーニャ問題の重要性を知らしめた。

✢抗議運動の高まり✢

ウナムーノやオルテガ・イ・ガセーといった著名な知識人も独裁との対立を深め、独裁期に急増した大学生たちもまた抗議運動を繰り広げた。独裁の軍事介入への反発から反独裁運動を支持する軍人も現れ、保守党員サンチェス・ゲーラのおこなった一九二九年一月の蜂起には軍の一部が加わった。そして同年の通貨危機が反独裁の動きを決定づけた。恒常的な財政赤字が続く中で通貨ペセータは下落したが、独裁の威信とペセータの信用を結び付けていた政府は、無理な金融・財政政策に固執して通貨切り下げを拒んだため、経済界も独裁を見限った。結局、

◀**大衆文化と新しい女性の登場**　一九二〇年代にはスペインでも都市における大衆文化の展開が見られた。なかでもギャルソンヌ風の新しい女性が脚光を浴びた。この絵は、ラファエル・デ・ペナーゴス（一八八九〜一九五四）の描いたもの。

一九三〇年一月にプリモは辞任して、三月に亡命先のパリで死去した。

アルフォンソ一三世は、ベレンゲール将軍、次いでアスナール提督を首相として王政の維持と立憲政治の回復を企図したが、プリモ独裁以前の政治的状態に事態を戻すことは不可能であった。プリモ独裁体制の崩壊は、共和政への移行を求める声を大きく広げていたからである。一九三一年四月一二日、市町村議会選挙が八年ぶりにおこなわれた。結果、農村部では王政派が圧勝したものの、マドリードやバルセローナなどの都市部では、一九三〇年八月にサン・セバスティアン協定を結んで王政打倒と共和政樹立を目指していた革命派が勝利して、民衆は街頭に繰り出して共和政を求めた。

4 地域ナショナリズムの展開

復古体制期は、一九世紀半ばから地域言語＝文化の復権運動として起こったカタルーニャ、バスク、ガリシアなどの地域主義が、国家ナショナリズムに対抗する地域ナショナリズムへと変容し、具体的な政治運動に発展していく時代であった。

ラナシェンサの大きな展開を見たカタルーニャでは連邦共和主義への期待が高まっていたが、第一共和政の失敗とともにカタルーニャ独自の自治権獲得の運動が、バランティ・アルミライを中心に起こった。アルミライは、一八八二年にカタルーニャ・センターを設立し、八六年に『カタルーニャ主義』を出版して政治的カタルーニャ主義を打ち立てた。しかしアルミライの世俗的・急進的立場はその広がりを妨げた。

これに対して保守的知識人たちは『ラ・ラナシェンサ』紙と結びつき、一八九一年にカタルーニャ主義連合を設立した。翌年には「マンレーザ綱領」を発表し、カタルーニャ語の域内公用語化と治安・徴税・学校教育などの自治を要求する一方、カタルーニャ独自の政体の復活を唱えた。なかでも一八三三年の県制度施行によって四つの県に分けられたカタルーニャ公国の行政的一体化を強く求めた。

▲保守的カタルーニャ主義の擡頭　19世紀末から政治的カタルーニャ主義が展開するが、最初に勢いをもったのは保守的カタルーニャ主義で、諸団体の連合体としてカタルーニャ主義連合が1891年に結成された。図は、カタルーニャ主義連合のプロパガンダ切手。

▲マンクムニタットの発足　カタルーニャ地域ナショナリズムの声を受けて、中央政府はマンクムニタット（カタルーニャ4県連合体）の設立を認可した。写真はマンクムニタット発足時（1914年）のメンバーで、前列中央に初代首班に選ばれたプラット・ダ・ラ・リバ。

✢カタルーニャの政治運動✢

一八九八年の米西戦争の敗北と税負担の強化を前にカタルーニャ・ブルジョワジーは結束を強め、一九〇一年にリーガを結成して、カタルーニャの経済的利益の擁護と、中央政府への政治的影響力確保を目指した。さらに幅広いカタルーニャ主義を糾合すべく「カタルーニャの連帯」を組織した。一九〇七年の国政選挙ではこの「連帯」が圧勝したが、一九〇九年に悲劇の一週間が起こると、左派勢力への警戒感を強めて「連帯」は瓦解し

▲**バスク地域主義のシンボル**　エウスカディ（バスク地方）を構成する諸地方の旗が描かれたハンカチ。サビーノ・デ・アラーナの構想に倣って、アラバ、ビスカーヤ、ギプスコアに加えてナバーラの旗も描かれている。
◀**アルバム『私たちに』**　アルバム『私たちに』のカステラオによる挿絵（1919年）。ガリシアの人びとは貧しさゆえに、自治主義運動の展開以前に他地域への移民を余儀なくされた。挿絵には、そうした状況を嘆く様が描かれている。

た。しかしリーガは中央政府の譲歩を引き出して、一九一四年にはマンクムニタット（カタルーニャ四県連合体）の設置を実現し、プラット・ダ・ラ・リバが初代首班に就任した。マンクムニタットの権限は地方公共事業や文化事業に限られたが、カタルーニャの領域的一体性醸成に大きく貢献した。

　だがブルジョワ政党であるリーガは、労働運動抑圧に中央政府の支援を求め、さらにプリモ独裁に曖昧な態度を採ったために、カタルーニャ地域主義運動は次第に左派勢力に接近していった。そして一九三一年にはＥＲＣ（カタルーニャ共和主義左翼）が誕生する。

✣バスクとガリシア✣

　北部バスクでは、第三次カルリスタ戦争の敗北で地方特権（フエロス）が廃止されたために、特権回復を求める動きが生まれた。一方、一九世紀末から、バスクでは鉄鋼業と造船業を中心に急速な工業化が実現し、バスク語を解さない多くの移民労働者が流入し、伝統的なバスク社会に亀裂が入った。結果、バスクの伝統的価値、つまり独自の言語と文化を守る運動が強まった。

　政治運動としてのバスク主義は、一八九五年にサビーノ・デ・アラーナがＰＮＶ（バスク・ナショナリスト党）を創設したことから始まった。バスク人種、地方特権、宗教という民族主義的・教権主義的な主張のために大きな広がりを欠いたが、一九〇三年にアラーナが死去するとＰＮＶの路線は穏健化し、自治権を求める運動として徐々に支持を拡大していった。

　北西部のガリシアは農村社会の伝統を存続させており、そのブルジョワジーは脆弱であった。地域固有の言語と文化は根強く保たれていたが、都市的中核と指導者層を欠くガリシア地域主義は、カタルーニャやバスクと比べるとはるかに弱かった。それでもカタルーニャの動きに触発され、一九〇七年に「ガリシアの連帯」が創設され、一九一六年には「ガリシア語友の会」が結成されている。

　これらよりはるかに脆弱であったが、この時期にバレンシアやアンダルシーアでも地域主義の動きが見られた。バレンシアでは、一九〇八年、「カタルーニャの連帯」に倣って「バレンシア主義青年」が結成された。アンダルシーアでは、セビーリャを中心にブラス・インファンテがラティフンディオ（大土地所有制）批判と結びついた地域主義の主張を展開した。

◀**アンダルシーア主義の紋章**　ブラス・インファンテ（一八八五～一九三六）が提唱した「アンダルシーアの紋章」で、標語は「アンダルシーアは自らとスペインと人類のためにある」。アンダルシーア地域主義は、連邦制スペインの中で独自の歴史的民族体であることを唱えた。

国民形成とコメモレーション

一九世紀後半から二〇世紀初頭にかけては、「モニュメントの時代」と言われることがある。「国民国家」を創造した地域が、その一体性の正統性・正当性の根拠を歴史的事象に求め、歴史的事象に関するひとびとの集合的記憶を培うことで国民形成を推し進めるために、さまざまなモニュメントを建立し、それらの完成式典を大々的に挙行したからである。

このコメモレーション（記念・顕彰行為）は、スペイン国民国家にとっても例外ではなかった。しかし旧体制との訣別を欠いたスペインの場合、国民的一体性を醸成する歴史的事象の発見は容易でなかった。一九世紀を通じて自由主義者たちは、一八〇八年五月二日のマドリード民衆の反フランス軍蜂起に自由主義国家形成の契機としての意味を賦与して、五月二日を国祭日（ナショナルデー）と位置付けようとしたが、革命と反革命を繰り返す政治状況の中で、そうした位置付けが国民の間に広まることはなかった。一九世紀末にフランスと協調してモロッコ進出を図るスペイン政府にとって、反フランス的愛国主義の喧伝は都合が悪く、一九〇八年の一〇〇周年行事と前後して独立戦争を称えるモニュメントが多く造られたものの、その後にコメモレーションは続かなかった。

代わって脚光を浴びたのは、一四九二年一〇月一二日のコロンブスの「アメリカ発見」であった。それまではほとんど見過ごされていたこの出来事を、一八九二年の四〇〇周年祭でスペインの偉業として称えようとした。しかしキューバとプエルトリコを植民地として抱えるスペインが「歴史的使命」（カトリック布教と文明化）を唱えることは、一九世紀前半に独立を勝ち取ったラテンアメリカ諸国の反発を招くものでもあった。ところが一八九八年の米西戦争で最後の「帝国」領土を失ったことで、状況は変化した。ラテンアメリカ諸国にとってもアメリカ合衆国は脅威となり、「母なる母国」との絆を深めて、スペイン系民族（ラサ・イスパーナ）の文化的精神的一体性を謳うことに利点を見出したのである。二〇世紀に入ると、一〇月一二日を「ラサの祝祭日」の名で祝う動きが各国で広まった。一九一八年、マウラ政府のもとでスペインは、この日を正式に国祭日と定めて、「その血」と「その言語」でラテンアメリカ諸国の母となったことのコメモレーションの日と位置付けたのである。

なお、スペイン内戦を経て独裁者となったフランコは、この日をナショナルカトリシズムが歴史的に発揮された日として重視したが、ナチズムの人種主義を連想させるのを避けるために、ラサに代わってイスパニダー（スペイン的一体性）を前面に打ち出し、一九五八年には正式に「イスパニダーの日」と改称した。民主化以後の現在も同じ名称でスペイン国祭日が祝われるが、もはやカトリック的使命が称えられることはない。

▲▼マドリードとバルセローナのコロンブス像　19世紀末からスペイン各地にコロンブス像が建立された。写真はマドリード（上：1885年に建立）とバルセローナ（下：同1888年）のもの。

▲五月二日オベリスク　マドリードの忠誠広場に建てられた「五月二日オベリスク」。この碑は一八四〇年に完成して、同年五月二日、オベリスク下部の石棺に、一八〇八年の民衆蜂起に加わり死去した軍人のダオイスとベラルデ、および民衆犠牲者の遺骸が納められた。一九八五年以後は、「スペインのために犠牲となった者への記念碑」として戦没者慰霊碑となっている。

第一〇章 第二共和政とスペイン内戦

1 第二共和政の成立と改革 ※

一九三一年四月一二日、地方自治体選挙がおこなわれたが、これは王政の存続に関わる国民投票の意味を持った。未だカシーケの影響力の残る農村部では王政支持派の候補が勝利を収めたが、都市部では共和政支持派が優勢であった。特にマドリードやバルセローナでは人びとが街頭に溢れて共和政を求め、四月一四日、アルフォンソ一三世は退位を決意し、スペインを離れることになった。サン・セバスティアン協定を結んでいた諸政党は直ちに臨時政府を樹立し、ここに第二共和政が成立した。

▲**第二共和政の宣言に歓喜する人びと** 1931年4月14日、第二共和政が宣言されるとマドリードやバルセローナなどの大都市では街頭に人びとが繰り出し、歓喜の声に包まれた。写真は、マドリード市の中心の太陽の門広場の様子で、歓喜の声を上げる人びとであふれている。

共和国臨時政府は同年六月二八日に憲法制定議会選挙をおこなうが、選挙同盟を組んだ共和主義者と社会主義者の左派勢力が六割の議席を獲得して勝利した。ただし中道派・右派の勢力も侮れないものがあった。議会ではただちに共和国憲法の審議に入ったが、与野党の対立に加えて、与党内でも意見の相違が顕在化した。特にカトリック教会との関係について議論が紛糾し、共和主義右派は臨時政府から身を引いた。左派主導で策定され、一九三一年一二月に可決された新憲法は民主的・進歩的性格を持ち、その反教権的条項（離婚や世俗婚の承認など）は伝統的保守層の反発を招いた。

✢改革の二年間✢

新憲法に基づいて、共和主義右派で穏健的なアルカラ・サモーラが大統領に選出されたが、改革のイニシアティヴをと

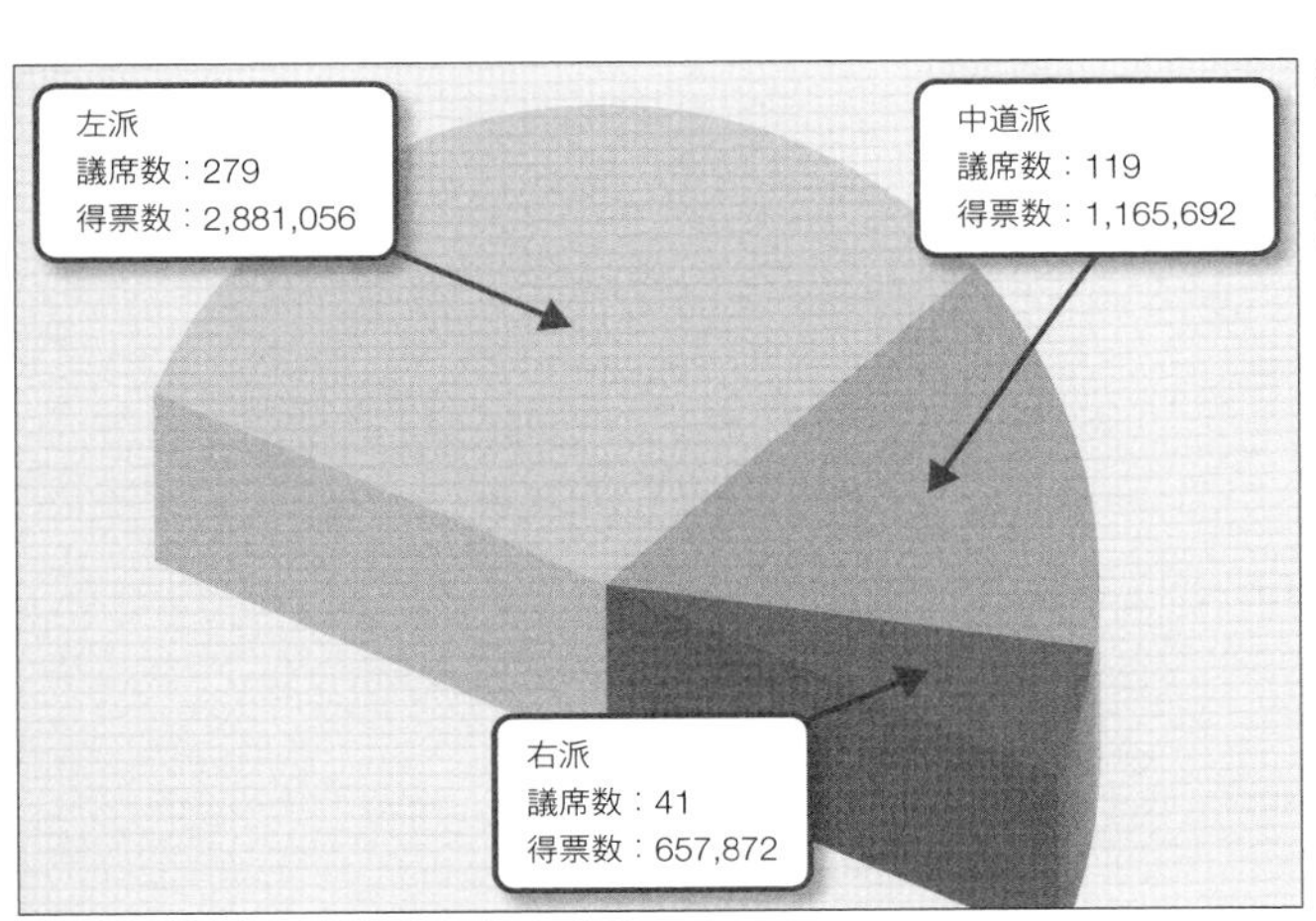

◀**憲法制定議会選挙の結果** 一九三一年六月二八日に憲法制定議会選挙が開催され、結果、左派が議席の過半数を獲得した。左派、中道派、右派の議席数と得票数のグラフ。

ったのは首相に就いた共和主義左派のアサーニャであった。アサーニャは、政教分離の原則を推し進めるとともに、教会の社会的影響力を削ごうと尽力した。だが、一八一四年に復活していたイエズス会の解散、修道会の財産保有の制限などの措置は、カトリック勢力の共和政への敵意を決定づけた。また軍隊の職業化・民主化にも着手して士官退職法を成立させたが、特にモロッコ植民地駐屯経験を持つアフリカ派と呼ばれる軍人たちの猛反発を受けた。

さらにアサーニャ政権は農地改革を政策の目玉として農地改革法を成立させたが、予算不足と大土地所有者の反対で土地収用は遅々として進まず、改革の恩恵に期待して共和政を支持した農民たちを失望させた。急進化した農民は土地占拠や農場放火などをおこない、治安警察と衝突した。また、急速に高まった地域ナショナリズムに対しては、自治憲章を賦与することで解決しようとした。紆余曲折を経てカタルーニャは、一九三二年に自治憲章を手にいれた。バスクに関しては、宗教色の濃い自治憲章案に共和国政府が警戒し、自治憲章が成立したのは既に内戦が始まった一九三六年一〇月だった。

アサーニャの「改革の二年間」は、さまざまな困難を伴いつつもスペイン社会の近代化への大きな一歩を刻むものだった。初等教育の充実が図られ、男女共学や非宗教教育が進められ、遅れた農村地域の民衆教化のために文化人による「教育使節団」が組織された。ガルシア・ロルカらの劇団「ラ・バラッカ」も各地を回って文化活動をおこなった。クララ・カンポアモールらの努力によって女性へ

▲各地に派遣された「教育使節団」 サン・マルティン・デ・カスタニェーダ（サモーラ県）での「教育使節団」による文化活動。写真は演劇を観る農村の人びと。

▶◀女性の政治参加の進展 第二共和政の寓意としての女性を描いたポスター（左）と、「マリアンヌ」（フランスで共和国を象徴する女性像）に扮した女性の写真（右：マジョルカ、一九三二年）。

の参政権付与も第二共和国憲法で実現し、女性の政治参加が積極的に呼び掛けられた。一方でフェミニズムを「原罪」として弾劾する保守派の論調も強まった。

◀ファランヘの結成　独裁者プリモ・デ・リベーラの息子ホセ・アントニオは、一九三三年一〇月にスペイン・ファランヘを創設した。写真はその創設集会（マドリード、コメディア劇場）。ファランヘは翌年にJONS（国家サンディカリスト攻撃団）と合同して、極端な国家ナショナリズムを打ち出し、左派活動家を攻撃した。内戦期にはフランコが右派諸政党をまとめ上げた単一政党「伝統主義とJONSのスペイン・ファランヘ」の中でファシズム路線を追求した。

2　改革の後退と社会対立 ❋

一九三二年八月にサンフルホ将軍の起こしたクーデタは失敗したものの、治安がさらに悪化する中で、右派勢力の擡頭は否めなかった。一九三三年一〇月には、独裁者プリモ・デ・リベーラの息子のホセ・アントニオが、イタリア・ファシズムに傾倒する極右政党ファランヘを創設したが、この時点では少数派であった。より広範な右派勢力を結集したのは同年三月に結成されたCEDA（スペイン独立右翼連合）で、王党派やカルリスタとも選挙連合を組んで、同年一一月の総選挙に臨んだ。逆に左派は分裂したまま選挙に臨み、一方で農地改革の遅滞への不満、他方で反カトリック改革への反対を受けて得票数を大きく減らした。

結果、急進党のレルー内閣が成立したものの、CEDAの支援が不可欠であり、「改革の二年間」の社会立法は次々と覆された。中央政府は、カタルーニャ自治政府が制定した「耕地契約法」を違憲とする立場を崩さず、自治政府との関係を険悪にした。他方、PSOEとUGTは急進化し、労働争議を急増させた。

▲カタルーニャ自治政府の革命宣言　一九三四年一〇月、CEDA（スペイン独立右翼連合）を加えてレルー政権が再び成立すると、カタルーニャ自治政府は、「カタルーニャ国」設立を宣言して中央政府に反旗を翻した。しかし諸党派・世論の支持を得られず、政府軍に鎮圧された。写真は、投獄された自治政府の閣僚たち（真ん中手前がクンパニィス）。

◀アストゥリアスでの鉱山労働者の蜂起　一九三四年一〇月蜂起の最大の中心地はアストゥリアスであった。武装した鉱山労働者は約二週間、炭鉱地帯でコミューンを結成したが、政府による派遣部隊によって鎮圧された。写真は、蜂起失敗後に治安警察によって連行される人びと。

一九三四年一〇月、再びレルーが首相に就くが、政府への直接関与を狙うCEDAから三人を入閣させた。左派勢力は、CEDA入閣はファシズムへの道を開くと激しく反発した。UGT主導のゼネストが打たれて、大都市を中心に労働者蜂起が生じたが、政府の非常事態宣言施行を前に失敗した。中央政府と敵対していたカタルーニャ自治政府は、「カタルーニャ国」設立を宣言するが、この冒険主義的動きへの同調は乏しく、自治政府首班クンパニィス（クンパンチとも）らは投獄された。唯一アストゥリアスでは、鉱山労働者の蜂起が約二週間続き、PSOE、共産党に加えてCNTが闘争に参加し、炭鉱地帯でコミューンを形成した。だが、政府はモロッコ植民地軍を現地に投入して苛酷に鎮圧し、一〇〇〇名を超える死者、二〇〇〇名を超える負傷者を出した。

▲人民戦線への投票を呼び掛けるポスター　1936年2月の総選挙を前に左右両派はイデオロギー対立を尖鋭化させた。相手を貶めるポスターが街頭に氾濫し、政治的和解は不可能になった。ポスターは、スペイン共産党が人民戦線への投票を呼び掛けているもの。

✢左派勢力による改革✢

一〇月蜂起（一〇月革命とも）を平定した政府は、左派政治指導者の逮捕・投獄に乗り出し、一挙に反動的姿勢に転じた。一九三四年一二月にはカタルーニャの自治権を停止し、翌年七月、自治権の制限、離婚の禁止などを盛り込んだ憲法修正案を国会に上程した。さらに一一月にはアサーニャの農地改革法を反故にする法律を制定した。

だが一九三五年の秋に急進党の疑獄事件が明るみに出たためレルーは辞任し、政府の危機が続いて、憲法修正案も議決に至らなかった。一九三六年一月、大統領アルカラ・サモーラは議会を解散して、二月に総選挙をおこなうことにした。左派勢力は、一九三三年の総選挙では分裂によって敗北し、三四年一〇月蜂起後に苛酷な弾圧を受けたことを教訓として、三六年一月に協定を結んで人民戦線政府の成立を目指して選挙に臨むことになった。一九三〇年代半ばには、ファシズムの脅威への対抗が、ヨーロッパの左派勢力の共通目標であった。

一九三六年二月の総選挙の結果は、左派連合体の人民戦線の勝利であった。連合体に有利な選挙制度のために、議席数では四七三議席中二六三議席となったが、得票数を比べると左派四八パーセント、右派四六・五パーセントと、僅差の勝利であった。

　五月にはアルカラ・サモーラに代わってアサーニャが大統領に就任し、新政府は右派の二年間で中断されていた改革を再開した。しかし、過激化する左右の対立を解消、あるいは緩和する方策を持たなかった。治安がさらに悪化する中、アサーニャの軍改革に反発する軍人たちは、軍事独裁を樹立する動きを模索した。この陰謀はファランヘなどの極右勢力の支持を得た。

　既に政治を安定化するメカニズムは機能不全に陥っていた。七月一三日の右派政治家カルボ・ソテーロ暗殺をきっかけに、七月一七日にスペイン領モロッコで軍事反乱が開始され、翌日には半島全域に拡大した。だが共和国政府転覆と秩序回復を目指すとされた決起は、三年の長きにわたる内戦の序章に過ぎなかった。

◀反政府軍事反乱の惹起　左派勢力と右派勢力の激しい対立からスペインでは、人民戦線政府に対する右派軍事反乱が起こった。写真は、パンプローナのカスティーリャ通りでファシスト式敬礼をして軍事反乱を支持するファランヘ党員（一九三九年七月一九日）。

◀軍事反乱に抗する人びと　一九三六年七月、バルセローナの軍事反乱は、対抗するアナーキスト民兵隊と突撃警察によって鎮圧された。写真は、鎮圧に成功して、CNTの車に乗り共和国を寓意する「可愛い女の子」の絵を掲げる人たち。

3　スペイン内戦の経過　＊

　七月蜂起によりスペイン国土は、共和国側支配地域と反乱軍支配地域に分かたれた。各地では反乱軍の蜂起に呼応する人びとがいる一方、武器を持って軍事蜂起に対抗する人びともいた。一九三六年二月の総選挙に示されたように、地域差を伴いつつも左派と右派の勢力は拮抗しており、内陸部・ガリシア・アンダルシーアなどの農業地域では反乱軍の軍事作戦は順調に展開したが、東部・北部の工業地域、そして二大都市のマドリードとバルセローナでは反乱は鎮圧された。全面的な内戦突入は避けがたく、両陣営の戦いは長期戦が予想された。

　内戦は「第二次大戦の前哨戦」と称されるように、当初からヨーロッパ列強を巻き込んだ国際紛争でもあった。両陣営は軍事・政治の両面にわたって国外からの支援を求めたが、英仏は紛争がヨーロッパに拡大することを恐れて、不干渉政策を提唱してロンドンに二七カ国の参加する不干渉委員会を設置した。このために共和国政府は正当な主権国家にもかかわらず武器調達に困難をきたした。これ

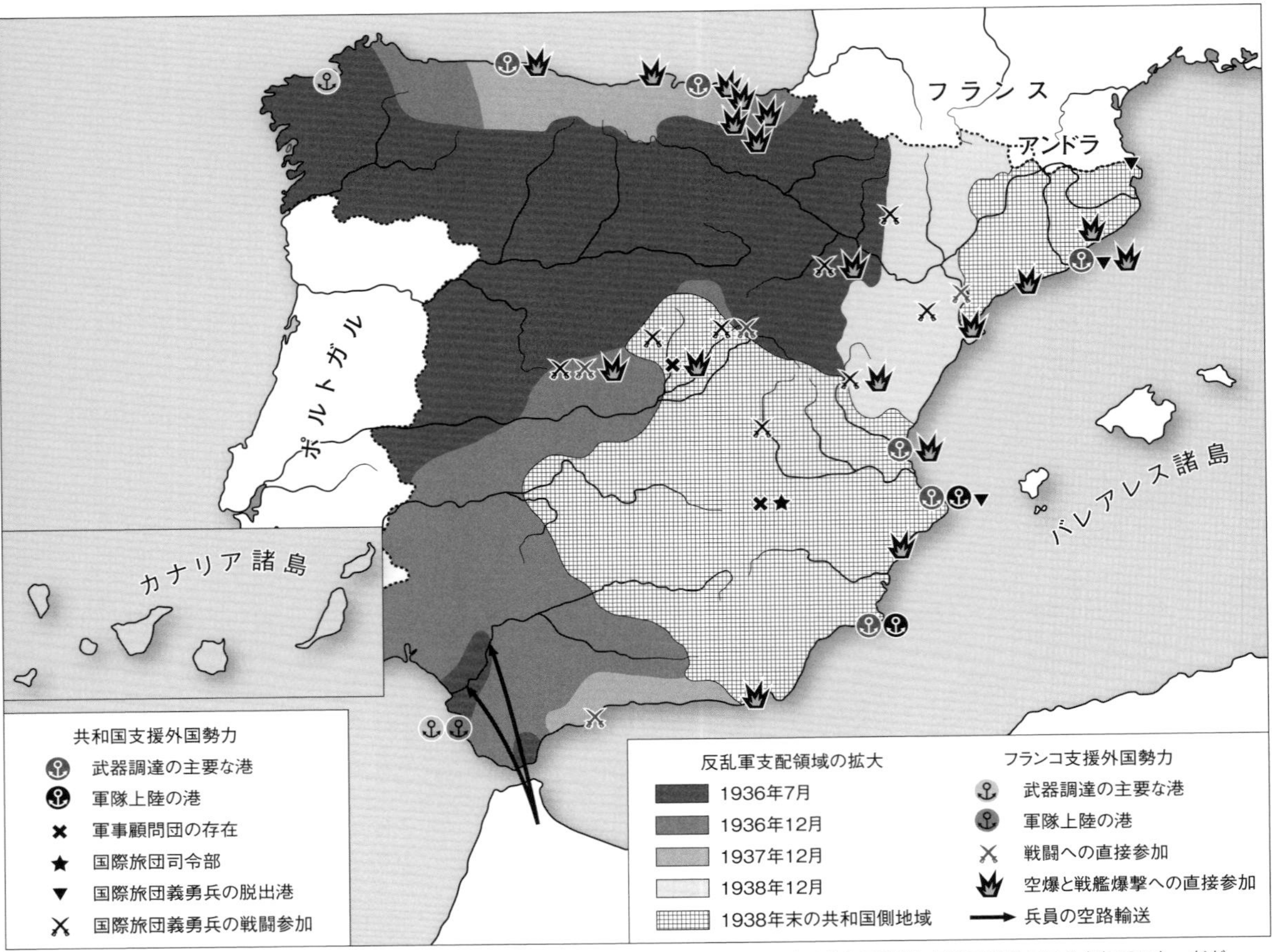

フランス
アンドラ
ポルトガル
バレアレス諸島
カナリア諸島

共和国支援外国勢力
武器調達の主要な港
軍隊上陸の港
軍事顧問団の存在
国際旅団司令部
国際旅団義勇兵の脱出港
国際旅団義勇兵の戦闘参加

反乱軍支配領域の拡大
1936年7月
1936年12月
1937年12月
1938年12月
1938年末の共和国側地域

フランコ支援外国勢力
武器調達の主要な港
軍隊上陸の港
戦闘への直接参加
空爆と戦艦爆撃への直接参加
兵員の空路輸送

▲スペイン内戦の経過　地図の色塗りの変化から分かるように、1937年7月にスペイン国土は共和国陣営と反乱軍陣営に二分されていた。だが1937年12月までには北部地域は反乱軍によって制圧され、38年12月に共和国支配地域は南東部（マドリード、バレンシア、アリカンテ、カルタヘーナの一帯）と北東部（バルセローナを中心としたカタルーニャ）のみになった。対立する両陣営の趨勢を決したのは外国勢力の支援の多寡であり、独伊の強力な支援を受けたフランコが、1939年4月、内戦に勝利した。

に対して、ドイツ・イタリアは委員会に加わりながらも反乱軍への支援を公然と続けた。孤立した共和国政府への大規模支援を表明したのがソ連で、物資援助を通じたソ連の関与は共和国陣営内の政治状況を複雑にした。いずれにせよ、当初はほぼ拮抗していた両陣営の軍事力は、ドイツ・イタリアの組織的支援のおかげで反乱軍側に有利となり、上の地図に見られるように共和国側地域は漸次狭めら

▲エブロ川の戦闘　戦局の不利を立て直すために共和国政府は、1938年7月から11月にかけてエブロ川の戦いを決行したが大敗北を喫した。共和国陣営の戦闘での勝利はもはや不可能となった。

れた。
　反乱軍は一九三六年夏から秋にかけてマドリードを攻略しようとしたが、民兵組織や国際義勇兵（コラム13参照）の果敢な抵抗に遭って断念した。そこで侵攻の矛先を北部工業地帯へと向けて、一九三七年一〇月までには北部全域を支配下に置いた。その間にナチス空軍によるゲルニカ爆撃もおこなわれた（一九三七年四月二六日）。この非武装地区に対する歴史上初めての空爆への怒りを、ピカソは大作「ゲルニカ」に込めている。

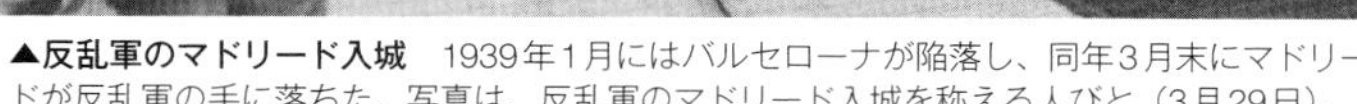

▲**反乱軍のマドリード入城**　1939年1月にはバルセローナが陥落し、同年3月末にマドリードが反乱軍の手に落ちた。写真は、反乱軍のマドリード入城を称える人びと（3月29日）。

　劣勢に立たされた共和国陣営では、一九三七年末に民兵隊の軍編入をおこなうなど軍隊組織の強化が進められ、三八年二月まで反転攻勢を図り、一時はテルエルを奪取した。しかし反乱軍の攻撃は強化され、四月には反乱軍は地中海に達して、残る共和国支配地域を南北に隔てた。

　既に一九三七年一〇月に中央政府をバルセローナに移していた共和国政府は、同年五月から首相となっていた親ソ連派のネグリンのもとで最後の抵抗を組織した。そして和平の道を模索したがフランコ将軍の峻拒に遭い、抵抗を続行して国際状況の変化に期待するのが唯一の手立てとなった。一九三八年七月、共和国政府はエブロ川で大攻勢を仕掛けて数カ月の戦闘を続けたが、独伊の大規模支援を受けたフランコ軍の前に撤退を余儀なくされた。

✢フランコの勝利✢

　フランコ軍はカタルーニャへの総攻撃を開始し、一九三九年一月、バルセローナが陥落した。三月になると、マドリードではネグリンや共産党の勢力を排除した防衛評議会が結成されてフランコとの交渉が図られたが、フランコはあくまでも無条件降伏を求めた。三月二八日、フランコ軍は抵抗なしにマドリードに入城し、四月一日、フランコは勝利を宣言した。

　この間に、共和国側の軍、政府・政党要人を始めとする数多くの人びとが国境を越えてフランスに亡命した。その数は約四〇万人とされる。スペインに留まった共和派の人びとは、内戦終結後に敗北者として塗炭の苦しみを味わうことになる。

◀**内戦期の共和国側のポスター**　CNTとFAI（イベリア・アナーキスト連盟）が公共事業の集産化を呼びかけたポスター。

4 内戦下の両陣営

共和国陣営は反ファシズムでは一致していたものの、革命的状況の出現を前に諸党派の方針は大きく分かれた。当初、軍事蜂起に対処すべく労働者組織への武器配布が認められたが、武装労働者たちの中からは集産主義的な社会革命を遂行しようとする動きが現れた。特にカタルーニャではアナルコサンディカリスト（労働組合運動を重視する無政府主義者）が工場の自主管理を進め、アラゴン、バレンシアなどでは農業の集産化が拡大した。さらに各地で民兵組織による教会や地主、富裕者や熱心なカトリック教徒に対する行き過ぎた迫害も見られた。こうした行動に共和主義者や社会主義者の多くは批判的であったし、内戦の勝利を優先する共産党にとっては、社会革命の遂行は共和国を弱体化させる要因以外のなにものでもなかった。

✢共産党の影響✢

一九三六年九月、ラルゴ・カバリェーロが首相となって諸党派を結集した内閣を組織し、国家権力の立て直しに成功した。民兵隊は軍隊化されて、機動的な人民軍に統合された。無軌道なテロ行為も人民裁判所が機能するにつれて減少した。しかし共産党とアナルコサンディカリストのCNT、反ソ連的なPOUM（マルクス主義統一労働者党）との路線対立は深刻化し、一九三七年五月にバルセローナで起こった「五月事件」につながった。この武力衝突で五〇〇人以上の死者が出て、共産党はその責任をすべてPOUMに帰した。

ソ連の支持を不可欠としたアサーニャは、同事件後にPOUM解散に消極的だったラルゴ・カバリェーロを更迭して、

▲空爆に耐える人びと スペイン内戦で反乱軍はドイツやイタリアの支援を受け、大都市への空爆を繰り返して共和国陣営の人びとの戦意を砕こうとした。写真はマドリードの地下鉄駅構内で空襲に耐える人びと。

▲内戦期の反乱軍側のポスター 反乱軍陣営ではフランコ将軍への権力集中が進み、個人崇拝の体制が築かれていった。ポスターには、「フランコ、フランコ、フランコ。農村万歳！」と書かれている。

親ソ連的なネグリンに組閣を命じた。共和国政府内では、ソ連の威信を後ろ盾にする共産党の影響力が決定的となった。しかし先に述べたように（本章3参照）、戦況はますます悪化し、反乱軍の進攻を押しとどめることはできなかった。

　フランコ軍は長期戦・消耗戦の戦術を採ったために、マドリードやバルセローナでは、食料の不足に悩まされ、度重なる空爆に怯えながら人びとは疲弊していった。反乱軍が入城したとき、活動家ではない一般の人びとはとりあえず戦争の終結に安堵した。

◀**反乱軍と教会の同盟**　写真は、フランコ将軍と教会当局が一緒になってファランヘ式の敬礼をしているもの（一九三八年、サンティアゴ・デ・コンポステーラ大聖堂で）。

　反乱軍陣営では、戦争遂行の体制を比較的順調に築き上げた。そのライバルが不慮の死に遭い、フランコ将軍は反乱軍の指導者となって、一九三六年九月には三軍の最高司令官、次いで一〇月には反乱軍陣営の国家首長に就任して、自身の下に権力の一元化を達成した。

　さらに一九三七年四月、フランコは右派諸政党を単一政党「伝統主義とＪＯＮＳのスペイン・ファランヘ」にまとめあげて自らが党首となった。元々のファランヘ指導者ホセ・アントニオは共和国陣営内で処刑されていたため、フランコはホセ・アントニオを崇めつつ、この新ファランヘを巧みに操作した。以後、フランコは自らを「総統（カウディーリョ）」と称して個人崇拝の体制を強めつつ、「新国家」建設のための制度を整えていった。イタリア・ファシズムに倣って、一九三八年三月に「労働憲章」を制定し、国家をコーポラティズム組織とし、垂直組合主義の基盤を整えた。一九三九年二月には政治責任法を制定して、左派諸政党と関係した人物の逮捕・投獄を命じた。

✢右派とカトリック教会の同盟✢

　だがフランコが最も重視したのはカトリック教会との同盟であった。第二共和政で進められた反カトリック改革に脅かされた教会上層部は、フランコ軍への全面的支援を表明し、無神論・共産主義から祖国を救う十字軍と位置付けた。後述するように（コラム13参照）、国民の再カトリック化を推進したナショナルカトリシズムは、フランコ体制の機軸的イデオロギーとなる。

　ところで内戦の中では、両陣営において反対側陣営の賛同者に対する迫害が非合法におこなわれた。弾圧による犠牲者数はおよそ一三万人と推測され、その六割が反乱軍側地域で亡くなったが、共和国側地域での犠牲者も無視できない。共和国側地域ではおもに一九三六年夏から秋にかけての民兵隊などによる無秩序な弾圧であったのに対して、反乱軍側地域では軍と当局によって組織的におこなわれたものであった。しかも逮捕した共和国側要人を容赦なく処刑し、弾圧は内戦終了後も続いてさらに四万人の犠牲者を出している。いずれにせよ内戦の中での「荒々しい暴力」から目を背けてはならない。

スペイン内戦と国際義勇兵

スペイン内戦の趨勢において、ドイツ、イタリアのファシズム国家の反乱軍陣営支援は決定的だった。軍備の支援（航空機、戦車、火砲などの軍需品）に加えて、ドイツは空軍部隊「コンドル兵団」を送り込み、イタリアは地上軍部隊「義勇兵団（CTV）」を大々的に派遣した。「義勇兵」と称しているが、この七万人以上の兵士たちはイタリア政府が組織的に動員したものだった。共和国政府は、ヨーロッパ諸国の「不干渉政策」に阻まれて主権国家としての武器調達ができず、ソ連の継続的支援（ただしスペイン銀行保有の金と引き換え）を受けたものの、軍事的には圧倒的に不利であった。

こうした状況の中で共和国陣営を勇気づけたのは「国際旅団」であった。コミンテルン（共産主義インターナショナル）などの国際的な共産主義組織の呼びかけに応じて約六〇カ国から約四万人の義勇兵がスペインにやってきた。その多くは各国の共産党員だが、民主主義者、アナーキストなどさまざまな人びとがスペインをファシズムから救おうと馳せ参じたのである。中にはのちにこの体験を記録したヘミングウェイ、オーウェル、マルローなどもいたが、より注目すべきはおよそ八〇〇〇人にものぼるユダヤ人がやってきたことである。特にポーランドのユダヤ人が多かったのだが、それは自分たちの祖国ポーランドが反セム主義で蹂躙されようとしたことへの危機意識からであった。

戦争に不慣れな義勇兵の多くは戦闘で命を落とし、国際旅団参加者の三分の一が死亡したとされる。しかし彼らが特にマドリード防衛戦で果たした役割は大きく、なによりもその英雄的行為は共和国陣営の人びとに大きな心理的効果をもたらした。しかし、戦況が共和国陣営に圧倒的に不利になる中で、ネグリン率いる共和国政府は一九三八年九月、国際旅団の解散を命じた。義勇兵撤退を反乱軍陣営との和平のための駆け引き材料にしようとしたのであったが、フランコ軍は「無条件降伏」しか肯んじなかった。

その後フランコ独裁が続いたために、スペインでは義勇兵の存在はまったく無視された。またそれぞれの本国に戻った義勇兵たちの多くは、共産主義者のレッテルを貼られて辛酸をなめたとされる。スペインで彼らの名誉回復が実現するのは、二〇〇七年に制定された「歴史的記憶法」によってである。この法によって、国際旅団に参加した外国人へのスペイン国籍賦与が可能となり、スペインの民主主義への彼らの貢献が労われることになったのである。

▲マドリード防衛に参加する国際旅団義勇兵　スペイン内戦では共和国陣営を支援するために、約4万人の義勇兵がスペインにやってきた。写真は、マドリードの大学地区で防衛にあたる国際旅団の義勇兵たち。

第一一章 フランコ独裁体制

1 長く続く戦後

※

内戦終了後の苛酷な弾圧にもかかわらず、反体制勢力は存続した。ゲリラ兵集団（マキ）が活動を続け、一九四四年にはさまざまな政治党派のゲリラ兵が共産党によってまとめられ、フランスからアラン渓谷を通ってスペインに侵攻しようとしたが失敗した。一九四八年、共産党はゲリラ戦術を放棄した。その後も山岳地帯や都市での活動が続いたが、内戦に疲れた人びとを武力闘争に引き入れることは困難だった。亡命共和国政府はメキシコへ移り、その後も一九七七年までは維持されたが、スペイン国内に政治的影響を与えることはできなかった。

内戦に勝利したフランコの独裁体制は、一九七五年一一月のその死去までおよそ四〇年にわたって存続することになった。

独裁体制がかくも長きにわたって続いた理由については複合的要因が重なった。分けても、第二次世界大戦での枢軸国（ドイツとイタリアなど）の敗北、その後の米ソ対立による冷戦構造、さらに西欧社会の経済成長といった国際環境の変化に、後追いながらも適合していった独裁体制の「巧みさ」を指摘することができる。だがフランコ体制が、その独裁的性格を拭い去ることは決してなかった。

✢独裁と弾圧✢

さて、内戦に勝利したフランコは全体主義的・中央集権主義的性格を前面に打ち出した。国家機構は一九四二年のコルテス（国会）設置によって完成をみたが、

▲**大きな国旗を携えるフランコの肖像画**　イグナシオ・スロアガ画「フランコの肖像」（1940年、ビルバオ美術館）。芸術家の中にはスロアガのようにフランコ体制に同調する者もいた。赤いベレー帽はカルリスタの象徴で、シャツの記章（軛と矢）はファランへの象徴。

▼**フランコ時代の国旗**　国章のデザインには、王冠、ヘラクレスの柱と「さらに向こうへ」の文字、スペインを構成する旧諸王国の紋章で城（カスティーリャ）、獅子（レオン）、黄色地に4本の赤筋（アラゴン連合王国）、鎖模様（ナバーラ）、柘榴（グラナダ）が描かれている。さらに、ファランへの「一つにして偉大にして自由な」のスローガン、カトリック教会による庇護を意味する聖ヨハネの鷲、カトリック両王の「軛と矢」が添えられている。後掲（129頁）の民主化以後のものと比較されたい。

▲収監された共和国派の人びと　スペイン内戦終了後も、共和国陣営に加わった多くの人びとが政治犯として長く収容され、強制労働につかされた。写真は、マドリード監獄の中庭に並ぶ囚人たち（1940年）。

代議員選出は民主的な代表制からはほど遠く、新ファランへ、組合組織、任命制の市長や大学長、そして高位聖職者などからなる「有機体的議会」とされた。地方行政も、任命された県令が各県に配され、主要都市市長も任命制だった。組合に関しては一九四〇年に組合統一法が公布されて、国家によって管理される垂直組合となった。

反体制勢力に対しては、残存する共産党やアナーキスト系組織の壊滅を図る一方、共和国支持者であった市民への監視の目を強化した。一九三九年の政治責任法に次いで四〇年には共産主義・フリーメーソン弾圧法を制定し、社会の敵の徹底的排除を目指した。数多くの政治犯が投獄され、「公共事業」での強制労働に駆り出された。そうした事業の一つが、一九四〇年から約二〇年かけて造られた「戦没者の谷」（聖十字架教会を中心とする慰霊施設）であった。一九三九年の初等学校規定では、教室にフランコ総統の肖像画と併せて聖母マリアの肖像画を飾ることが義務付けられた。

✣第二次世界大戦時のスペイン✣

一九三九年にヨーロッパ大戦が始まると、フランコは防共協定に参加して枢軸側に立ったが、戦争には中立を宣言した。内戦で国土が疲弊し参戦の余裕がなかったからである。しかしドイツの勢いが強まると、一九四〇年には非交戦国を宣言して、独伊への便宜供与をおこなうとともに、モロッコのタンジールを占領した。さらに一九四一年、ソ連に侵攻中のドイ

▶戦没者の谷　写真は「戦没者の谷聖十字架教会（バシリカ）」と上に聳え立つ巨大な十字架（高さ一五二メートル）。この教会は内戦終結の翌年から一九五八年まで約二〇年の歳月をかけて完成したが、その建設労働には二万人もの共和国政治犯が駆り出された（写真：Shutterstock）。

ツ軍のために約五万人の義勇兵団「青い師団」をソ連戦線に投入した。

第二次大戦の戦局が連合国側に有利になると、フランコ体制の置かれた状況は苦しいものになった。そこでフランコは、一九四三年に非交戦国から中立国に戻ることを宣言して、ファシズム色を薄める方向に政策を転換した。ファシズムに代わってカトリシズムが重視されるようになったのである。カトリック教会には伝統的秩序維持の役割が大きく期待され、教育現場での宗教色が強まった。国体にとってのカトリシズムの重要性はさらに高まり、ナショナルカトリシズム（コラム13参照）が前面に打ち出されて、一九四五年の新内閣ではカトリック保守派が重用された。

▲フランコ体制の国際的認知　アイゼンハワー大統領のスペイン訪問（1959年）は、フランコ体制が完全に国際的認知を受けたことを意味した。東西冷戦が続くなかで地政学上スペインは、アメリカ合衆国にとって戦略的重要性をもった。

✢戦後の国際的孤立✢

加えてフランコ政権は、一九四五年七月に「国民憲章」を制定して市民の基本的権利を保障した（ただし、停止を可能とした）。また九月にはファシスト式挨拶を禁止して、一〇月に国民投票法を公布した。しかし、大戦後の反ファシズムの国際世論を納得させることはできなかった。一九四六年二月に国連でフランコ政権非難決議が出され、一二月にはスペイン排斥決議によって、駐スペイン大使の召還が各国に勧告された。ところが、国連の制裁はスペイン人のナショナリズム高揚にもつながり、フランコ体制強化に利用されることになった。同じ一二月、マドリードのオリエンテ広場では一〇〇万人集会が開かれて、外国の干渉が強く非難された。

国際的孤立の中でフランコ政権は、アウタルキーア（自己充足的経済）政策を推進した。輸入品と輸出品に対する大幅な規制をおこなうことで外貨準備高不足を補おうとしたが、輸入が不可欠な産品の値上がりは避けられず、生活必需品の不足が続いた。また国家産業公社（INI）を通じて数多くの公営企業を設立したが、工業の回復の遅れは否めなかった。国家による市場統制は闇市の出現を促して、庶民の生活は困窮し、食糧配給制度が一九五一年まで続けられた。闇市での価格は公式市場の二倍から三倍に達したとされ、石炭と石油の配給は一九五〇年代半ばまでおこなわれた。

しかし東西冷戦の進行がフランコ体制を救うことになった。第二次大戦後にフランコは「反共の砦」たることをアピールしたが、アメリカ合衆国にとってスペインの地政学的位置は冷戦戦略上きわめて重要となった。合衆国は一九五〇年、国連総会でスペイン排斥決議の撤回に動き、五三年には米西協定（経済援助、基地貸与、相互防衛）が締結されて、スペインの西側諸国への編入が決定的となった。そうして一九五九年は、スペインの国際社会への復帰を象徴する年となった。一つには、合衆国大統領アイゼンハワーのスペイン訪問が実現し、フランコ体制は完全に国際的に認知された。二つには、前年に加盟したIMF（国際通貨基金）

の勧告を受け入れ、アメリカからの経済支援もあって延命してきたアウタルキーア政策を完全に放棄したのである。

2 高度経済成長の時代

※

一九五九年のアウタルキーア政策放棄には下地があった。一九五〇年代に硬直したファランへ勢力の退行が進み、五七年の内閣改造においては、「オプス・デイ」（神の御業）のメンバー二人が大臣として入閣した。オプス・デイは思想的には保守的カトリック団体だが、効率や技術を重視する有能なテクノクラートを輩出した。

▲自動車産業の成長　1960年代に外国投資のおかげでスペイン産業は飛躍的に発展した。写真は、バルセローナのSEAT工場前に並ぶSEAT600モデルなどの新車。

✢経済安定化計画✢

一九五九年から実施された「経済安定化計画」は、国家の介入主義を弱め、デフレ政策によって物価上昇を鎮静化させ、貿易と資本の自由化を進めるものだった。さらに一九六四年から「経済・社会発展計画」が進められ、都合三回の四カ年計画が実施された。計画そのものの実効性については議論が分かれるが、政治の相対的安定と労働者の低賃金が魅力となって外国資本の投資が増加し、自動車、化学、機械などの工業が発展した。スペインは、一九六〇年代に日本に次ぐ年率七・三パーセントの「奇跡の経済成長」を実現したのである。

この高度経済成長に与った要因として、ツーリズムと移民の送金を挙げなければならない。この頃には、豊かになったヨーロッパ諸国の人びとのマス・ツーリズムが一般化し、太陽と自然に恵まれ物価の安いスペインは恰好の目的地になった。一九六五年には外国人観光客の数は一四〇〇万人を超えている。「スペインは（ヨーロッパとは）違う」という観光キャンペーンは外国人を魅了して、スペインは現在まで続く観光立国となったのである。

他方、国内の低賃金は続き、労働者たちは好条件を求めて国外、特にフランスとドイツに移民し、その数は一三〇万人にも上った。移民たちの本国送金は、国際収支の均衡化に貢献した。

1人当たり国内総生産（1939-1973年）
（1980年のペセータで換算）

350,000 / 300,000 / 250,000 / 200,000 / 150,000 / 100,000 / 50,000 / 0
1939 1941 1945 1949 1953 1957 1961 1965 1969 1973

▲1960年代の急速な経済発展　「奇跡の経済成長」とも言われた急速な経済発展のおかげで、1960年代にスペインの1人当たり国内総生産の額も大きく伸びた。グラフは、その推移（1939～73）を表す。

✢就業人口の変化✢

この間に就業人口は大きく変わった。

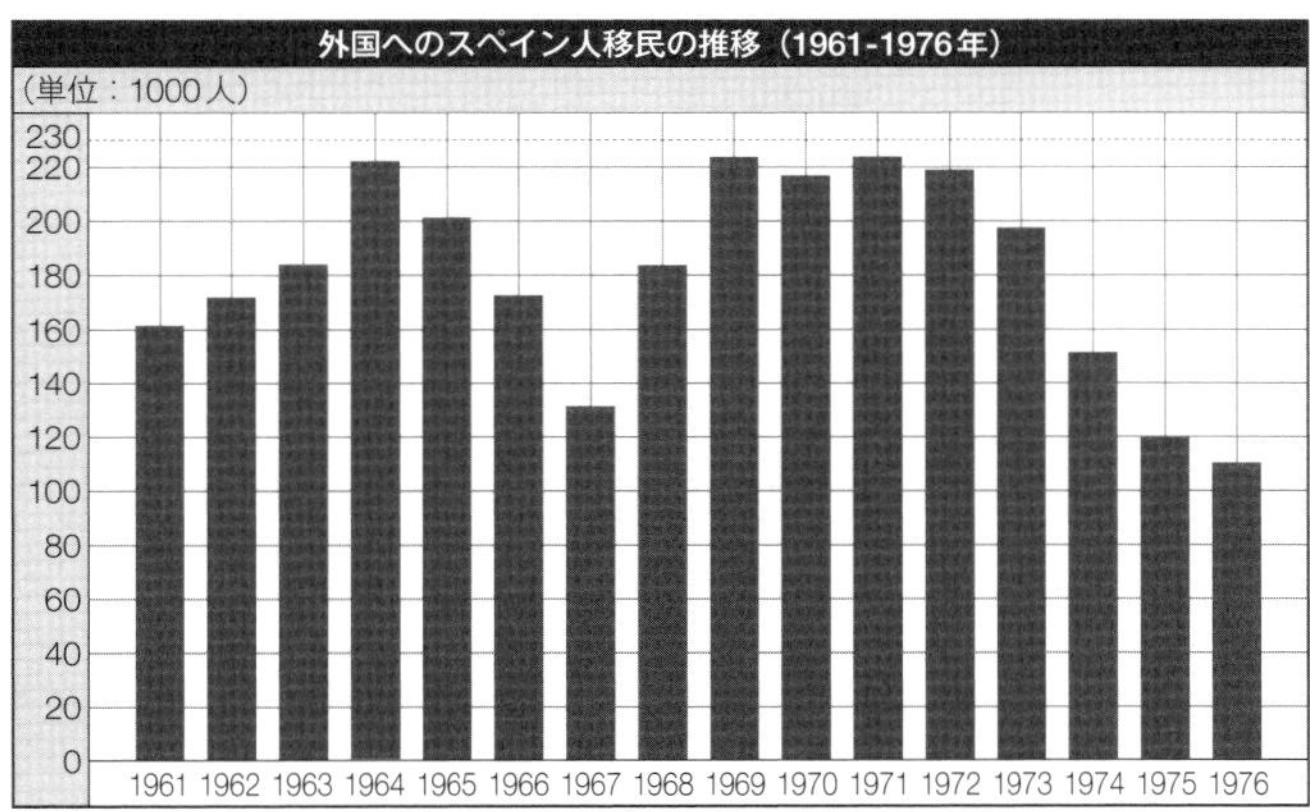

移民からの本国送金（単位：100万ペセータ）			
1954年	947	1964	19,046
1956	1,476	1966	25,190
1958	1,796	1968	32,297
1960	3,480	1970	46,905
1962	12,647	1973	89,557

▲移民の本国送金　現在のスペインはマグレブ、中南米などからの移民受け入れ国だが、1970年代前半までは移民送り出し国だった。特に60年代は賃金の高いドイツやベルギー、スイスなどへ移民した。彼らの本国への送金は国際収支の均衡に役立った。上段は移民の推移で、下段は本国への送金額（単位は100万ペセータ）。

▲ツーリズムの時代の到来　1960年代になるとヨーロッパの先進諸国から多くの人びとが、バカンスを楽しむためにスペインを訪れた。写真は、なかでも人気を博したスペイン南東部アリカンテのベニドルム海岸。

一九六〇年と七〇年に農業従事者は四〇パーセントから二五パーセントへと激減した。工業とサービス業の雇用機会が増大し、疲弊した農村からは雇用を求めて人口が流出した。機械化の進展で農地集約化を達成した地域では日雇い農民の必要も減少して、農村部から都市への人口移動は避けられなかった。さらに大都市マドリードやバルセローナへの人口集中が進み、大規模な労働力移動が現出した。地域固有言語が抑圧されていたカタルーニャでは、特にアンダルシーアなどからの大量のスペイン語話者の流入があり、地域の住民構成と言語問題を複雑化した。他方、伝統的に大土地所有の支配的なア

▼国内の労働力移動　国内の労働力移動の図（1960～75）。多くの農民が農村を離れて域内都市部、さらにマドリードやバルセローナに移住した。

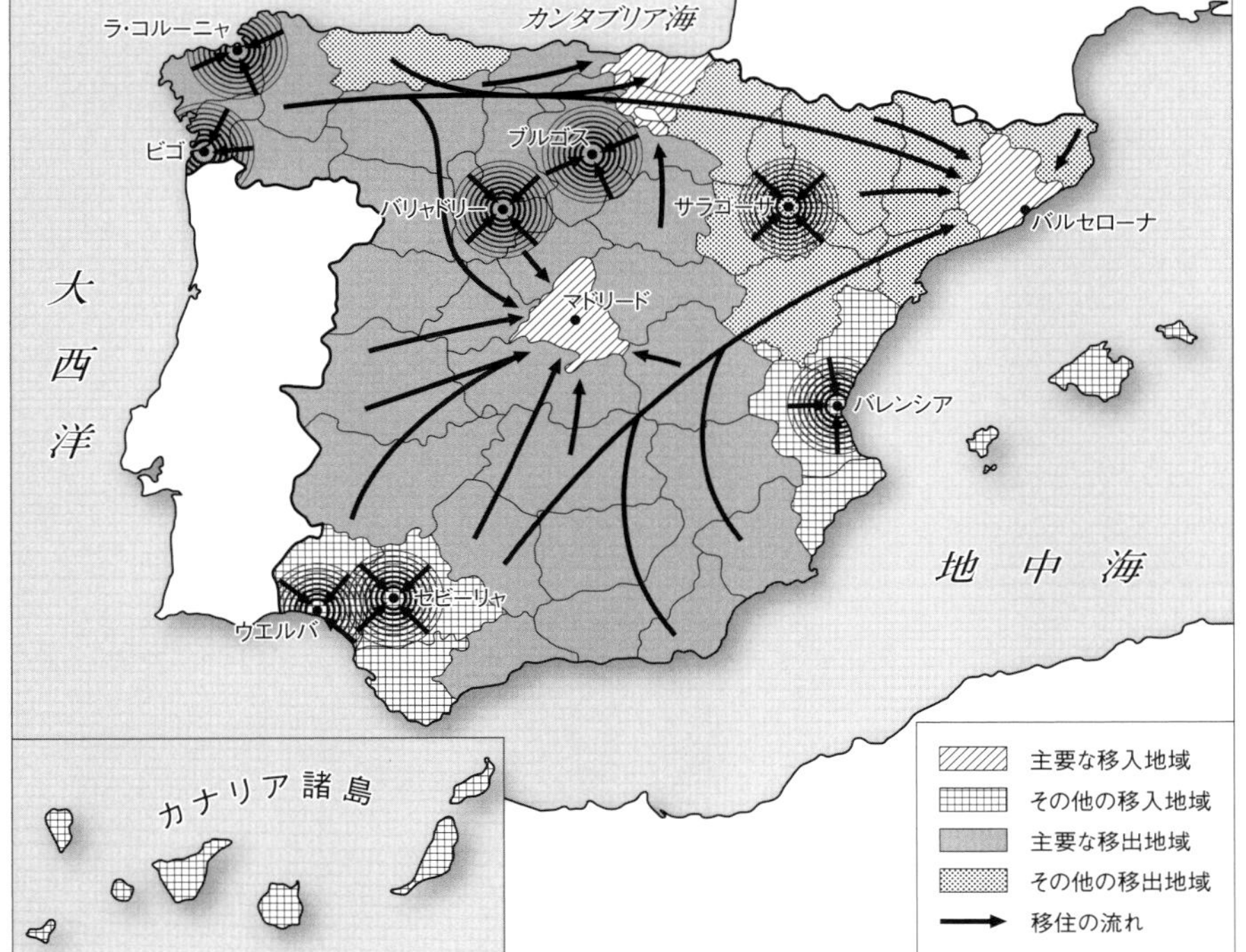

ンダルシーアでは、日雇い農民の減少によって土地問題の社会的意味は大きく減じ、農地改革は政治的に焦眉の課題とはならなくなった。

3 スペイン社会の変容

❄

フランコ体制を支えた政治機構と理念は次第に「国民運動」と呼ばれるようになっていき、内戦終了後二五年にあたる一九六四年には、「平和の二五年間」が大々的に喧伝された。フランコ個人への権力集中に変わりはなかったが、諸機能の制度化が進み、「権威主義体制」と呼ばれるような政治システムとなった。「限定的な多元主義」が許容されて、一九六六年一二月には「国家組織法」が国民投票によって承認され、翌月一月に公布された。

✢生活水準の向上と変化✢

こうした体制の存続を可能にしたのは、産業構造の変化に伴う人びとの生活水準の向上であった。都市部では「中産階級」が増加し、彼らを購買者として狙う電化製品の売り上げも大きく拡大した。数多くの外国人観光客の到来は、ヨーロッパ先進国の流行を伝え、閉鎖的文化の開放を促した。加えて、多くの禁書がスペインに非合法に流入し、国外に関する情報が飛躍的に増えた。結果、従来の社会文化的規範が徐々に崩れ、カトリックの宗教実践も厳格さを失っていった。

一九六二年に開催されたヨーロッパ統

▲**内戦後の25年間の平和**　内戦後25年の1964年にフランコ将軍は、国民運動が支えとなって経済発展が達成されたと自負し、平和と国内秩序にとって経済発展が重要であると演説した。ポスターは、「平和の25年間」を強調している。

▼**生活水準の向上**　内戦の後遺症に長く苦しんだが、1950年、60年、70年を比較するとスペインの生活水準は著しく向上した。1950年には上水道を備えた住居は215万世帯に過ぎず、60年でも348万世帯に届かなかった。しかし60年代の経済発展のおかげで70年には826万世帯を超えている。

住居の改善

(単位:1000世帯)	1950	1960	1970
上水道	2,150.0	3,477.9	8,266.6
トイレ	3,300.4	4,679.0	8,201.8
風呂かシャワー	576.3	1,852.0	4,956.8
電気	5,061.7	6,898.0	-
電話	257.6	-	2,008.7
暖房設備	166.1	335.9	892.0
冷蔵庫	-	-	30.5
ガス供給	334.7	-	807.1
家族世帯住居数	6,370.3	7,726.4	10,709.6

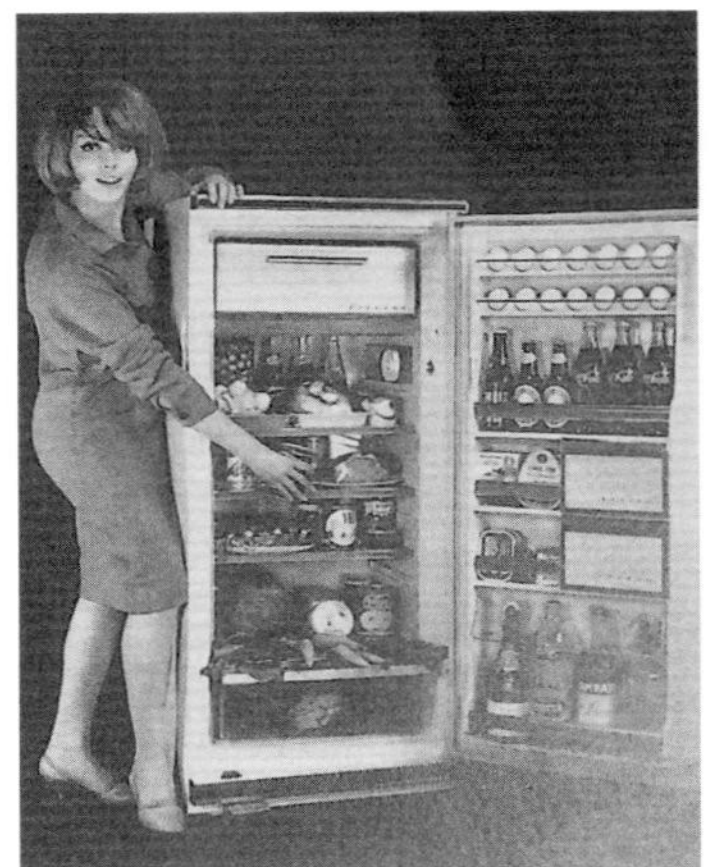

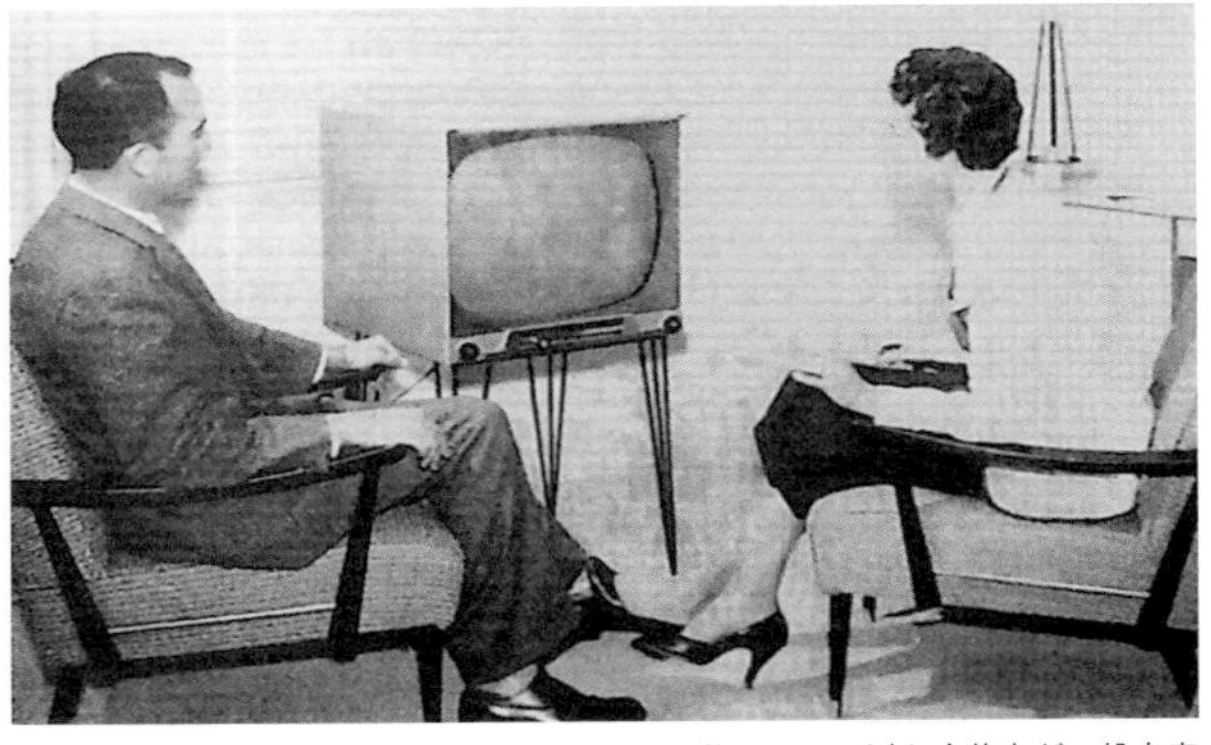

◀▲**家電製品の普及**　「奇跡の経済成長」の時代に、テレビや冷蔵庫が一般家庭に普及した。都市部での「中産階級」は、大衆消費社会の中でまずはテレビや冷蔵庫を手に入れようとした。写真はメーカーの宣伝。

一運動ミュンヘン会議には、亡命中の者たちを超える数の多様な諸党派が国内から参加した。これは、反体制運動が国内主軸に移ったことを意味し、フランコ政権は参加者たちに厳罰で臨んだ。だが、これまでの政治的動きとは別に、新たな要素が反体制運動に加わった。内戦以前に強かったCNTは実質的に消滅していたが、一九六〇年代、共産党系の労働者が増加する中で、工業部門の労働者委員会（CCOO）が体制の許す合法的組合活動に浸透してゆき、生活改善と民主化を求める声が労働者の間に強まっていったのである。

さらに、具体的な行動が大学生たちによって取られるようになった。一九六〇年代半ばには大学生の数は一〇万人を超え、官製のスペイン学生組合（SEU）の枠を超えて体制批判の声をあげる者たちが現れた。当局の弾圧で数多くの逮捕者が出たが、やがて彼らはフランコ体制の終焉と民主化の過程で活躍することとなる。

国家と教会の関係にも変化がみられる。一九五三年にローマ教皇庁と締結した政教協約はフランコ政権の正当性に資したが、カトリック教会が政治とのかかわりを見直したのである。一九五八年に頑なな反共主義者のローマ教皇ピウス一二世が死去し、新教皇ヨハネス二三世のもとで第二回ヴァティカン公会議（一九六二～六五）が催されると、社会的・政治的不正への懸念が表明されて、教会は政治的自由と人権擁護に重きを置くようになった。そして、この変化に鼓舞されたスペインの下級聖職者の間で、弾圧を繰り

▲学生たちの体制に対する不満の高まり　1960年代にはスペインでも大学生の数が大きく増えた。彼らは古い教育システムへの不満を口にし、さらに体制批判の声を上げるようになった。写真はバルセローナ大学での学生集会の様子（1966年）。

▼下級聖職者たちの反体制運動への同調　政治的自由の擁護に転じた第2回ヴァティカン公会議の影響もあって1960年代半ばには独裁体制に批判的な下級聖職者が増えた。写真は、バルセローナ大学の学生逮捕に抗議し、大司教に抗議文を渡すために集まった神父たち（1966年5月14日）。

▼労働争議の増加　1960年代末からフランコ体制末期にかけては、生活改善と民主化の要求が相まって、労働争議が急増した。グラフはこの間のストライキ件数と参加労働者数の推移を表す（1966～76）。

スペインの労働争議（1966-1976年）

ストライキ件数
動員労働者数

▲カトリック教会の体制離れ　第２回ヴァティカン公会議を経て、教皇庁は独裁体制と距離を取り始め、やがてスペインのカトリック教会の高位聖職者にもその影響が及んだ。写真中央は、エンリケ・イ・タランコン枢機卿。

返す体制への批判が強まっていった。労働条件の改善を目指す動きでは、JOC（カトリック労働青年団）やHOAC（カトリック・アクション労働者兄弟団）といったカトリック組織が積極的役割を果たした。

4 体制の危機と崩壊

※

フラガ・イリバルネの主導した一九六六年の「出版法」は、それまでの事前検閲制度を廃止したが、反体制的出版物への罰金や出版停止も盛り込んでおり、出版の自由の要請に応えるにはほど遠かった。全国で政治的自由を求める声が日増しに高まるとともに、カタルーニャやバスクでは、地域言語＝文化の復権と地域自治を求める運動が広がっていった。カタルーニャでは一九七一年に反体制派を結集し、「自由、恩赦、自治憲章」を目標に掲げるカタルーニャ会議が作られた。またバスクでは、PNVから分離した過激派がETA（バスクと自由）を結成し、一九六八年から武装闘争を開始した。

一九七〇年代になると労働争議の件数が、著しく増加した。物価上昇に見合う賃金引き上げがないことへの労働者の不満が最大の要因だったが、民主的反体制勢力の影響を受けて、政治性を孕むようになった。さらに第二回ヴァティカン公会議の改革指針が教会上層部にも浸透して、フランコ体制の人権抑圧への批判が高まった。スペイン司教会議議長となったエンリケ・イ・タランコン枢機卿が中心となり、カトリック教会の体制からの離反が進んだ。

高齢となったフランコは、一九六九年七月にフアン・カルロス（アルフォンソ一三世の孫で、手元に置いて帝王学を授けた）を元首後継者に指名した。だが国家と私企業の癒着によるMATESA（スペイン北部繊維会社）疑獄事件が起こって政権内に動揺が走った。翌年、ブルゴスに設置された軍法会議がETAメンバー六人に極刑判決を下すと、ローマ教皇を含めて内外からの嘆願と抗議運動が起こって、政府は減刑を余儀なくされた。

一九七三年には、さらなる困難がフラ

NO MAS ASESINATOS
En Burgos seis jóvenes vasco
van a ser condenados a muert
¡¡Exijamos su libertad

▶ブルゴス裁判への抗議活動　一九七〇年にブルゴスで、ETAの活動家に対する軍法会議が開かれて、六人に極刑が言い渡された。これに対して内外から批判の声が起こり、政府は減刑を余儀なくされた。写真は、判決を下そうとする軍法会議に抗議する示威行動を呼びかけるポスター。

ンコを襲った。同年六月、体制の継続を念頭に、フランコはこれまで兼任してきた首相職をカレーロ・ブランコに託したが、一二月、カレーロはETAによってマドリードで爆殺された。一九七四年一月、フランコは権力内の「開放派」のアリアス・ナバーロを首相とした。限界はありながらも結社の自由を拡大する方針をナバーロが表明すると（「二月一二日の精神」）、頑なな「継続派」の抵抗に遭った。

　一九七四年七月にフランコが入院してファン・カルロスが臨時元首に就くと、反体制派は勢いを増した。共産党を中心に「民主評議会」が結成され、PSOEやキリスト教民主主義者によって「民主勢力結集綱領」が結成されて、一九七五年九月には両者が共同宣言を発表して独裁の打倒を呼びかけた。だが、実際に体制を打倒できるような規模の大衆動員には至らなかった。

◀カレーロ・ブランコの葬儀　一九七三年一二月二〇日、カレーロ・ブランコの乗った車がETAの仕掛けた爆弾によって爆破された。写真はその葬儀の模様。

✢フランコ時代の終焉✢

　一九七四年九月に元首に復帰したフランコだが、その求心力は衰えていた。一九七五年に入ると深刻な植民地問題に直面した。一九五六年にスペイン領モロッコの独立を認め、六九年にはイフニをモロッコに返還していたが、依然として西サハラを領有していた。一九七五年一〇月、スペインの政治的混乱に乗じてモロッコのハッサン二世は国民に西サハラへの「緑の行進」を呼びかけ、一一月一四日、フランコは西サハラの放棄を決定した（その後も、現地住民とモロッコの対立が続き、西サハラの問題は未解決である）。

　それから一週間も経たない一一月二〇日、八三歳の誕生日を目前にしてフランコは死去し、遺言に従って「戦没者の谷聖十字架教会」に埋葬された。ナバーロ首相は、一九六九年にフランコが述べた「すべてが結びついている、はっきりと結びついている」という言葉を引用してスペイン国民に団結を訴えたが、既に状況は変わっていた。悲惨な内戦の記憶、高度成長の豊かさの記憶、長期独裁の抑圧の記憶、さまざまな記憶を重ねながら国民は、新たな時代を迎えることになった。

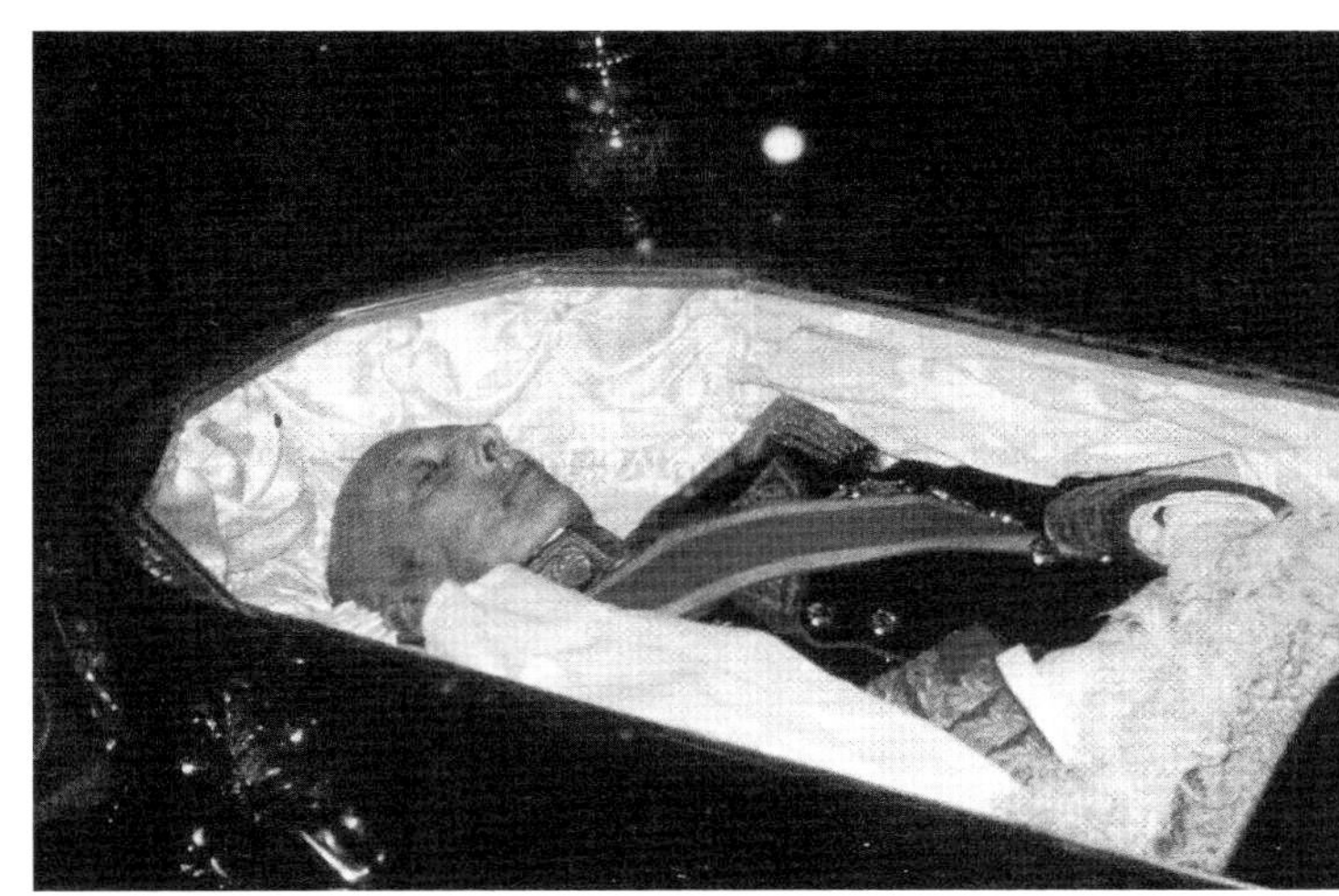

▲棺に納まるフランコ将軍　フランコ将軍は1975年11月20日に死去した。写真は死後、王宮に置かれた将軍の遺体。その後、遺言に従って「戦没者の谷聖十字架教会」の祭壇前に埋葬された。

フランコ独裁とナショナルカトリシズム

当初フランコ将軍が目指したのは、ファシズム国家であるイタリアとドイツに倣って、国家元首が全権を有し単一政党によって国民を掌握する「新国家」であった。単一政党はファシスト政党ファランへを軸に組織された新ファランへで、フランコがその党首となった。国家元首と首相の地位も自身に集中し、フランコは「神と歴史にのみ責任を持つ」独裁者となった。

その一方で、内戦を「十字軍」と位置付けたカトリック教会の保護者たることを誇ったが、第二次世界大戦でドイツやイタリアの敗北が濃厚になると、ファシズム色を薄めて伝統的・保守的カトリシズムとの同盟を前面に打ち出すことになった。フランコがシナリオを書いた映画『ラサ（種族）』は、一九四一年に制作されたものと一九五〇年の再上映のリメーク版とを比較すると、この間の事情の変化を反映しているのがわかる。後者ではファシスト式敬礼のシーンがことごとくカットされている。フランコ自らが検閲をおこなったのである。

フランコ体制がかくも長きにわたって存続した理由には、内戦による国内分裂を繰り返したくないという保守的市民たちと、伝統的教義を守ろうとするカトリック教会の大きな支えがあった。このナショナリズムと伝統的カトリック的価値観との融合による体制イデオロギー、すなわち国家と教会の同盟は、「ナショナルカトリシズム」と定義されている。

いかに当時のカトリック教会が硬直した道徳的価値にこだわっていたかの例として、四旬節司教教書（セビーリャ、一九四六年三月）をあげよう。この教書では舞踏会を「低俗な娯楽」であり、「キリスト教信仰を溶かす劇薬」として弾劾している。人びとは日曜日に教会のミサに参加し、金曜日には肉類を食べず、夫を亡くした女性は常に黒服をまとうことが、社会的戒律として求められた。

しかし、カトリック教会による市民生活への干渉と伝統的道徳に基づく社会秩序の維持は、一九六〇年代になると大きく揺らぐことになる。ローマ教皇庁が独裁体制と距離を置くようになるとともに、ツーリズムなどを通じてヨーロッパ諸国の価値観が流入し、スペイン人の伝統的心性に大きなほころびが生じたからである。ちなみに二〇一一年調査では、自分がカトリック教徒だと自任する人は国民の七割だが、日曜ミサにかよう人は一六パーセントにすぎず、フランコ時代の「カトリック・スペイン」のイメージをいまに重ねることはできない。

◀**ナショナルカトリシズムの表徴**　一九六〇年代までは、フランコ将軍と教会との密接な関係が続いた。写真は、天蓋を差しかけられて、盛大な歓迎を受けて教会に入るフランコとその妻。

◀**教会による市民道徳への干渉**　舞踏会でさえカトリックモラルに反するとされた。「舞踏会とカトリック的道徳、キリスト教的禁欲」と題された四旬節司教教書（セビーリャ、一九四六年三月二七日）。

第一二章 体制移行と民主主義のスペイン

1 独裁から民主主義へ

新国王となったフアン・カルロス一世はアリアス・ナバーロに首相を続投させたが、反体制運動の高揚と社会不安の増大を押しとどめることは不可能であった。

▲**極右テロリストの妄動**　スペインは順調に独裁から民主主義への「移行」がなされたと言われるが、フランコ死後の数年は不穏な状況が続いた。特に極右テロリストによる左派勢力攻撃は社会不安を助長したが、同時に民主主義体制実現に向けて人びとを結集させた。写真は、1977年1月にマドリードで襲撃されて犠牲となった5人の労働弁護士の葬列の様子。

※

労働者・学生の示威運動やストライキが頻発したが、一九七六年三月、スペイン北部のビトリアでの労働者と警官隊の衝突では五人が殺害され、一五〇人もが負傷した。こうした出来事に過激な反応をみせた極右派とETAなどの極左派は相互にテロ行為を繰り返したが、逆に暴力を忌避する雰囲気も醸成され、全体の政治状況としては妥協と和解が進んだ。

フランコ体制の継続を期待されていたはずの国王フアン・カルロスが刷新と民主化を望んだことは、ブンケル（体制存続を強硬に唱えた継続派）を抑えるのに貢献した。一九七六年七月、国民運動書記長を務めていたアドルフォ・スアレスが新たな首相に任命された。彼は国王の姿勢に共感し、民主的反体制派勢力との関係を重視して、スペインの民主主義への「移行」を決定的なものにした。同年一一月、スアレスはフランコ体制下のコルテス（職能団体代表からなる有機体的議会）に政治改革法を承認させ、一二月の国民投票を経てコルテスを普通選挙によって議員を選出する民主的議会へと改変した。さらに翌年四月には国民運動を解散させ、共産党の合法化を実現した。

✢総選挙✢

こうして一九七七年六月、じつに四一年ぶりの総選挙が実施された。結果は、スアレスの率いるUCD（民主中道連合）が三五〇議席中一六五議席を、PSOEが一一八議席を獲得して、二大政党制が実現した。フランコ体制継承の右派AP（国民同盟）は一六議席に、反フランコ闘争を主導したが左派色の強い共産党は二〇議席に留まった。民意は急進的ではない民主化にあることが明白となった。一方、カタルーニャやバスクなどの地域ナショナリズム諸政党が二四議席も獲得したことは、少数言語＝民族地域の問題はもはや看過できないことを明らかにした。

実際、極右フランコ主義者や極左集団

による血生臭い事件も起きたものの、スペインの「民主主義への移行」は全体としては激しい暴力を伴うことなく実現した。この政治的安定には、左派勢力が「移行期の正義」（民主化以前の旧政権の犯罪を問い、正義を回復しようとする姿勢）を強く唱えなかったことが大きい。まずは「和解」を軸にしてスペインを民主主義国家へと変容させることが優先されたのである。ただし二一世紀に入ると、スペイン内戦で共和国側に立って犠牲となった人びとの権利回復の動きが活発となる（後述）。

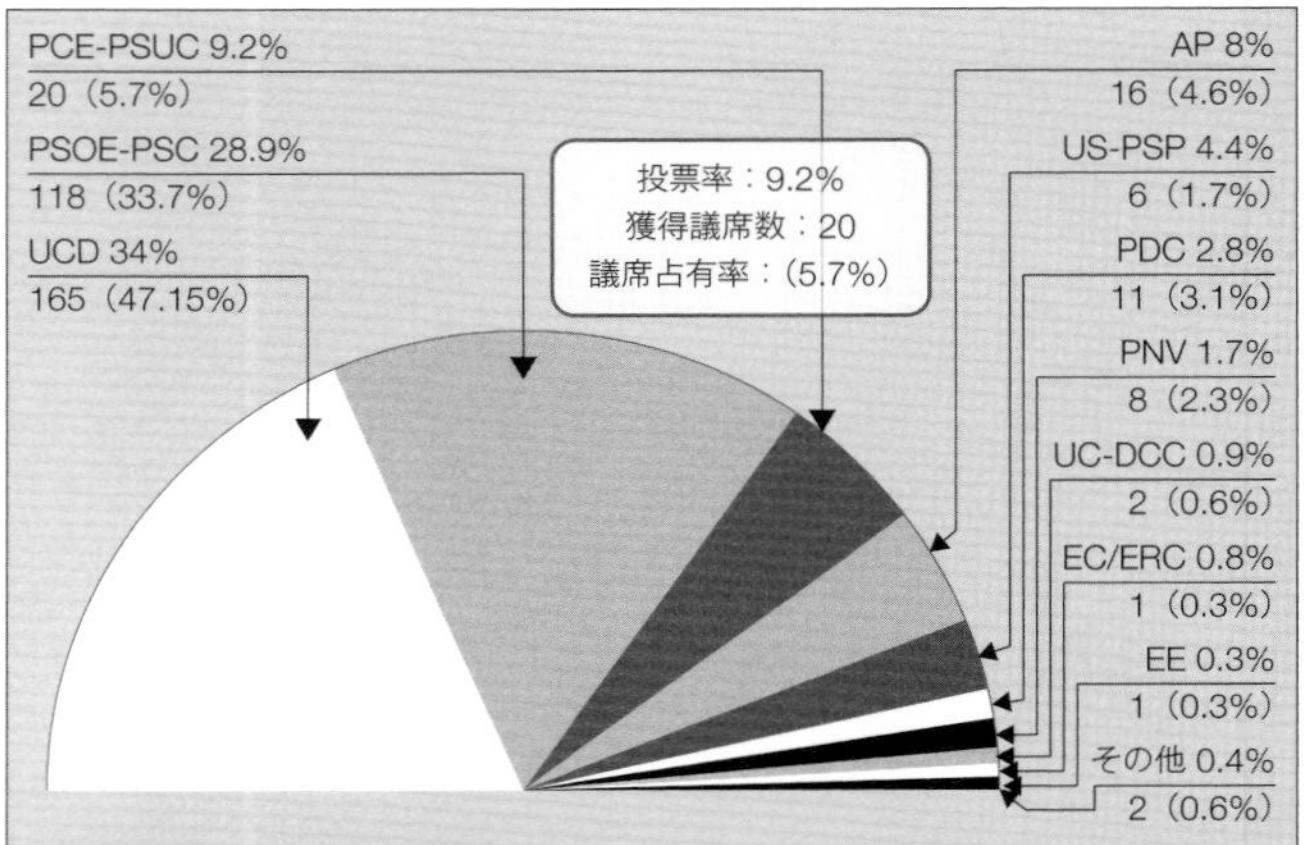

PCE-PSUC 9.2%
20（5.7%）
PSOE-PSC 28.9%
118（33.7%）
UCD 34%
165（47.15%）
投票率：9.2%
獲得議席数：20
議席占有率：（5.7%）
AP 8%
16（4.6%）
US-PSP 4.4%
6（1.7%）
PDC 2.8%
11（3.1%）
PNV 1.7%
8（2.3%）
UC-DCC 0.9%
2（0.6%）
EC/ERC 0.8%
1（0.3%）
EE 0.3%
1（0.3%）
その他 0.4%
2（0.6%）

略号一覧：PCE-PSUC（スペイン共産党 - カタルーニャ統一社会党）、PSOE-PSC（スペイン社会労働党 - カタルーニャ社会党）、UCD（民主中道連合）、AP（国民同盟）、US-PSP（人民社会党 - 社会主義連合）、PDC（カタルーニャ民主協定）、PNV（バスク・ナショナリスト党）、UC-DCC（カタルーニャ中道キリスト教民主連合）、EC/ERC（カタルーニャ国 - カタルーニャ共和主義左翼）、EE（バスク左翼）

▲**内戦後初の総選挙**　スペインで41年ぶりに実施された総選挙（1977年6月）の結果、スアレス首相率いるUCDが第1党に、若きフェリーペ・ゴンサレス率いるPSOEが第2党となった。

✢七八年憲法の制定✢

移行期の「和解」を象徴するのが、一九七八年憲法の制定であった。一九七七年八月、議会に憲法起草委員会が設けられる。各政党会派のバランスを考慮して、「憲法の父たち」と呼ばれる七人が選出された。その憲法案は議会での修正審議を経て、一九七八年一二月六日に国民投票にかけられて、八八パーセントの圧倒的多数で承認された（投票率は六七パーセント）。

七八年憲法は、序文で「民主的共存」を、第一条でスペインが「社会的かつ民主的な法治国家」であることを謳い、自由・正義・平等、政治的多元主義、国民主権、そして議会君主制を明記して、フランコ体制との訣別を明確にしている。多元主義は言語問題にも及び、第三条ではスペインの言語的多様性は「スペインの文化的資産」であるとし、カスティーリャ語以外の諸言語（カタルーニャ語、バスク語、ガリシア語など）を各自治州の公用語とすることを認めている。その一方でカスティーリャ語を国家公用語として「すべてのスペイン人がこれを知る義務を負う」とし、第二条の、スペイン国は「スペイン人の共通かつ不可分の祖国」であるという規定を公用語の義務化によって補強している。長くス

▲**「憲法の父たち」**　1978年新憲法案の起草にあたった7人は「憲法の父たち」と呼ばれる。その構成はUCDから3人、PSOE、共産党、AP、カタルーニャ・バスク議員グループから各1人であった。

ペイン語とは異なる固有言語を持つ諸地域（カタルーニャ、バスク、ガリシアなど）と国家の関係に悩んできたスペインは、この新憲法で一定の妥協と和解の道を選んだのであった。

地域と国家の関係は言語にとどまらず、地域自治権の問題が焦点となるが、それは憲法第八編（第一三七条〜第一五八条）に規定されることになった。基本的にはフランコ体制の中央集権主義を排して地方分権的な地方行政を確立しようとするもので、従来の市町村と県の区分に加えて、新たな広域の自治州（コムニダーデス・アウトノマス）の設立によって地域ナショナリズムの自治権要求に応えようとした。というのも一八三三年の県区分設置によってカタルーニャ、バスク、ガリシアはその歴史的領域を複数の県に分断化されており、その領域の一体化の回復が強く求められていたからである。

Constitución Española

Don Juan Carlos I. Rey de España.

A todos los que la presente vieren y entendieren.

Sabed: que las Cortes han aprobado y el Pueblo español ratificado la siguiente Constitución.

国家形態	立憲君主制
主権	国民主権
権力の分割	行政・立法・司法
立法権	下院・上院
投票権	18歳以上の男女普通選挙
領土編成	自治州
権利と義務	政治と社会の分野
教会と国家の関係	信教の自由、カトリック教会との協調

▲1978年新憲法　1978年に制定された現行憲法は、権威主義や中央集権主義との訣別を謳い、スペインの民主主義への「移行」を決定づけた。図は、その主たる特徴をまとめている。

2 自治州国家体制の確立 ❋

新憲法ではスペインを「国民（ナシオン）」とする一方で、少数言語地域であるカタルーニャ、バスク、ガリシアを念頭において「民族体（ナシオナリダー）」という用語を創り、その他の地域（レヒオン）との差別化を図っていた。前者は第一五一条の規定によって直ちに自治州の地位を手に入れたが、その他の地域の自治州へのプロセスは複雑を極めた。アンダルシーアは中央政府の意向に背いて住民投票などの手続きを強行して、同じく第一五一条（迅速な自治権付与）に基づく自治州となった。その他の地域は第一四三条（段階的な自治権付与）の規定による自治州として成立し、中央政府からの権限移譲に時間を要したが、バレンシアとカナリア諸島は特例的に当初より広範な権限を付与された。

当初は「民族体」とされた三つの歴史的自治州のみの設置が構想されていたが、地方分権化の動きと歴史的自治州に遅れまいとする地方自治権要求が高まり、結局は「皆にコーヒーを」という言葉に象

◀新たな国章　一九八一年に、現在のスペイン国旗が制定された。その国章のデザインに注目したい（フランコ時代のものとの比較）。スペインを構成する旧諸王国は同じだが、ファランへ、カトリック両王の象徴は除かれて、中央にブルボン王家の紋章（百合の花）がある。

▲自治州の成立　1978年憲法の規定に基づいて自治州が成立したが、固有言語をもつ民族体（ナシオナリダー）とその他の地域（レヒオン）の対立に加えて地域間の利害対立もあって、17自治州からなる自治州国家体制の成立は、複雑なプロセスをたどった（1979～83）。その後、カタルーニャなどの歴史的自治州は他の自治州との差別化を強く主張し、21世紀に入ると自治州国家体制に揺らぎが生じている。なおセウタとメリーリャは、1995年3月に「自治州」と同一の権限を持つことになった。

微されるように全国的な自治州体制となった。結局、一九八三年までに一七の自治州が成立して自治州国家体制が発足したのであるが、これにより、特に一九八二年のＬＯＡＰＡ（自治プロセス調整基本法）への歴史的自治州からの反発と、地域固有言語の復権要求に加えて、税制面や教育面などでのより高度な自治権付与の声も高まることになった。特にカタルーニャ自治州では、現在もそれが争点となっている（コラム14参照）。なおこの時点では特別市とされたアフリカ側のスペインの飛び地であるセウタとメリーリャは、一九九五年に規模が小さいとはいえ「自治州」と同一の法的範疇に入った。

✢経済の悪化✢

この間、民主主義への移行が順調に進んでいったわけではない。一九七三年のオイルショック以来スペインでは年間二〇パーセントにも達するインフレが続き、失業率も増加し続けた。全体的に高度な技術を要しない産業部門の比重が高く、工業危機が深刻だったからである。スアレス内閣は、一九七七年に与野党の合意を得て「モンクロア協定」に調印し、インフレの抑制と税制改革、社会保障の基盤固めを改革政策として打ち出した。資産特別税や個人所得税の導入は、その後のスペイン福祉国家建設の第一歩となった。

しかし一九七九年に第2次オイルショックが起こり、スペイン経済はさらに悪化した。スアレス率いるUCDはもともと寄合世帯であったが、自治権移譲や労使関係調整の問題で右派と中道左派の対立が顕著となり、スアレスは首相としてのリーダーシップを発揮できなくなった。一方、ETAなどがテロリズムを活発化させ、社会の緊張が高まった。

一九八一年一月、スアレスは辞任表明に追い込まれ、二月二三日、国会では次期首相候補カルボ・ソテーロへの信任投票がおこなわれようとしていた。フランコ体制の継承を望み、民主化プロセスを苦々しく思っていた極右軍人たちはこの機に乗じて一気に政府転覆の行動を起こした。この日、治安警察中佐テヘーロは国会に乱入し、バレンシアでは方面軍司令官ボッシュが蜂起した（23-F事件）。幸いに同日深夜、国王フアン・カルロスがクーデタを糾弾し、軍事政権復活を拒むと、反乱者は投降して事態は収束に向かった。この事件は、なお軍の脅威が払拭されていなかったことを示す一方、国王らの毅然とした対応とこれに続く全国的な大規模抗議行動は、独裁体制への後戻りは不可能なことを内外に明らかにした。なおカルボ政権は、NATO加盟を

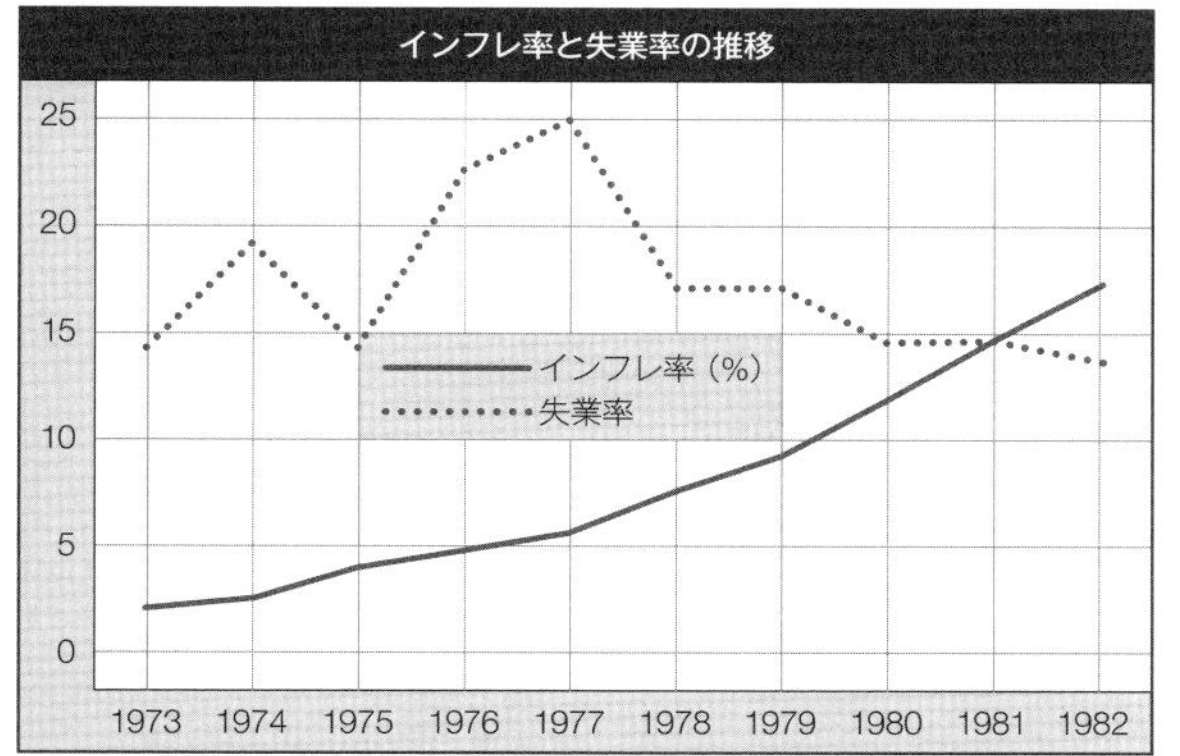

▲70年代後半からの失業率急増　1960年代に「奇跡の経済成長」を経験したスペインだが、73年、79年のオイルショックを受けて、低い生産性と技術力という産業構造が露呈して経済の低迷が続いた。図は、インフレと失業率の推移のグラフだが、失業率は増加し続けた。

◀モンクロア協定　経済危機の打開策としてスアレス首相は、一九七七年一〇月、首相官邸モンクロア宮に主要政党代表者を招集して、「モンクロア協定」の調印にこぎつけた。写真は、協定のために集まった政治指導者たち（一九七七年一〇月二七日）。

テロリズムによる死者数

年	ETA	GRAPO	極右	その他	合計
1974	17	-	-	-	17
1975	16	5	-	5	26
1976	17	1	3	-	21
1977	12	7	8	1	28
1978	65	6	1	13	85
1979	78	31	6	3	118
1980	96	6	20	2	124
1981	30	5	1	2	38
1982	40	2	-	2	44
1983	43	2	-	2	47
1984	33	5	-	3	41
1985	37	-	-	21	58
合計	484	70	39	54	647

◀テロリズムの犠牲者数　フランコが死去し民主化プロセスが始まったが、テロ行為は横行した。極右の活動は下火になっていったが、バスクの分離独立を唱える過激なETAによるテロ行為は一九八〇年代になっても続いた。

決断したほか、UCD党内カトリック派の反対を押し切って離婚法を成立させたが、このことはUCDの分裂を決定づけた。

3 二大政党制の時代

❋

一九八二年一〇月の総選挙では、若き指導者フェリーペ・ゴンサレスの率いるPSOEが、穏健な社会民主主義路線による「変革」を唱えて第一党となった。UCDと共産党は大幅に得票数を減らした。第二党となったのは、やがてUCDの大部分を吸収してPP（国民党）と党名を変えるAP（国民同盟）であった。その後二〇一五年の総選挙までおよそ

▲国会占拠事件 1981年２月、民主化プロセスを苦々しく思い、極端なスペイン・ナショナリズムを唱える右翼軍人たちは、政府転覆の賭けに出たが、同調者が続かずに事態は収束した（23-F事件）。

▼PSOEの選挙キャンペーン 1982年10月総選挙にあたって、フェリーペ・ゴンサレス率いるPSOEは、「変革のために」というスローガンを掲げ、フェリーペの清新なイメージをアピールした。

VOTA PSOE

Por el cambio

◀一九九二年バルセローナ・オリンピック 第二五回オリンピックは、カタルーニャ自治州の州都バルセローナで、一六九カ国・地域の参加を得て盛大に催され、同じ年のセビーリャ万博と合わせて、民主化以後のスペインの新しい姿を世界に知らしめた。写真は、開会式当日の「モンジュイック」オリンピックスタジアム（現在は「リュイス・クンパニィス」オリンピックスタジアムに改称）（写真提供：アフロ）。

下院の議席数（1982年）			
政党	得票数	%	議席数
（スペイン社会労働党）	10,127,392	48.40	202
（国民同盟）（国民党）	5,478,533	26.18	106
（民主中道連合）	1,494,667	6.80	12
（共産党）（統一左翼）	865,267	4.14	4
（集中と統一）	772,726	3.90	18
（民主社会中道）	604,309	2.89	2
（バスク・ナショナリスト党）	395,656	1.90	8
（その他）	-	-	4

▲1982年10月総選挙の結果　1982年総選挙で、PSOEは第1党に躍進した。その後の2度の総選挙でも議席数を減らしながらも勝利して、1996年までの15年間、フェリーペ・ゴンサレスは政権を担った。

三〇年間にわたってPSOEとPPは、それぞれに議席を増減させつつ、二大政党制の時代を繰り広げた。

ゴンサレスは、一九八六年、八九年の総選挙でも、議席数を減らしながらも勝利し、じつに一五年にわたって政権を維持した（一九八二〜九六）。当初はNATO（北大西洋条約機構）への加盟に反対したが、PSOEの伝統的な中立外交方針を変更して、残留の可否を問う国民投票に辛うじて勝利して加盟継続を決定した。その結果、軍の近代化と文民統制に成功し、もはや軍クーデタの恐れはなくなった。一九八六年には、懸案のEC（現EU）加盟を実現させて、ヨーロッパの中のスペインという立ち位置を不動にした。

▲**マドリード連続列車爆破テロ事件**　2004年3月11日、マドリードのアトーチャ駅付近で複数の列車車両が爆破された。写真は、列車から負傷者を救出する様子。後に、スペインのイラク戦争加担に反発したイスラーム原理主義者の犯行と判明した（写真提供：共同通信社）。

✢経済政策✢

経済危機脱出のために、ゴンサレス政権は、労働者解雇条件の緩和、重工業の合理化、国有企業民営化などの産業構造転換を促進した。一九八五年以後、スペイン経済は好景気に転じ、九二年まではヨーロッパ各国平均を上回る成長率を見せた。一九九二年に開催されたセビーリャ万国博覧会とバルセローナ・オリンピックは、新しいスペインの姿を世界に知らしめる絶好の機会となった。

しかしオリンピック後には経済が後退局面に入るとともに、長期政権にともなう政治腐敗事件が次々と露見した。ETAに対する白色テロ事件であるGAL事件も暴かれて、ゴンサレス政権への信頼は低下した。一九九六年総選挙では、中道色を打ち出したPPが第一党となり、アスナール政権が誕生した（一九九六〜二〇〇四）。アスナールは、労働市場改革に着手し、通信会社テレフォニカの完全民営化などを進めて財政赤字の削減に努めた。国際的な景気回復の後押しもあってスペイン経済は好転し、この頃から「移民受け入れ国」となり、中南米やモロッコからの大量の移民が国内の労働力不足を補った。

EUの通貨統合（ユーロ導入）にも順

調に加わったスペインの国際的プレゼンスをさらに高めようとするアスナールは、米英の外交戦略に積極的に同調した。二〇〇三年にはイラク戦争への派兵を強行したが、これには全土で派兵反対デモが繰り広げられた。翌二〇〇四年三月一一日、マドリードで連続列車爆破テロ事件が起こり、死者は一九〇名を超えた。政府はETAの凶行だと直ちに発表したが、イラク戦争加担に反発したイスラーム原理主義者の犯行と判明した。このことは世論に大きな影響を与え、三日後の総選挙の結果はPSOEの勝利となり、ロドリゲス・サパテーロ政権の誕生となった（二〇〇四〜一一）。

◀**フランコ銅像の撤去**　ロドリゲス・サパテーロ政権になると公の場からのフランコ体制を象徴するモニュメントの撤去が始まった。写真は、マドリード新庁舎街のフランコ銅像の撤去の様子（写真提供：アフロ）。

✢サパテーロ政権✢

引き続き好調な経済の下にあったサパテーロ政権だが、少数与党であったためIU（統一左翼）の支援を必要とした。サパテーロは福祉政策やマイノリティ政策を積極的に進め、非正規移民合法化措置に踏み切った。さらに二〇〇七年には「歴史的記憶法」を成立させて、内戦およびフランコ体制の抑圧犠牲者の名誉回復と補償、フランコ主義と結びつくモニュメントの公の場からの撤去などを実現した。また自治州国家体制を維持しつつも歴史的自治州の自治憲章の改正要求に応じ、二〇〇六年にはカタルーニャ新自治憲章が公布された。なおこの頃には大衆から見放されていたETAは、二〇一一年に「武装闘争の完全停止」を宣言し、その後はテロ犠牲者を生み出していない。

だが二〇〇八年のリーマンショックの影響で、サパテーロ政権は緊縮財政と労働市場改

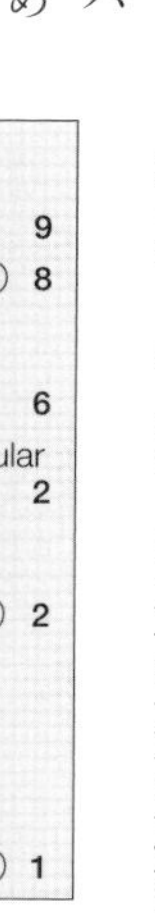

革に取り組むことになり、ゼネスト実施を含む労働組合からの反発を招いた。失業に苦しむ人びとは二大政党の政治腐敗

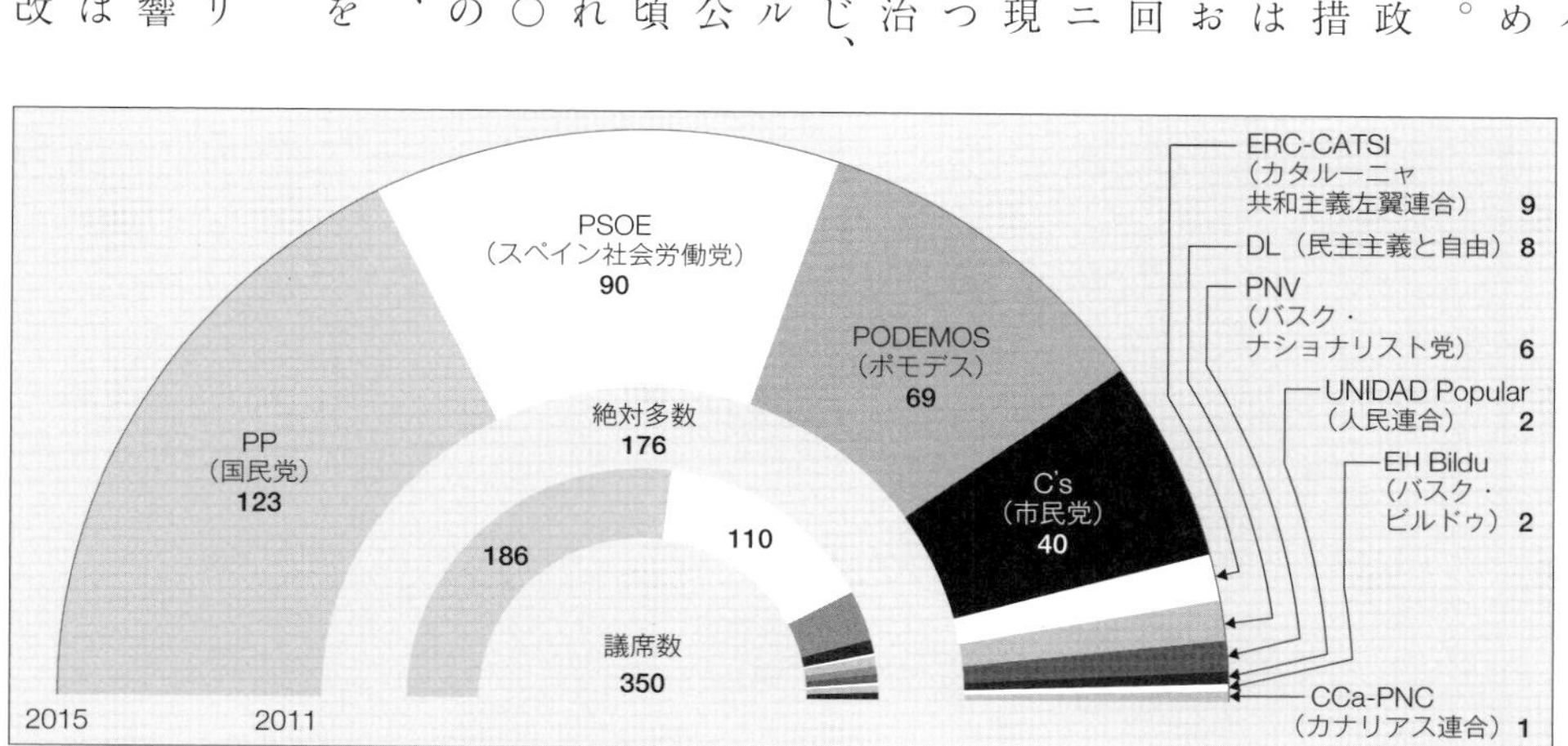

▲**2015年12月総選挙の結果**　PSOEとPPの二大政党制が長く続いたが、既成政党への不満が高まり、2015年12月総選挙ではポデモスと市民党の躍進によって、スペイン政治は多党化時代に入った。

と金権体質を糾弾しはじめ、二〇一一年五月一五日以後、各地で市民運動が繰り広げられた（15―M運動）。

二〇一一年一一月総選挙の結果、ＰＰのマリアノ・ラホイ政権（二〇一一〜一八）が誕生した。ラホイは、経済危機対策としてサパテーロの路線をさらに強化して、失業率の漸次的減少など経済環境を上向きにさせた。しかしその頑なな地域ナショナリズム批判の姿勢は、歴史的自治州、特にカタルーニャとの関係で対立を深刻化させた。二〇一〇年代になるとカタルーニャ分離独立運動が力を増していった（コラム14参照）。民主化移行の中で重要な役割を演じた国王フアン・カルロス一世は、晩節を汚す不祥事を重ねて二〇一四年六月、息子フェリーペ（六世）に王位を譲って退位した。

▲**サンチェス政権の誕生**　2018年6月、PSOEのサンチェス政権が誕生したが、閣僚17人のうち女性が11人を占めるなど、斬新さが際立った。

▼**フランコの遺骸の撤去**　2007年制定の「歴史的記憶法」に基づいて、公の場からのフランコ体制を象徴する物の撤去が進んだが、ラホイ政権では遅滞した。サンチェス政権は再び動きを強め、2019年10月には、「戦没者の谷聖十字架教会」からフランコの遺骸が掘り起こされてパルド宮近くの私的施設へ移された。写真は撤去される前の祭壇前の墓。

4　多党化の時代

❋

こうした状況の中で迎えた二〇一五年一二月の総選挙は、従来の二大政党制の構図を覆す結果となった。新興政党のポデモスと市民党の躍進によって、ＰＰとＰＳＯＥのいずれもが単独過半数をとれず、スペインは「多党化の時代」に入ったのである。ラホイ率いるＰＰが比較第一党となったが、政権交渉に失敗して暫定政権が続いた。二〇一六年六月に出直し選挙がおこなわれたもののＰＰは少数与党のままで、一一月に新内閣発足となるが政権基盤は脆弱であった。そしてギュルテル事件を含むＰＰの汚職事件が発覚して二〇一八年六月、ラホイは不信任決議を突きつけられて辞任した。結果、ＰＳＯＥのサンチェス政権（二〇一八〜）の誕生となったが、少数与党に変わりはなく、二〇二〇年一月には左派政党との連立政権を発足させた。連立政権は第二共和政期以後初めてのことである。

ところで二〇一八年六月の政権発足は、二つの点で画期的であった。一つは、閣僚一七人のうち女性が一一人を占めたことであり、政界でも女性進出が明白となった。もう一つは、どの閣僚も聖書を前に宣誓しなかったことで、「カトリック・スペイン」の痕跡は完全に拭い去られたといってよい。

✣極右勢力の擡頭✣

二〇一九年四月の総選挙、同一一月の

▲▼スペインが誇る文化遺産　豊かな文化と自然をもつスペインには世界遺産が49（文化遺産43、自然遺産4、複合遺産2）もある。そのうえ、世界無形文化遺産も17あって、フランスと競っている（2021年現在）。写真はその中に含まれるバレンシアの火祭り（下）とフラメンコ（上）（下写真：Shutter Stock、上写真：iStock）。

再度の総選挙で注目されるのは、極右政党Ｖｏｘが擡頭していることである。二〇一〇年代のカタルーニャ独立運動や外国人移民の流入に反発する保守層の支持を集めているといえる。サンチェスはラホイ政権下で放置されていた歴史的記憶法の推進に力をいれているが、このことに右派の反発が強まっており、極右勢力の支持拡大にもつながっている。サンチェス自身はカタルーニャ問題を対話によって解決しようと糸口を探しているが、頑なな独立派も存在し、今後の行方は不透明である。

豊かな自然と多様な地域文化に恵まれたスペインは、二〇世紀後半からは観光立国の道を歩んできたが、コロナ禍の影響は深刻で、経済の疲弊は紛れもない。しかし歴史が示すように遅かれ早かれパンデミックは収まるだろう。そのとき、数多くの世界遺産を抱えるスペインは、再び世界の人びとの注目を集めるに違いない。願わくは、地域問題や移民問題を肯定的に乗り越えて、スペインが多文化共生社会のモデルとならんことを期待する。

カタルーニャの独立問題

前近代に複合君主政を維持したスペインでは、地域固有言語を有する諸地域で一九世紀末から地域主義運動が盛んになった。スペイン内戦に勝利したフランコ将軍は、ナショナルカトリシズムを標榜するとともに、教育言語をスペイン語に限定して地域の固有言語復権の動きを抑え、強圧的な中央集権体制を維持した。

フランコ死後の民主化過程で、民族体（ナシオナリダー）と称されたカタルーニャ、バスク、ガリシアの歴史的自治州は、固有言語を地域公用語と位置づけて、言語正常化（公的場での固有言語の日常的使用）を推し進めた。なかでもカタルーニャ州では、州首相となったプジョルのもとで言語復権政策が強力に進められ、特に学校での教育言語を固有言語とする「言語イマージョン計画」の実施によってカタルーニャ語の地位を揺るぎないものにした。

しかし二〇世紀を通じてアンダルシーアなど他地域からの多くの移入者を抱え込んだカタルーニャでは、固有言語だけを日常の使用言語とする者の割合は三分の一にとどまっていた。二〇一九年の世論調査による帰属アイデンティティを「カタルーニャのみ」とする者は四分の一に過ぎず、「カタルーニャとともにスペイン」は四割である。また二〇一〇年以前には独立国家を望む者は二割に満たなかった。

ところが、二〇〇六年に制定に漕ぎつけた新自治憲章の一部項目が、二〇一〇年に現行憲法に照らして違憲とされると、二〇〇八年リーマンショックによる経済悪化の中、独立国家を掲げ、バラ色の未来を描く戦略がカタルーニャの多くの人びとを惹きつけた。二〇一〇年七月一〇日、バルセローナでの示威行動では、一一〇万人もの人びとが中央政府の干渉を非難した。この後の世論調査では、独立国家を望む者は三割から四割を占めるようになった。

これを契機に保守系CiUと左派系ERCは住民投票実施と独立実現へ向けた路線、「独立プロセス」に舵を切り、二〇一七年一〇月一日には「民族自決権レファレンダム」を実施した。違法に強行されたこの投票の結果、九割の賛同を得たが、投票率は四三パーセントに過ぎなかった。半数を超える独立反対の人びとが棄権に回ったことに注意したいが、独立派のプッチダモン州首相は、同年一〇月二七日にカタルーニャ州議会で「独立宣言」を採択させた。

その後の政治状況は、現在まで混乱を極めている。カタルーニャでは、多くの移民を受け入れて、コスモポリタンなバルセローナが大きな社会的経済的比重を占める一方で、固有言語のみで日常を暮らす伝統的地方の人びとはスペイン国家を必要としないという意識を強く抱く。今後カタルーニャがどの方向に進むのか定かではないが、ほぼ半々に拮抗した独立支持派と反対派が、まずはともに相手の存在を認めあうことが不可欠であろう。

▶**バルセローナの示威行動**　二〇一〇年七月一〇日、新自治憲章の一部違憲判決に抗議して、バルセローナで大規模な示威行動が繰り広げられた。「我われが決める。我われはネーションだ。」というスローガンが掲げられている。

◀**「民族自決権レファレンダム」**　二〇一七年一〇月一日、カタルーニャ州政府は、「民族自決権レファレンダム」を強行した。写真は、州政府が投票を呼び掛けたポスター。

あとがき

しばらく前に本書『図説スペインの歴史』執筆の依頼を出版社から受けたときには一つの躊躇いがあった。既に「ふくろうの本」シリーズに別の著者たちによる同名の書物が出されていたからである。ただ、その本は一九九九年に改訂がなされているが、初版は一九九二年に著されており、いまからすれば一世代も前の我が国のスペイン史の知見に依っていた。したがって、この旧著をいっさい参照せずに、新たな書下ろしとして取り組むことを条件にこの企画を引き受けた。もちろん、ステレオタイプな安易な通史ではない、国民史学（古くからの国民的一体性を称揚する歴史学）のもたらした歴史神話を徹底的に排したバランスのとれた通史をめざそうとした。

とはいうものの、二〇一九年三月末までは、運営費交付金の削減と人文社会系学問の軽視の風潮が高まる中で人文系国立大学の学長職にあって、この仕事に手を付けることができなかった。さらに、構想を再度練ってみると、本文と図版とをマッチした形で仕上げるには、私の持つ古代史・中世史の知識が乏しいことを痛感した。そこで中世史を専門としてしっかりとした業績を上げている黒田祐我さんに声をかけて、前半部分を黒田さん、後半部分を私が担当するというかたちで本書を仕上げることにした。もちろんお互いに担当部分についての相互確認をおこなったことは言うまでもない。

こうして本書の執筆を始めたが、ふんだんに掲載した図版（もちろんキャプションを添えている）を眺めることでの理解と本文の通史叙述からの理解とがうまく整合性をとれるよう配慮して作業を進めたつもりである。図像学的研究が進む中で、歴史研究にとって図版が持つ意味は極めて高くなっている。なお本書では、前近代の歴史をより身近に感じ取っていただきたいと思ったため、考古学出土品や写本、遺跡や建造物といった当時の生の姿を紹介するとともに、敢えて近代以降に描かれた絵画や彫刻作品も採りいれた。もちろん後者は作成された当時の「スペイン的バイアス」がかかっている点にご注意いただきたい。そのような作品に関しては、作者と所蔵先、作成年代を可能な限り情報として追加している。とはいえ、このバイアス自体、スペインのたどってきた歴史そのものでもある。個別に検討する価値は大いにあろう。図版はたんに彩を加えるものであった一昔前の通史と違って、本書が「図説」各国史として読者諸兄姉のスペイン理解の一助となれば幸いである。

二〇二二年　早春

立石博高

年代	出来事
1975	フランコ死去。フアン・カルロス1世が国家元首として即位
1976	アドルフォ・スアレス首相（～ 1981）
1977	41年ぶりの総選挙。政府と各政党間で「モンクロア協定」調印
1978	現行憲法である「1978年憲法」、国民投票で承認
1979	カタルーニャとバスクで自治州成立
1981	テヘーロ中佐らによるクーデタ未遂事件。カルボ・ソテーロ首相（～ 1982）
1982	NATOに正式加盟。PSOE書記長フェリーペ・ゴンサレス首相（～ 1996）
1983	全国17自治州の設置完了
1986	ヨーロッパ共同体（EC）へ加盟
1991	シェンゲン条約に署名
1992	セビーリャ万博、バルセローナ・オリンピックの開催
1995	セウタとメリーリャの自治憲章承認
1996	国民党（PP）党首ホセ・マリア・アスナール首相（～ 2004）
2004	マドリード連続列車爆破テロ（11-M）。その後の総選挙でPSOE書記長ロドリゲス・サパテーロ首相へ（～ 2011）
2006	カタルーニャ新自治憲章承認
2010	カタルーニャ新自治憲章の一部違憲判決、この頃からカタルーニャで独立派の運動が高揚
2011	ETA、武装闘争の完全停止を宣言。PP党首マリアノ・ラホイ首相（～ 2018）
2014	フェリーペ6世即位
2015	総選挙で市民党とポデモスが躍進、スペイン政治の多党化時代
2017	カタルーニャで違憲の「民族自決権レファレンダム」強行
2018	PSOE書記長ペドロ・サンチェス首相
2019	総選挙で極右政党Vox擡頭。フランコの遺骸、「戦没者の谷聖十字架教会」から撤去
2020	サンチェス、PSOE＝ポデモス連立政権を発足（～現在）

年代	出来事
1845	穏健派による「1845年憲法」の公布
1846	第2次カルリスタ戦争の勃発（～ 1849）
1848	スペイン初の鉄道開通（バルセローナ～マタロ）
1868	軍事クーデタによりイサベル2世亡命
1870	アマデオ1世即位
1872	第3次カルリスタ戦争の勃発（～ 1876）
1873	アマデオ1世が退位し、第一共和政成立
1874	第一共和政が崩壊し、王政復古体制（アルフォンソ12世）へ
1879	「スペイン社会労働党（PSOE）」結成
1886	アルフォンソ13世即位
1890	男子普通選挙制の導入
1895	「バスク・ナショナリスト党（PNV）」結成
1898	米西戦争の勃発、戦後、キューバの独立を承認
1901	カタルーニャで「リーガ（地域主義連盟）」結成
1909	バルセローナでモロッコ戦争反対のゼネスト（「悲劇の1週間」）
1914	第一次世界大戦勃発するも、スペインは中立を宣言
1921	「スペイン共産党（PCE）」結成
1923	モロッコでリーフ共和国成立。プリモ・デ・リベーラ独裁政権樹立（～ 1930）
1931	アルフォンソ13世の亡命、第二共和政成立
1933	極右政党「ファランヘ」創立
1936	スペイン内戦の勃発（～ 1939）
1937	ナチス空軍によるゲルニカ爆撃
1939	フランコ、内戦の終結宣言
1946	国連総会においてスペイン排斥決議の採択
1949	フランコとアルフォンソ13世の息子ドン・フアンとの会見。フランコがドン・フアンの息子フアン・カルロスを養育することを決定
1950	国連総会、スペイン排斥決議を撤回
1953	ヴァティカンとコンコルダート調印。アメリカ合衆国と相互防衛協定締結
1955	国際社会への本格復帰（ヨーロッパ経済協力機構、国連への加盟）
1959	「バスクと自由（ETA）」結成
1961	この頃から「奇跡の経済成長」が開始（～ 1973）
1969	フランコ、フアン・カルロスを国家元首後継者に指名
1973	オイル・ショックによる経済停滞。ETAがカレーロ・ブランコ首相を爆殺

年代	出来事
1652	バルセローナが降伏し、カタルーニャの反乱が終結
1659	フランスとピレネー条約を締結
1665	カルロス2世即位
1668	リスボン条約でポルトガルの独立を正式承認。アーヘン（エクス・ラ・シャペル）条約を締結してフランドル諸都市をフランスに割譲
1678	ネイメーヘン条約を締結してフランシュ・コンテをフランスに割譲
1684	レーゲンスブルク（ラティスボン）条約を締結してルクセンブルクをフランスに割譲
1700	カルロス2世の死去をもってスペイン・ハプスブルク朝の断絶。アンジュー公フィリップ、フェリーペ5世として即位
1701	スペイン継承戦争勃発（～ 1714）
1704	イギリス艦隊、ジブラルタルを占領
1714	フェリーペ5世、バルセローナを攻略
1716	カタルーニャに新組織王令を発布して地方特権を廃止
1746	フェルナンド6世即位
1759	カルロス3世即位。啓蒙的諸改革の導入
1761	七年戦争に参戦（～ 1763）
1766	エスキラーチェ暴動、全国に拡大
1767	イエズス会士の追放
1777	ポルトガルとサン・イルデフォンソ条約を締結して、ブラジル領を確定
1788	カルロス4世即位
1789	フランス革命勃発、その影響を防ぐため、異端審問や検閲を強化
1793	フランス革命政府と戦争（～ 1795）
1796	フランスと同盟し、イギリスと戦争（～ 1797）
1804	イギリスとの戦争（～ 1807）
1805	トラファルガーの海戦。スペイン・フランス連合艦隊、イギリスに大敗
1808	フェルナンド7世即位。スペイン独立戦争勃発（～ 1814）
1812	カディス議会でスペイン初の「1812年憲法」（カディス憲法）の公布
1814	フェルナンド7世の帰国。「1812年憲法」の破棄
1819	プラド美術館の創立
1820	自由主義軍人リエゴ大佐のクーデタ。「自由主義の3年間」（～ 1823）
1823	フェルナンド7世が絶対王政を再開。「忌むべき10年間」（～ 1833）
1833	イサベル2世即位。第1次カルリスタ戦争勃発（～ 1839）
1836	メンディサバル蔵相による永代所有財産解放令
1837	「1837年憲法」の公布

年代	出来事
1443	アラゴン連合王国国王アルフォンス4世（アルフォンソ5世）、ナポリ王位を継承し、同地に宮廷を構える
1458	ナバーラ王フアン1世、アラゴン連合王国国王ジュアン2世として王位継承
1469	カスティーリャ王女イサベルとアラゴン王子ファラン（フェルナンド）結婚
1479	カトリック両王の本格的治世の開始
1482	「グラナダ戦争」勃発（～ 1492）
1492	ナスル朝グラナダ王国の滅亡、カスティーリャでユダヤ教徒追放令発布、コロンブスのアメリカ到達
1494	トルデシーリャス条約で、スペイン・ポルトガル間の海外領土境界線が確定（後に修正）
1502	カスティーリャ王国全土でムデハル追放令発布
1504	カスティーリャ女王イサベル1世死去
1506	フアナ1世の夫フィリップ死去
1512	ファラン（フェルナンド）2世、ナバーラ王国を占領
1516	ファラン（フェルナンド）2世死去
1519	カルロス1世、神聖ローマ皇帝に選出
1526	アラゴンとバレンシアでムデハル追放令発布
1529	カルロス1世、フランス王フランソワ1世とカンブレー和約を締結、イタリア覇権を確立
1545	トレント公会議開始（～ 1563）
1555	アウクスブルク宗教和議で、プロテスタントを容認
1556	フェリーペ2世即位
1559	フランスとカトー・カンブレジ和約を締結し、イタリア戦争終結
1561	フェリーペ2世、マドリードに宮廷を固定
1568	オランダ独立戦争開始（～ 1648）。第2次アルプハーラスの反乱（～ 1571）
1571	レパントの海戦でオスマン帝国軍に勝利
1580	フェリーペ2世、ポルトガル王フィリーペ1世として即位
1588	「無敵艦隊」、イギリスに敗北
1598	フェリーペ3世即位
1609	オランダとの休戦。モリスコ追放を実施（～ 1614）
1621	フェリーペ4世即位。王の寵臣オリバーレス伯公爵が実権を掌握
1628	マントヴァ公位継承問題の深刻化（～ 1631）
1635	フランス、スペインに宣戦布告
1640	カタルーニャで「収穫人戦争」の開始。ポルトガルのブラガンサ公爵が国王ジョアン4世として即位して独立
1648	三十年戦争が終結するも、フランスとの戦争は継続

年代	出来事
1147	ポルトガル王アフォンソ1世はリスボン征服、カスティーリャ＝レオン、アラゴン、ジェノヴァはアルメリアの征服に成功
1157	カスティーリャ＝レオン王アルフォンソ7世死去。2人の息子の分割相続によりカスティーリャ王国とレオン王国へ分裂
1172	ムワッヒド朝、アンダルスの再統合を完了
1188	レオン王国で初の議会（コルテス）を開催
1195	アラルコス会戦でカスティーリャ王アルフォンソ8世がムワッヒド朝軍に敗北
1212	ラス・ナバス・デ・トローサ会戦。キリスト教諸国連合軍がムワッヒド朝カリフ率いる軍に勝利
1213	アラゴン連合王国国王ペラ1世（ペドロ2世）、ミュレで戦死
1224	ユースフ・アルムスタンシル（ムワッヒド朝カリフ）の死去、後継者争い激化。この後アンダルスは第3次ターイファ時代へ
1229	アラゴン連合王国国王ジャウマ（ハイメ）1世によるバレアレス諸島とバレンシアの征服活動が開始
1230	カスティーリャ王フェルナンド3世、分裂していたレオン王国を統合し、カスティーリャ王国（コローナ・デ・カスティーリャ）が成立
1246	ナスル朝君主ムハンマド1世、ハエンを譲渡してフェルナンド3世に服従
1248	フェルナンド3世、セビーリャを征服
1264	アンダルシーアとムルシアでムデハル蜂起
1275	マグリブのマリーン朝による半島軍事介入の本格化
1282	「シチリアの晩禱」事件。アラゴン連合王国の地中海進出本格化
1302	アラゴン連合王国、カルタベロッタ条約によりシチリア領有問題の解決
1323	アラゴン王子アルフォンスによるサルデーニャ島征服
1340	サラード会戦でカスティーリャ王、マリーン朝・ナスル朝連合軍に勝利
1344	カスティーリャ王アルフォンソ11世、アルヘシーラス征服。これをもってマグリブからの軍事介入に事実上の終止符が打たれる
1350	カスティーリャ王アルフォンソ11世、ペストに罹患し死去
1354	カスティーリャ王国で内乱勃発
1369	カスティーリャ王ペドロ1世、モンティエール会戦で戦死。カスティーリャ王国にトラスタマラ朝が成立
1385	アルジュバロータ会戦でカスティーリャ王国軍、ポルトガル王国軍に敗北
1391	半島全域規模の反ユダヤ人暴動
1410	カスティーリャ王国摂政フェルナンド、アンテケーラを征服
1412	カスペ会議でカスティーリャ王国摂政フェルナンド、ファラン（フェルナンド）1世としてアラゴン連合王国国王に選出
1415	ポルトガル王国、セウタに進出
1436	アラゴン連合王国国王アルフォンス4世（アルフォンソ5世）、ナポリ継承戦争を開始

年代	出来事
756	アブド・アッラフマーン1世、後ウマイヤ朝を興す
778	カール大帝（シャルルマーニュ）、サラゴーサへ遠征する
792 （あるいは794）	アストゥリアス王アルフォンソ2世、オビエドに宮廷を置く
814	サンティアゴ・デ・コンポステーラで聖ヤコブの墓が発見される
824	パンプローナ（のちのナバーラ）王国の成立
850	コルドバの殉教運動（～859）
880	ウマル・ブン・ハフスーンの乱（～928）
910	アストゥリアス王アルフォンソ3世を継いだガルシア1世、オビエドからレオンに宮廷を移す（＝レオン王国の成立）
929	アブド・アッラフマーン3世、カリフを名乗る
936	宮廷都市マディーナ・アッザフラ―の造営開始
978	マンスール、ヒシャーム2世の侍従となり実権掌握、以後ほぼ毎年、北部遠征を敢行（～1002）
985	マンスール、バルセローナを攻撃
988	マンスール、レオンを攻撃
997	マンスール、サンティアゴ・デ・コンポステーラを攻撃
1000	ナバーラ王サンチョ3世即位
1009	後ウマイヤ朝内部での抗争激化（～1031）
1031	後ウマイヤ朝の滅亡。第1次ターイファ時代へ
1035	ナバーラ王サンチョ3世死去、その支配領域が分割相続される
1065	カスティーリャ＝レオン王フェルナンド1世死去
1076	ナバーラ王サンチョ4世が殺害され、一時的に王国消滅。支配領域はカスティーリャ＝レオンとアラゴンによって分割される
1085	カスティーリャ＝レオン王アルフォンソ6世、トレードを征服
1086	ムラービト朝軍の半島上陸、サグラハス（ザッラーカ）会戦でアルフォンソ6世に勝利
1094	エル・シッド、バレンシアを征服
1108	ウクレス会戦で、アルフォンソ6世の嫡男サンチョが戦死
1109	アルフォンソ6世死去、娘ウラーカが即位
1118	アラゴン王アルフォンソ1世、サラゴーサを征服
1125	アラゴン王アルフォンソ1世、アンダルスへの大遠征を敢行
1134	アラゴン王アルフォンソ1世、フラガで戦死。継承問題の最中、アラゴンとナバーラが分離
1137	バルセローナ伯ラモン・バランゲー4世とアラゴン王女ペトロニーラの婚約により、連合が成立（後のアラゴン連合王国の始まり）
1143	ムラービト朝君主アリー・ブン・ユースフ死去。アンダルスが混乱（第2次ターイファ時代へ）

スペイン史略年表

年代	出来事
前15000	アルタミラなどの洞窟壁画が作られる
前3000	イベリア人居住
前2500～1500	エル・アルガール文化を中心とする銅・青銅器文化の興隆
前1100～800	フェニキア人、ガディル（現カディス）建設
前1000	ケルト人、半島来訪
前700	タルテッソス王国の繁栄
前580	ギリシア人、エンポリオン（現アンプリアス）建設
前227	第1次ポエニ戦争で敗北したカルタゴ、半島にカルタゴ・ノヴァ（現カルタヘーナ）建設
前201	ローマ、第2次ポエニ戦争でカルタゴに勝利
前155	ルシタニア戦争（～前139）
前154	ヌマンティア戦争（～前133）
前19	カンタブリア戦争終結。イベリア半島全域がローマの支配下へ
前16/15	アウグストゥス、ヒスパニアを3属州へ再編
65	小セネカ、皇帝ネロに自殺を命じられて没する
98	トラヤヌスがローマ皇帝に即位（～117）
117	ハドリアヌスがローマ皇帝に即位（～138）
171, 177	北アフリカのマウリ族、半島南部に侵入
297	ヒスパニア、6属州へと再編
313	キリスト教公認
409	ヴァンダル族、アラン族、スエヴィ族がイベリア半島に侵入
415	西ゴート族、イベリア半島に侵入
418	西ゴート王国建国
476	西ローマ帝国滅亡
506	『アラリック法典』発布
568	レオヴィギルド王即位（～586）
589	第3回トレード公会議で、レカレド1世、カトリックへの改宗を宣言
633	イシドルスの率いる第4回トレード公会議、王権と教会との関係を緊密化
654	『西ゴート法典』発布
694	第17回トレード公会議で、ヒスパニアのユダヤ人の奴隷化を宣言
711	ターリク・ブン・ジヤード率いる兵が上陸。グアダレーテ会戦で西ゴート王ロデリック（ロドリーゴ）敗北
718	ペラーヨの即位、アストゥリアス王国成立
722（あるいは718）	コバドンガの戦い

ニセート・アルカラ・サモーラ（1931.12～36.4）
ディエゴ・マルティネス・バリオ（臨時）（1936.4～36.5）
マヌエル・アサーニャ（1936.5～39.3）

【首相】

マヌエル・アサーニャ（1931.12～33.9）
アレハンドロ・レルー（1933.9～33.10）
ディエゴ・マルティネス・バリオ（1933.10～33.12）
アレハンドロ・レルー（1933.12～34.4）
リカルド・サンペル（1934.4～34.10）
アレハンドロ・レルー（1934.10～35.9）
ホアキン・チャパプリエタ（1935.9～35.12）
マヌエル・ポルテーラ・バリャダーレス（1935.12～36.2）
マヌエル・アサーニャ（1936.2～36.5）
サンティアゴ・カサレス・キローガ（1936.5～36.7）

スペイン内戦期

〈共和国政府側〉

【大統領】

マヌエル・アサーニャ（1936.5～39.2）
ディエゴ・マルティネス・バリオ（1939.3～39.4）

【首相】

ホセ・ヒラル・ペレイラ（1936.7～36.9）
フランシスコ・ラルゴ・カバリェーロ（1936.9～37.5）
フアン・ネグリン（1937.5～39.4）

〈反乱軍側〉

【国家元首】

フランシスコ・フランコ（1936.10～75.11）

【首相】

フランシスコ・フランコ（兼任）（1938.1～73.6）

フランコ時代

【国家元首】

フランシスコ・フランコ（1936.10～75.11）

【首相】

フランシスコ・フランコ（兼任）（1938.1～73.6）
ルイス・カレーロ・ブランコ（1973.6～73.12）
フェルナンデス・ミランダ（臨時）（1973.12～74.1）
カルロス・アリアス・ナバーロ（1974.1～75.11）

現代

【国家元首】

フアン・カルロス1世（ブルボン家 1975.11～2014.6）
フェリーペ6世（ブルボン家 2014.6～現在）

【首相】

カルロス・アリアス・ナバーロ（1975.12～76.7）
アドルフォ・スアレス（1976.7～81.2）
レオポルド・カルボ・ソテーロ（1981.2～82.11）
フェリーペ・ゴンサレス（1982.12～96.5）
ホセ・マリア・アスナール（1996.5～2004.4）
ホセ・ルイス・ロドリゲス・サパテーロ（2004.4～2011.12）
マリアノ・ラホイ（2011.12～2018.6）
ペドロ・サンチェス（2018.6～現在）

サンチョ1世（サンチョ・ラミレス）（1063～94）
＊1076年以降兼ナバーラ王（サンチョ5世）
ペドロ1世（1094～1104）＊兼ナバーラ王
アルフォンソ1世（1104～34）＊兼ナバーラ王
ラミーロ2世（1134～37）
ペトロニーラ（1137～62）＊1137年バルセローナ伯ラモン・バランゲー4世との婚約によりアラゴン連合王国成立。

ナバーラ王国

イニゴ・アリスタ（820頃～852）
ガルシア・イニゲス（852～870）
フォルトゥン・ガルセス（870～905）
サンチョ1世（905～925）
ガルシア1世（925～970）
サンチョ2世（970～994）
ガルシア2世（994～1000）
サンチョ3世（大王）（1000～35）
ガルシア3世（1035～54）
サンチョ4世（1054～76）
（アラゴン王統治時代1076～1134）
ガルシア・ラミレス（1134～50）
サンチョ6世（1150～94）
サンチョ7世（1194～1234）
〈ブロワ家（シャンパーニュ家）〉
テオバルド1世（1234～53）
テオバルド2世（1253～70）
エンリケ1世（1270～74）
フアナ1世（1274～1305）
（フランス・カペー家統治時代1305～28）
〈エヴルー家〉
フアナ2世とエヴルー伯フィリップ（共治）（1328～43）
フアナ2世（単独）（1343～49）
カルロス2世（1349～87）
カルロス3世（1387～1425）
ブランカとフアン1世（共治）（1425～41）
フアン1世（単独、1458年以降アラゴン王フアン2世を兼任）（1441～79）
〈フォア家〉
レオノール（1479）
フランシスコ1世（1479～83）
カタリーナとアルブレ伯ジャン（共治）（1483～1512/17）
＊1512年カスティーリャ王国に併合

18～19世紀

〈ブルボン家〉
フェリーペ5世（1700～24）
ルイス1世（1724）
フェリーペ5世（復位、1724～46）
フェルナンド6世（1746～59）
カルロス3世（1759～88）
カルロス4世（1788～1808）
フェルナンド7世（1808）
〈ボナパルト家〉
ホセ1世（ジョゼフ・ボナパルト）（1808～13）
〈ブルボン家〉
フェルナンド7世（復位、1814～33）
イサベル2世（1833～68）
〈クーデタによる臨時政府〉（1868～70）
〈サヴォイア家〉
アマデオ1世（1870～73）

第一共和政期

【大統領】
エスタニスラオ・フィゲーラス（1873.2～73.6）
フランセスク・ピ・イ・マルガル（マルガイ）（1873.6～73.7）
ニコラス・サルメロン（1873.7～73.9）
エミリオ・カステラール（1873.9～74.1）
フランシスコ・セラーノ（1874.1～74.12）

王政復古期（ブルボン家）

アルフォンソ12世（1874.12～85.11）
アルフォンソ13世（1886.5～1931.4）
摂政マリア・クリスティーナ（1885.11～1902.5）
ミゲル・プリモ・デ・リベーラ将軍の独裁（1923.9～30.1）

第二共和政期

〈臨時政府首班〉
ニセート・アルカラ・サモーラ（1931.4～31.10）
マヌエル・アサーニャ（1931.10～31.12）
【大統領】

ムハンマド９世（1419～27）
ムハンマド８世（復位、1427～30）
ムハンマド９世（復位、1430～31）
ユースフ４世（1431～32）
ムハンマド９世（再復位、1432～45）
ユースフ５世（1445～46）
イスマーイール３世（1446～47）
ムハンマド９世（再々復位、1447～53）
ムハンマド10世（1453～54）
サード（1454～55）
ムハンマド10世（復位、1455）
サード（復位、1455～62）
イスマーイール４世？（1462）
サード（再復位、1462～64）
アブー・アルハサン・アリー（1464～82）
ムハンマド11世（ボアブディル）（1482～83）
アブー・アルハサン・アリー（復位、1483～85）
ムハンマド12世（ザガル）（1485～87）
ムハンマド11世（ボアブディル）（復位、1487～92）

アストゥリアス王国
（レオンに遷都したガルシア１世以後はレオン王国）

ペラーヨ（718～737）
ファフィラ（737～739）
アルフォンソ１世（739～757）
フルエラ１世（757～768）
アウレリオ（768～774）
シーロ（774～783）
マウレガート（783～788）
ベルムード１世（788～791）
アルフォンソ２世（791～842）
ラミーロ１世（842～850）
オルドーニョ１世（850～866）
アルフォンソ３世（866～910）
ガルシア１世（910～914）＊レオンに遷都
オルドーニョ２世（914～924）
フルエラ２世（924～925）
アルフォンソ４世（925～931）
ラミーロ２世（931～950）
オルドーニョ３世（950～956）
サンチョ１世（956～958）
オルドーニョ４世（958～960）
サンチョ１世（復位、960～966）
ラミーロ３世（966～984）
ベルムード２世（984～999）
アルフォンソ５世（999～1028）
ベルムード３世（1028～37）
＊1037年カスティーリャ＝レオン王国成立

カスティーリャ伯領

フェルナン・ゴンサレス（932～970）
ガルシア・フェルナンデス（970～995）
サンチョ・ガルシア（995～1017）
ガルシア・サンチェス（1017～29）
＊1029年ナバーラ王国に併合

バルセローナ伯領（9～12世紀中頃）

バラ（801頃～820）
ランポ（820～826）
バルナット・ダ・セプティマニア（826～832）
バランゲー（832～835）
バルナット・ダ・セプティマニア（復位、835～844）
スニフレッド（844～848）
ギリェム・ダ・セプティマニア（848～850）
アレラム（850～852）
ウダルリック（852～858）
ウニフレッド（858～864）
バルナット・ダ・ゴティア（865～878）
ギフレ１世（878～897）
ギフレ２世（ブレイ１世）（897～911）
スニエ（911～947）
ミロ１世とブレイ２世（共治）（947～966）
ブレイ２世（単独）（966～992）
ラモン・ブレイ１世（992～1017）
バランゲー・ラモン１世（1018～35）
ラモン・バランゲー１世（1035～76）
ラモン・バランゲー２世とバランゲー・ラモン２世（共治）（1076～82）
バランゲー・ラモン２世（単独）（1082～96）
ラモン・バランゲー３世（1096～1131）
ラモン・バランゲー４世（1131～62）
＊1137年アラゴン王女ペトロニーラとの婚約によりアラゴン連合王国成立。

アラゴン王国

ラミーロ１世（1035～63）

統治者一覧

西ゴート王国

〈トロサ（トゥールーズ）の西ゴート王国 418～507〉

テオドリック１世（418～451）
トゥリスムンド（451～453）
テオドリック２世（453～466）
エウリック（466～484）
アラリック２世（484～507）

〈イベリア半島における西ゴート王国 507～711〉

ガイセリック（507～510）
テオドリック（510～526）
＊テオドリックは東ゴート王。摂政として西ゴート王国を統治
アマラリック（526～531）
テウディス（531～548）
テウディクルス（548～549）
アギラ（549～554）
アタナギルド（555～567）
リウヴァ１世（568～572）
レオヴィギルド（568～586）＊共同王を算入して
レカレド１世（586～601）
リウヴァ２世（601～602）
ウィテリック（603～610）
グンデマル（610～612）
シセブート（612～621）
レカレド２世（621）
スインティラ（621～631）
シセナンド（631～636）
キンティラ（636～640）
トゥルガ（640～642）
キンダスウィント（642～653）
レケスウィント（649～672）＊共同王を算入して
ワムバ（672～680）
エルウィック（680～687）
エギカ（687～702）
ウィティザ（700～710）＊共同王を算入して
ロデリック（ロドリーゴ）（710～711）

後ウマイヤ朝

アブド・アッラフマーン１世（756～788）
ヒシャーム１世（788～796）
ハカム１世（796～822）
アブド・アッラフマーン２世（822～852）
ムハンマド１世（852～886）
ムンジル（886～888）
アブド・アッラー（888～912）
アブド・アッラフマーン３世（912～961）＊929年カリフを名乗る
ハカム２世（961～976）
ヒシャーム２世（976～1009）
ムハンマド２世（1009）
スライマーン（1009～10）
ムハンマド２世（復位、1010）
ヒシャーム２世（復位、1010～13）
スライマーン（復位、1013～16）
アリー（ハンムード家）（1016～18）
アブド・アッラフマーン４世（1018）
カースィム（ハンムード家）（1018～21）
ヤフヤー（ハンムード家）（1021～23）
カースィム（復位、1023）
アブド・アッラフマーン５世（1023～24）
ムハンマド３世（1024～25）
ヤフヤー（復位、1025～27）
ヒシャーム３世（1027～31）
［ハージブ（侍従）］
マンスール（イブン・アビー・アーミル）（978～1002）
ムザッファル（アブド・アルマリク）（1002～08）
シャンジュール（アブド・アッラフマーン、通称サンチュエロ）（1008～09）

ナスル朝グラナダ王国

ムハンマド１世（1232～73）
ムハンマド２世（1273～1302）
ムハンマド３世（1302～09）
ナスル（1309～14）
イスマーイール１世（1314～25）
ムハンマド４世（1325～33）
ユースフ１世（1333～54）
ムハンマド５世（1354～59）
イスマーイール２世（1359～60）
ムハンマド６世（1360～62）
ムハンマド５世（復位、1362～91）
ユースフ２世（1391～92）
ムハンマド７世（1392～1408）
ユースフ３世（1408～17）
ムハンマド８世（1417～19）

ブルボン家

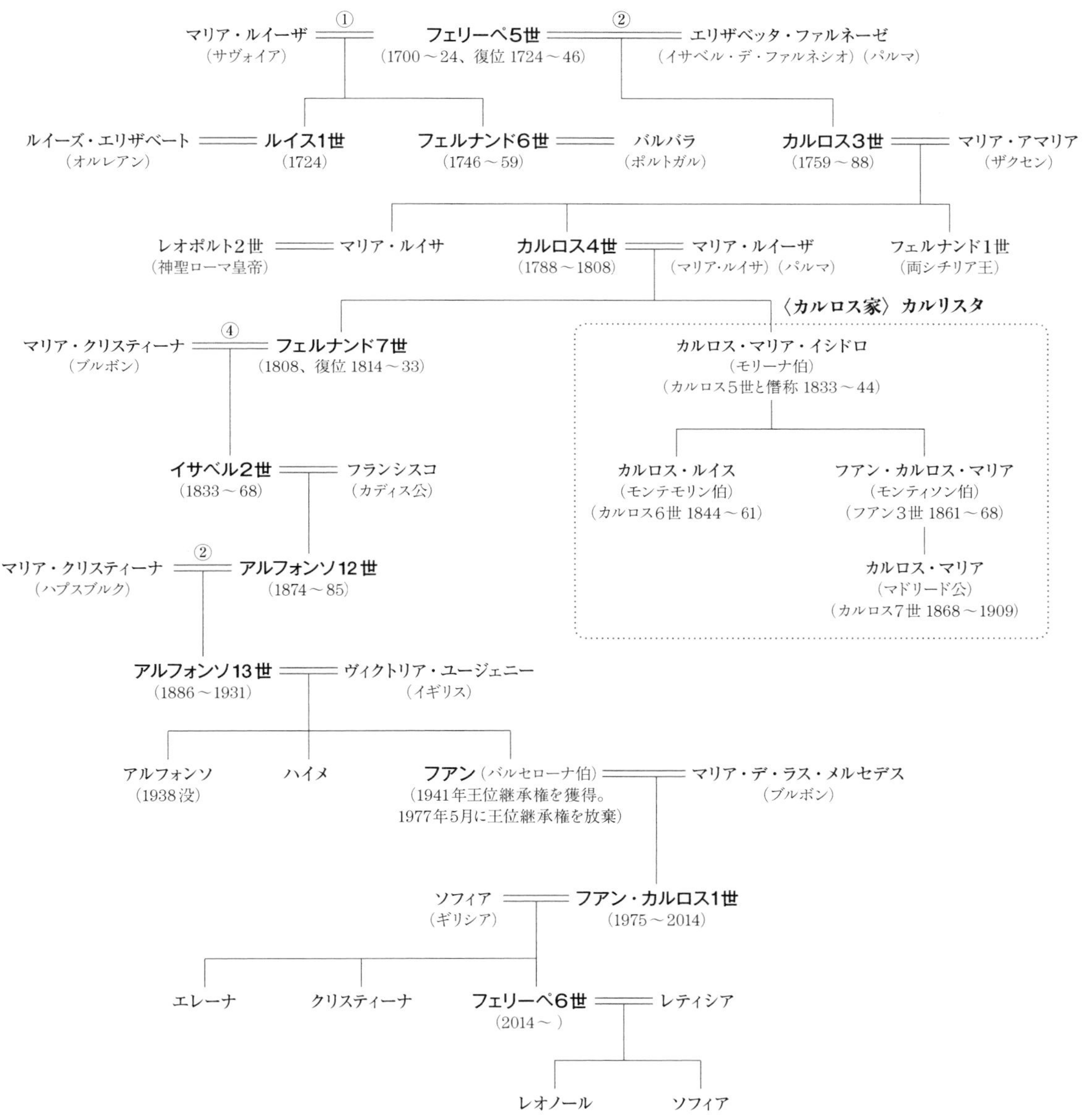

1808～13年　ホセ1世（ジョゼフ・ボナパルト）統治
1868～74年　第一共和政：空位（内1870～73年はアマデオ1世〈サヴォイア家〉）
1931～75年　第二共和政、内戦、フランコ独裁期：空位
①②……は結婚の順番を示す。

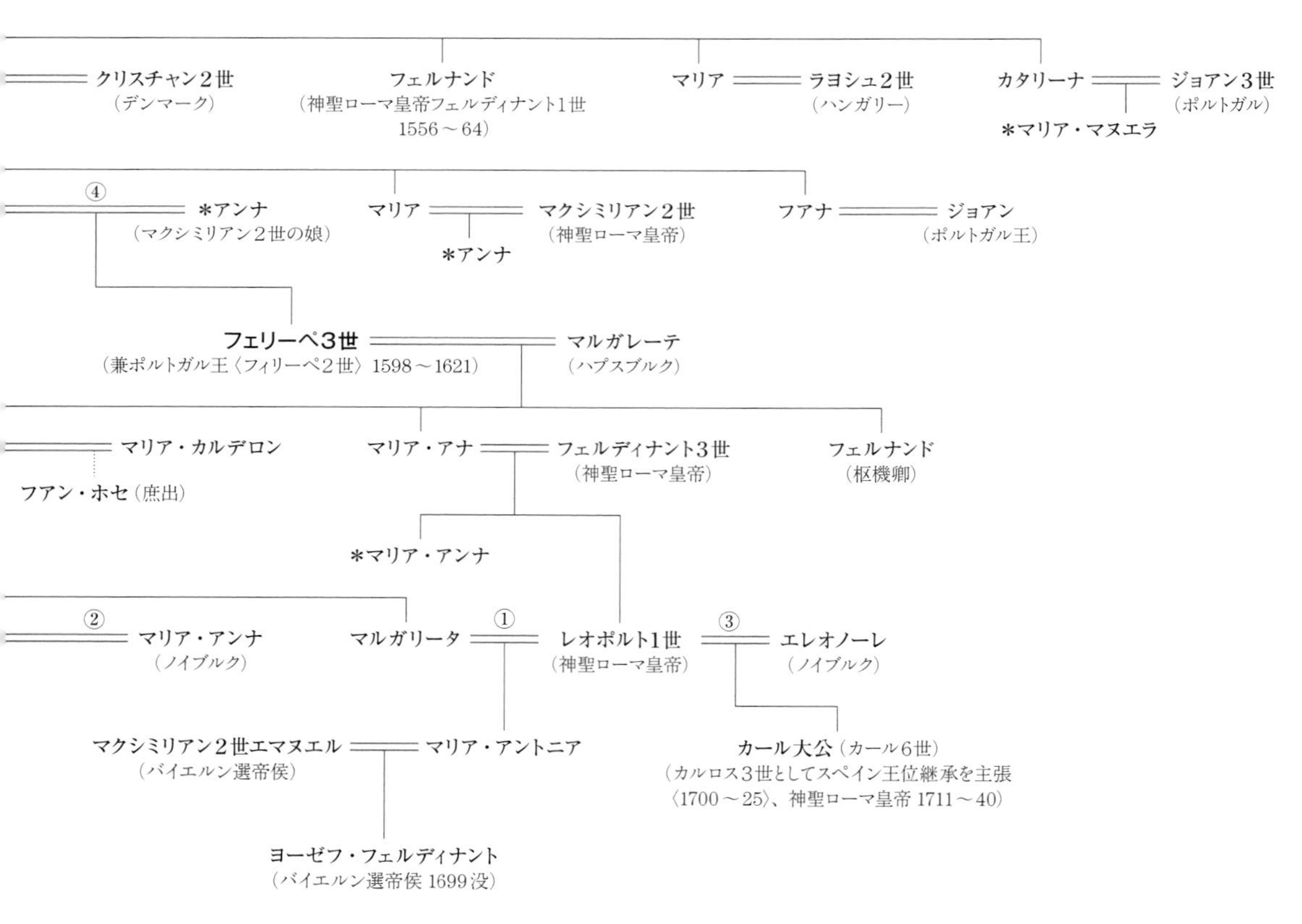

クリスチャン２世
（デンマーク）
フェルナンド
（神聖ローマ皇帝フェルディナント1世
1556～64）
マリア
ラヨシュ２世
（ハンガリー）
カタリーナ
ジョアン３世
（ポルトガル）
*マリア・マヌエラ
④
*アンナ
（マクシミリアン２世の娘）
マリア
マクシミリアン２世
（神聖ローマ皇帝）
*アンナ
フアナ
ジョアン
（ポルトガル王）
フェリーペ3世
（兼ポルトガル王〈フィリーペ２世〉1598～1621）
マルガレーテ
（ハプスブルク）
マリア・カルデロン
フアン・ホセ（庶出）
マリア・アナ
フェルディナント3世
（神聖ローマ皇帝）
フェルナンド
（枢機卿）
*マリア・アンナ
②
マリア・アンナ
（ノイブルク）
マルガリータ
①
レオポルト1世
（神聖ローマ皇帝）
③
エレオノーレ
（ノイブルク）
マクシミリアン２世エマヌエル
（バイエルン選帝侯）
マリア・アントニア
カール大公（カール６世）
（カルロス３世としてスペイン王位継承を主張
〈1700～25〉、神聖ローマ皇帝 1711～40）
ヨーゼフ・フェルディナント
（バイエルン選帝侯 1699没）

スペイン王国

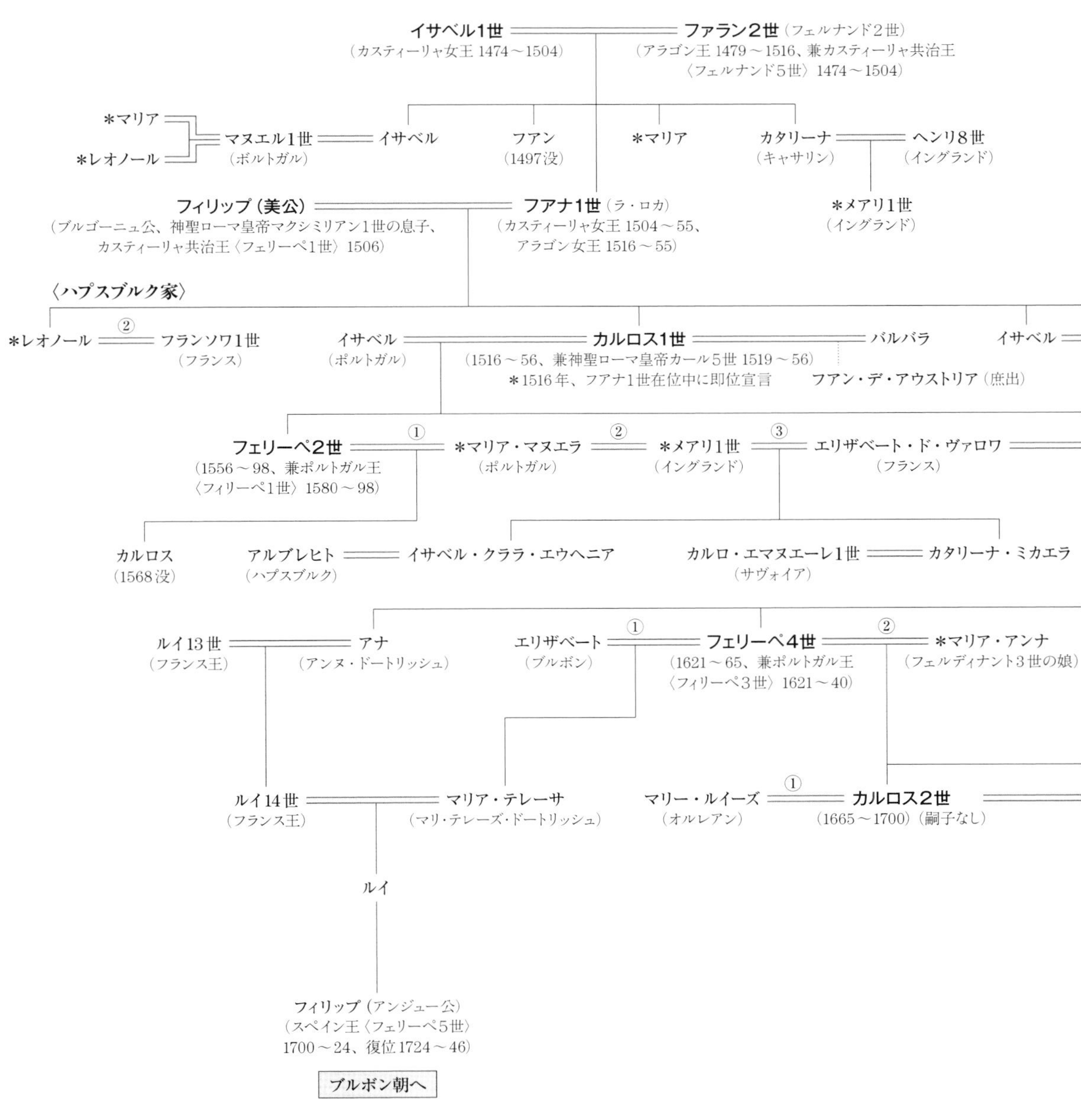

イサベル1世
（カスティーリャ女王 1474～1504）
ファラン2世（フェルナンド2世）
（アラゴン王 1479～1516、兼カスティーリャ共治王
〈フェルナンド5世〉1474～1504）
＊マリア
＊レオノール
マヌエル1世
（ポルトガル）
イサベル
フアン
（1497没）
＊マリア
カタリーナ
（キャサリン）
ヘンリ8世
（イングランド）
フィリップ（美公）
（ブルゴーニュ公、神聖ローマ皇帝マクシミリアン1世の息子、
カスティーリャ共治王〈フェリーペ1世〉1506）
フアナ1世（ラ・ロカ）
（カスティーリャ女王 1504～55、
アラゴン女王 1516～55）
＊メアリ1世
（イングランド）
〈ハプスブルク家〉
＊レオノール
②
フランソワ1世
（フランス）
イサベル
（ポルトガル）
カルロス1世
（1516～56、兼神聖ローマ皇帝カール5世 1519～56）
＊1516年、フアナ1世在位中に即位宣言
バルバラ
フアン・デ・アウストリア（庶出）
イサベル
フェリーペ2世
（1556～98、兼ポルトガル王
〈フィリーペ1世〉1580～98）
①
＊マリア・マヌエラ
（ポルトガル）
②
＊メアリ1世
（イングランド）
③
エリザベート・ド・ヴァロワ
（フランス）
カルロス
（1568没）
アルブレヒト
（ハプスブルク）
イサベル・クララ・エウヘニア
カルロ・エマヌエーレ1世
（サヴォイア）
カタリーナ・ミカエラ
ルイ13世
（フランス王）
アナ
（アンヌ・ドートリッシュ）
エリザベート
（ブルボン）
①
フェリーペ4世
（1621～65、兼ポルトガル王
〈フィリーペ3世〉1621～40）
②
＊マリア・アンナ
（フェルディナント3世の娘）
ルイ14世
（フランス王）
マリア・テレーサ
（マリ・テレーズ・ドートリッシュ）
マリー・ルイーズ
（オルレアン）
①
カルロス2世
（1665～1700）（嗣子なし）
ルイ
フィリップ（アンジュー公）
（スペイン王〈フェリーペ5世〉
1700～24、復位1724～46）
ブルボン朝へ

①②……は結婚の順番を示す
＊印は同一人物

アラゴン

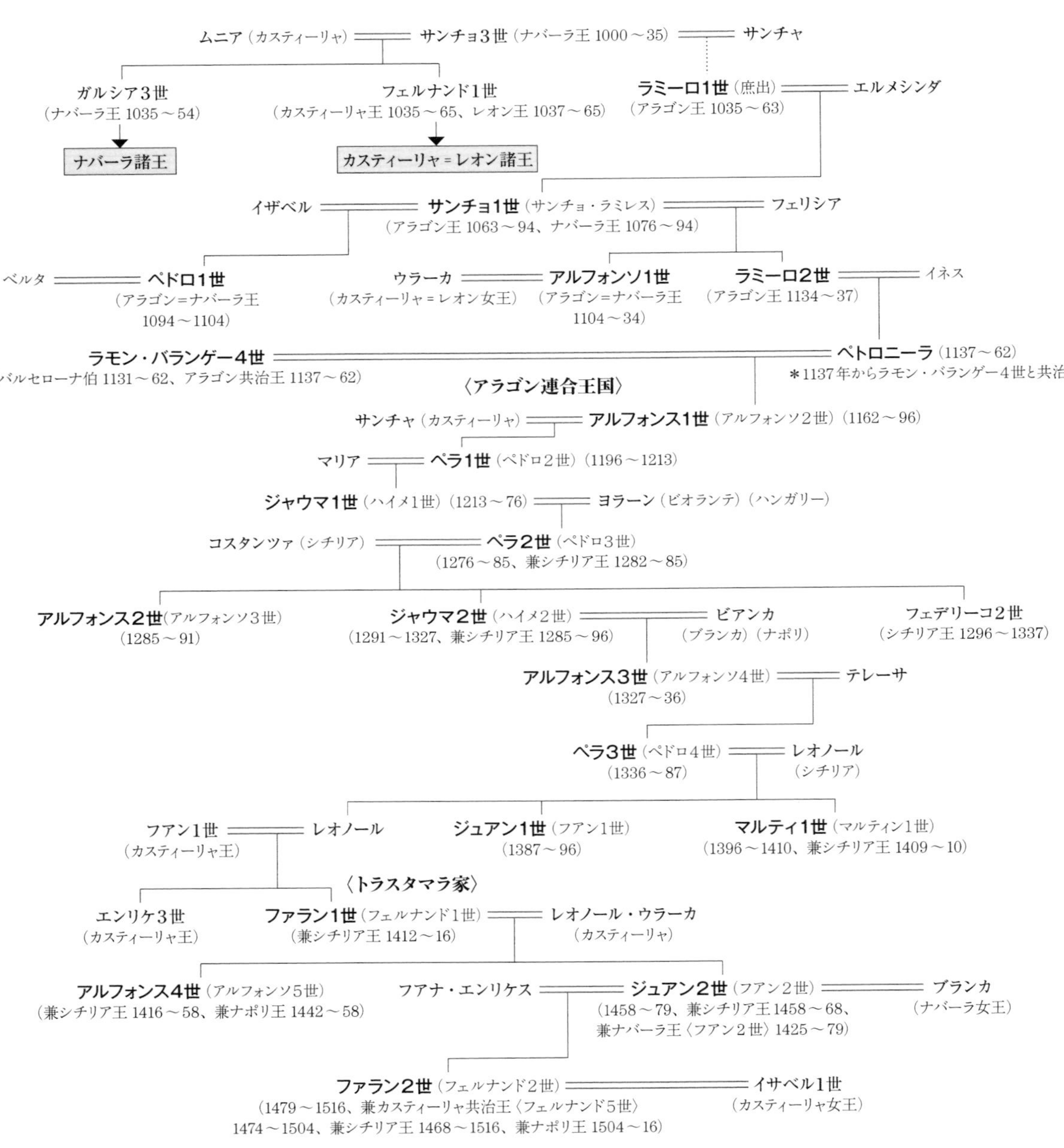
ムニア（カスティーリャ）
サンチョ3世（ナバーラ王 1000～35）
サンチャ
ガルシア3世
（ナバーラ王 1035～54）
ナバーラ諸王
フェルナンド1世
（カスティーリャ王 1035～65、レオン王 1037～65）
カスティーリャ＝レオン諸王
ラミーロ1世（庶出）
（アラゴン王 1035～63）
エルメシンダ
イザベル
サンチョ1世（サンチョ・ラミレス）
（アラゴン王 1063～94、ナバーラ王 1076～94）
フェリシア
ベルタ
ペドロ1世
（アラゴン＝ナバーラ王
1094～1104）
ウラーカ
（カスティーリャ＝レオン女王）
アルフォンソ1世
（アラゴン＝ナバーラ王
1104～34）
ラミーロ2世
（アラゴン王 1134～37）
イネス
ラモン・バランゲー4世
（バルセローナ伯 1131～62、アラゴン共治王 1137～62）
ペトロニーラ（1137～62）
＊1137年からラモン・バランゲー4世と共治
〈アラゴン連合王国〉
サンチャ（カスティーリャ）
アルフォンス1世（アルフォンソ2世）（1162～96）
マリア
ペラ1世（ペドロ2世）（1196～1213）
ジャウマ1世（ハイメ1世）（1213～76）
ヨラーン（ビオランテ）（ハンガリー）
コスタンツァ（シチリア）
ペラ2世（ペドロ3世）
（1276～85、兼シチリア王 1282～85）
アルフォンス2世（アルフォンソ3世）
（1285～91）
ジャウマ2世（ハイメ2世）
（1291～1327、兼シチリア王 1285～96）
ビアンカ
（ブランカ）（ナポリ）
フェデリーコ2世
（シチリア王 1296～1337）
アルフォンス3世（アルフォンソ4世）
（1327～36）
テレーサ
ペラ3世（ペドロ4世）
（1336～87）
レオノール
（シチリア）
フアン1世
（カスティーリャ王）
レオノール
ジュアン1世（フアン1世）
（1387～96）
マルティ1世（マルティン1世）
（1396～1410、兼シチリア王 1409～10）
〈トラスタマラ家〉
エンリケ3世
（カスティーリャ王）
ファラン1世（フェルナンド1世）
（兼シチリア王 1412～16）
レオノール・ウラーカ
（カスティーリャ）
アルフォンス4世（アルフォンソ5世）
（兼シチリア王 1416～58、兼ナポリ王 1442～58）
フアナ・エンリケス
ジュアン2世（フアン2世）
（1458～79、兼シチリア王 1458～68、
兼ナバーラ王〈フアン2世〉1425～79）
ブランカ
（ナバーラ女王）
ファラン2世（フェルナンド2世）
（1479～1516、兼カスティーリャ共治王〈フェルナンド5世〉
1474～1504、兼シチリア王 1468～1516、兼ナポリ王 1504～16）
イサベル1世
（カスティーリャ女王）

＊1162年アラゴン連合王国成立以降、アラゴン王はバルセローナ伯も兼ねる。
（　）はアラゴン王としての称号。
＊1239年以降、アラゴン王はバレンシア王も兼ねる。

カスティーリャ＝レオン

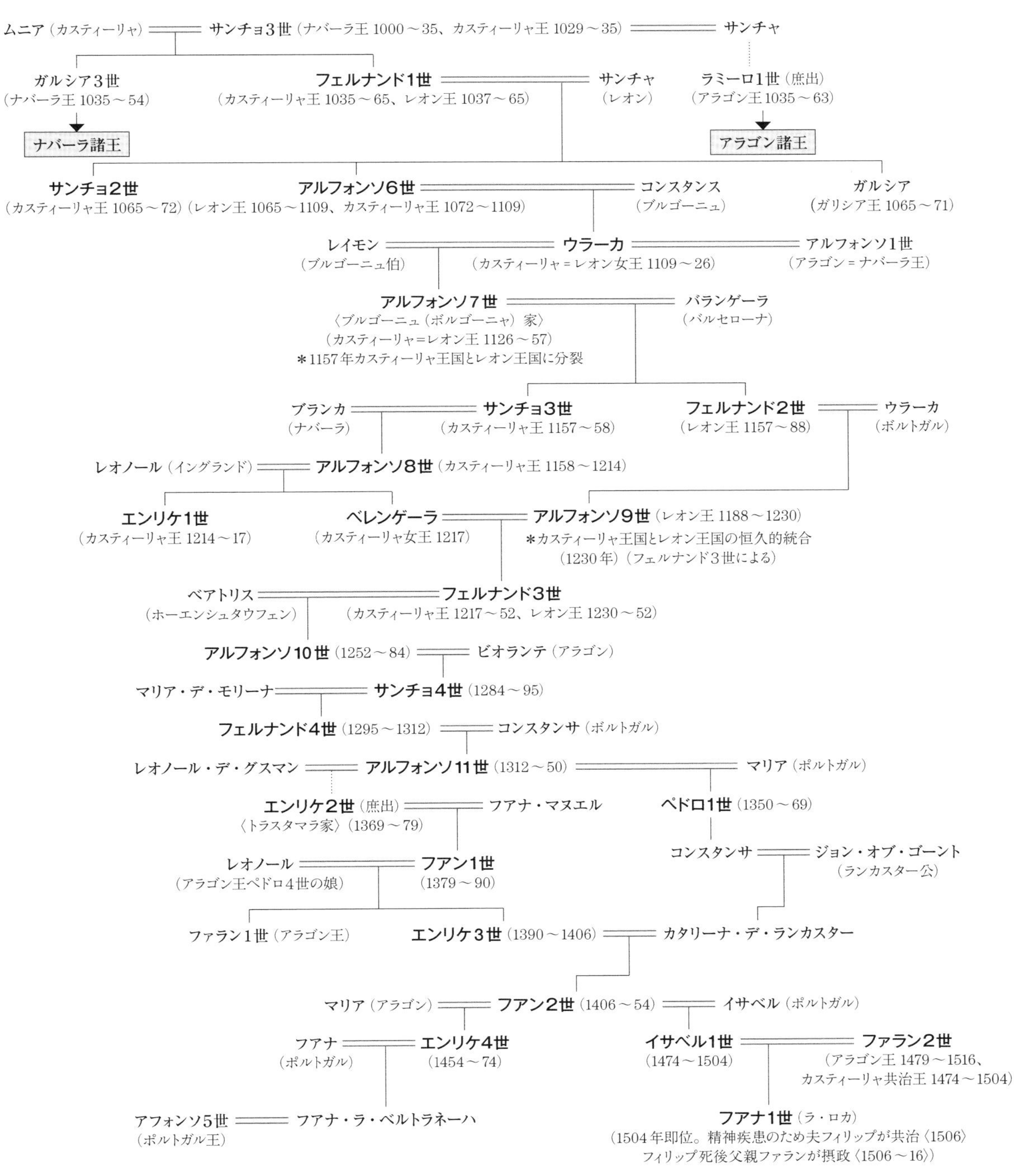
ムニア（カスティーリャ）
サンチョ3世（ナバーラ王 1000～35、カスティーリャ王 1029～35）
サンチャ
ガルシア3世
（ナバーラ王 1035～54）
ナバーラ諸王
フェルナンド1世
（カスティーリャ王 1035～65、レオン王 1037～65）
サンチャ
（レオン）
ラミーロ1世（庶出）
（アラゴン王 1035～63）
アラゴン諸王
サンチョ2世
（カスティーリャ王 1065～72）
アルフォンソ6世
（レオン王 1065～1109、カスティーリャ王 1072～1109）
コンスタンス
（ブルゴーニュ）
ガルシア
（ガリシア王 1065～71）
レイモン
（ブルゴーニュ伯）
ウラーカ
（カスティーリャ＝レオン女王 1109～26）
アルフォンソ1世
（アラゴン＝ナバーラ王）
アルフォンソ7世
〈ブルゴーニュ（ボルゴーニャ）家〉
（カスティーリャ＝レオン王 1126～57）
＊1157年カスティーリャ王国とレオン王国に分裂
バランゲーラ
（バルセローナ）
ブランカ
（ナバーラ）
サンチョ3世
（カスティーリャ王 1157～58）
フェルナンド2世
（レオン王 1157～88）
ウラーカ
（ポルトガル）
レオノール（イングランド）
アルフォンソ8世（カスティーリャ王 1158～1214）
エンリケ1世
（カスティーリャ王 1214～17）
ベレンゲーラ
（カスティーリャ女王 1217）
アルフォンソ9世（レオン王 1188～1230）
＊カスティーリャ王国とレオン王国の恒久的統合
（1230年）（フェルナンド3世による）
ベアトリス
（ホーエンシュタウフェン）
フェルナンド3世
（カスティーリャ王 1217～52、レオン王 1230～52）
アルフォンソ10世（1252～84）
ビオランテ（アラゴン）
マリア・デ・モリーナ
サンチョ4世（1284～95）
フェルナンド4世（1295～1312）
コンスタンサ（ポルトガル）
レオノール・デ・グスマン
アルフォンソ11世（1312～50）
マリア（ポルトガル）
エンリケ2世（庶出）
〈トラスタマラ家〉（1369～79）
フアナ・マヌエル
ペドロ1世（1350～69）
コンスタンサ
ジョン・オブ・ゴーント
（ランカスター公）
レオノール
（アラゴン王ペドロ4世の娘）
フアン1世
（1379～90）
ファラン1世（アラゴン王）
エンリケ3世（1390～1406）
カタリーナ・デ・ランカスター
マリア（アラゴン）
フアン2世（1406～54）
イサベル（ポルトガル）
フアナ
（ポルトガル）
エンリケ4世
（1454～74）
イサベル1世
（1474～1504）
ファラン2世
（アラゴン王 1479～1516、
カスティーリャ共治王 1474～1504）
アフォンソ5世
（ポルトガル王）
フアナ・ラ・ベルトラネーハ
フアナ1世（ラ・ロカ）
（1504年即位。精神疾患のため夫フィリップが共治〈1506〉
フィリップ死後父親ファランが摂政〈1506～16〉）

・スペイン＝アジア関係史

伊川健二『世界史のなかの天正遣欧使節』吉川弘文館、2017年
太田尚樹『ヨーロッパに消えたサムライたち』角川書店、1999年
太田尚樹『支倉常長遣欧使節 もうひとつの遺産——その旅路と日本姓スペイン人たち』山川出版社、2013年
ルシオ・デ・ソウザ／岡美穂子『大航海時代の日本人奴隷——アジア・新大陸・ヨーロッパ』中央公論新社、2017年
坂東省次・椎名浩『日本とスペイン文化交流の歴史——南蛮・キリシタン時代から現代まで』原書房、2015年
平山篤子『スペイン帝国と中華帝国の邂逅——十六・十七世紀のマニラ』法政大学出版局、2012年
平山篤子「スペインのマニラ建設」岸本美緒編『1571年——銀の大流通と国家統合』山川出版社、2019年、26-79頁

・ジェンダー

磯山久美子『断髪する女たち——1920年代のスペイン社会とモダンガール』新宿書房、2010年
リチャード・L・ケーガン（立石博高訳）『夢と異端審問——一六世紀スペインの一女性』松籟社、1994年
芝紘子『地中海世界の〈名誉〉観念——スペイン文化の一断章』岩波書店、2010年
高橋博幸・加藤隆浩編『スペインの女性群像——その生の軌跡（イスパニア叢書10）』行路社、2003年
マリー・ナッシュ（川成洋・長沼裕子訳）『自由な女——スペイン革命下の女たち』彩流社、1983年
姫岡とし子ほか『ジェンダー（近代ヨーロッパの研究11）』ミネルヴァ書房、2008年

図版出典：引用文献

Álvarez Rey, L. et al., *HE. Historia de España*, Barcelona: Editorial Vicens Vives, 2016.
Aróstegui Sánchez, J., et al., *Crisol. Historia*, Cuarta reimpresión, 2007.（J. アロステギほか著、立石博高監訳『スペインの歴史——スペイン高校歴史教科書』明石書店、2014年）
AA.VV., *Almanzor. Desperta Ferro: Antigua y Medieval 52*, Madrid: Desperta Ferro Ediciones, 2019.
AA.VV., *Historia de España, dirigida por Antonio Domínguez Ortiz de la Real Academia de la Historia*, 12 vols., Barcelona: Planeta, 1990.
AA.VV., *Historia de España*, 30 Vols., Madrid: Historia 16, 1995-1997.
AA.VV., *Historia de España*, 20 Vols. Madrid: El País, 2007-2008.
Canal, J. (dir.), *Historia contemporánea de España*, 2 Vols., Barcelona: Taurus / Fundación MAPFRE, 2017.
Capel Margarito, M., *La Carolina, capital de las nuevas poblaciones*, Jaén: Instituto de Estudios Giennenses, 1970.
Fontana, J. y Villares, R. (dirs.), *Historia de España*, 12 Vols, Barcelona: Crítica / Marcial Pons, 2009-2013.
García Diego, P. y Alonso Montes D. (eds.), *La miniatura altomedieval española*, Madrid: Asociación de Amigos del Arte Altomedieval Español, 2011.
Monsalvo Antón, J. M., *Atlas histórico de la España medieval*, Madrid: Editorial Síntesis, 2010.
Oliva Manso, G., "Cien años de moneda en Castilla (1172-1268): el siglo del maravedí de oro," *Espacio, Tiempo y Forma. Serie III. Historia Medieval*, 31 (2018), pp. 483-519.
Suárez Fernández, L. y Carriazo Arroquia, J. de M., *Historia de España. Menéndez Pidal*, tomo XVII, Madrid: Espasa-Calpe, 1969.

図版出典：引用サイト

https://english.elpais.com/
https://www.hahistoriayarte.com/
https://www.larazon.es/
http://www.museosdeandalucia.es/web/museosdeandalucia
https://www.museodelprado.es/
https://www.museosanisidorodeleon.com/
https://www.ub.edu/museuvirtualub/

個人写真提供

浅香武和（Real Academia Galega）、押尾高志（西南学院大学）、
菊田和佳子（神奈川大学）、黒田祐我（神奈川大学）、野口舞子（東京大学）

地図製作（P5以外すべて）：小野寺美恵

関哲行『前近代スペインのサンティアゴ巡礼――比較巡礼史序説』流通経済大学出版会、2019年
アルフォンス・デュプロン編著（田辺保監訳）『サンティヤゴ巡礼の世界』原書房、1992年
家島彦一『イブン・ジュバイルとイブン・バットゥータ――イスラーム世界の交通と旅』山川出版社、2013年

・宗教的・社会的マイノリティと彼らへの迫害（異端審問）

押尾高志『「越境」する改宗者――モリスコの軌跡を追って』風響社、2021年
エリー・ケドゥリー編（関哲行・立石博高・宮前安子訳）『スペインのユダヤ人――一四九二年の追放とその後』平凡社、1995年
近藤仁之『スペインのジプシー』人文書院、1995年
近藤仁之『スペイン・ユダヤ民族史――寛容から不寛容へいたる道』刀水書房、2004年
関哲行『スペインのユダヤ人』山川出版社、2003年
関哲行・踊共二『忘れられたマイノリティ――迫害と共生のヨーロッパ史』山川出版社、2016年
ギー・テスタス、ジャン・テスタス（安斎和雄訳）『異端審問』白水社、1974年
トビー・グリーン（小林朋則訳）『異端審問――大国スペインを蝕んだ恐怖支配』中央公論新社、2010年
林邦夫「中世スペインのマイノリティ――ムデハル」『岩波講座世界歴史8ヨーロッパの成長――11-15世紀』岩波書店、1998年、125-143頁
ジョゼフ・ペレス（小林一宏訳）『ハプスブルク・スペイン　黒い伝説――帝国はなぜ憎まれるか』筑摩書房、2017年

・地域の視座から

岡部明子『バルセロナ――地中海都市の歴史と文化』中央公論新社、2010年
奥野良知編著『地域から国民国家を問い直す――スコットランド、カタルーニャ、ウイグル、琉球・沖縄などを事例として』明石書店、2019年
川成洋・下山静香編著『マドリードとカスティーリャを知るための60章』明石書店、2014年
田澤耕『物語カタルーニャの歴史――知られざる地中海帝国の興亡』中央公論新社、2000年（増補版2019年）
立石博高・中塚次郎編『スペインにおける国家と地域――ナショナリズムの相克』国際書院、2002年
立石博高・塩見千加子編著『アンダルシアを知るための53章』明石書店、2012年
立石博高・奥野良知編著『カタルーニャを知るための50章』明石書店、2013年
立石博高『歴史のなかのカタルーニャ――史実化していく「神話」の背景』山川出版社、2020年
萩尾生・吉田浩美編著『現代バスクを知るための50章』明石書店、2012年
レイチェル・バード（狩野美智子訳）『ナバラ王国の歴史――山の民バスク民族の国』彩流社、1995年
坂東省次・桑原真夫・浅香武和編著『スペインのガリシアを知るための50章』明石書店、2011年
エドゥアルド・メンドサ（立石博高訳）『カタルーニャでいま起きていること――古くて新しい、独立をめぐる葛藤』明石書店、2018年
マヌエル・モンテロ（萩尾生訳）『バスク地方の歴史――先史時代から現代まで』明石書店、2018年
渡部哲郎『バスクとバスク人』平凡社、2004年

・スペイン文化・芸術など

有本紀明『闘牛――スペイン生の芸術』講談社、1996年
大髙保二郎・久米順子ほか『スペイン美術史入門』NHK出版、2018年
アメリコ・カストロ（本田誠二訳）『歴史のなかのスペイン――キリスト教徒、モーロ人、ユダヤ人』水声社、2021年
カルラス・サンタカナ・イ・トーラス（山道佳子訳）『バルサ、バルサ、バルサ!――スペイン現代史とフットボール1968～78』彩流社、2007年
佐々木孝（碇順治編）『スペイン文化入門』彩流社、2015年
清水憲男『ドン・キホーテの世紀――スペイン黄金時代を読む』岩波書店、2010年
ゲルハルト・シュタイングレス（岡住正秀・山道太郎訳）『そしてカルメンはパリに行った――フラメンコ・ジャンルの芸術的誕生（一八三三～一八六五年）』彩流社、2014年
立石博高『スペイン（世界の食文化14）』農文協、2007年
ジャニス・A・トムリンソン（立石博高・木下亮訳）『ゴヤとその時代――薄明のなかの宮廷画家』昭和堂、2002年
濱田滋郎『スペイン音楽のたのしみ――気質、風土、歴史が織り成す多彩な世界への“誘い”』音楽之友社、2012年
濱田滋郎（高瀬友孝写真）『約束の地、アンダルシア――スペインの歴史・風土・芸術を旅する』アルテスパブリッシング、2020年
ラモン・メネンデス・ピダル、ガニベーライン・エントラルゴ（橋本一郎・西澤龍生訳）『スペインの理念』新泉社、1991年
渡辺万里『スペインの竈から――美味しく読むスペイン料理の歴史』現代書館、2010年

2009年］
ジョン・H・エリオット（藤田一成訳）『リシュリューとオリバーレス――17世紀ヨーロッパの抗争』岩波書店、1988年
大内一・染田秀藤・立石博高『もうひとつのスペイン史――中近世の国家と社会』同朋舎出版、1994年
ヘンリー・ケイメン（立石博高訳）『スペインの黄金時代』岩波書店、2009年
合田昌史『大航海時代の群像――エンリケ・ガマ・マゼラン』山川出版社、2021年
清水憲男『ドン・キホーテの世紀――スペイン黄金時代を読む』岩波書店、2010年
芝修身『近世スペイン農業――帝国の発展と衰退の分析』昭和堂、2003年
関哲行・立石博高編訳『大航海の時代――スペインと新大陸』同文館、1998年
高澤紀恵『主権国家体制の成立』山川出版社、1997年
立石博高『フェリペ2世――スペイン帝国のカトリック王』山川出版社、2020年
立石博高編著『スペイン帝国と複合君主政』昭和堂、2018年
古谷大輔・近藤和彦編『礫岩のようなヨーロッパ』山川出版社、2016年
藤田一成『皇帝カルロスの悲劇――ハプスブルク帝国の継承』平凡社、1999年
バルトロメ・ベナサール（宮前安子訳）『スペイン人――16-19世紀の行動と心性』彩流社、2003年
ジョセフ・ペレ（塚本哲也監修、遠藤ゆかり訳）『カール5世とハプスブルク帝国』創元社、2002年
松森奈津子『野蛮から秩序へ――インディアス問題とサラマンカ学派』名古屋大学出版会、2009年
安村直己『コルテスとピサロ――遍歴と定住のはざまで生きた征服者』山川出版社、2016年

近現代

碇順治『現代スペインの歴史――激動の世紀から飛躍の世紀へ』彩流社、2005年
ピエール・ヴィラール（立石博高・中塚次郎訳）『スペイン内戦』白水社、1993年
狩野美智子『バスクとスペイン内戦』彩流社、2003年
菊池信彦『19世紀スペインにおける連邦主義と歴史認識――フランシスコ・ピ・イ・マルガルの生涯とその思想』関西大学出版部、2022年
楠貞義、ラモン・タマメス、戸門一衛、深澤安博『スペイン現代史――模索と挑戦の120年』大修館書店、1999年
アルベルト・ゴンサレス・トゥロヤーノほか（岡住正秀ほか訳）『集いと娯楽の近代スペイン――セビーリャのソシアビリテ空間』彩流社、2011年
フアン・ソペーニャ『スペイン――フランコの四〇年』講談社、1977年
立石博高・篠原琢編『国民国家と市民――包摂と排除の諸相』山川出版社、2009年
立石博高編著『概説近代スペイン文化史――18世紀から現代まで』ミネルヴァ書房、2015年
戸門一衛『スペインの実験――社会労働党政権の12年』朝日新聞社、1994年
中島晶子『南欧福祉国家スペインの形成と変容――家族主義という福祉レジーム』ミネルヴァ書房、2012年
永田智成『フランコ体制からの民主化――スアレスの政治手法』木鐸社、2016年
武藤祥『「戦時」から「成長」へ――1950年代におけるフランコ体制の政治的変容』立教大学出版会、2014年
深澤安博『アブドゥルカリームの恐怖――リーフ戦争とスペイン政治・社会の動揺』論創社、2015年
細田晴子『戦後スペインと国際安全保障――米西関係に見るミドルパワー外交の可能性と限界』千倉書房、2012年
細田晴子『カストロとフランコ――冷戦期外交の舞台裏』筑摩書房、2016年
バーネット・ボロテン（渡利三郎訳）『スペイン革命――全歴史』晶文社、1991年
リチャード・ライト（石塚秀雄訳）『異教のスペイン』彩流社、2002年
フロレンティーノ・ロダオ（深澤安博ほか訳）『フランコと大日本帝国』晶文社、2012年
山道佳子・八嶋由香利・鳥居徳敏・木下亮『近代都市バルセロナの形成――都市空間・芸術家・パトロン』慶應義塾大学出版会、2009年
若松隆『スペイン現代史』岩波書店、1992年

スペイン史に関する個別テーマ

・巡礼と旅

イブン・ジュバイル（藤本勝次・池田修監訳）『イブン・ジュバイルの旅行記』講談社、2009年
レーモン・ウルセル（田辺保訳）『中世の巡礼者たち――人と道と聖堂と』みすず書房、1987年
クラヴィホ（山田信夫訳）『チムール帝国紀行』桃源社、1967年
杉谷綾子『神の御業の物語――スペイン中世の人・聖者・奇跡』現代書館、2002年
関哲行『旅する人びと（ヨーロッパの中世4）』岩波書店、2009年

読書案内

ここで紹介する文献は、比較的入手しやすい日本語のものに限定した。欧文文献を含む詳細な文献情報については、各文献に付された参考文献リストを参照されたい。特に概説通史の『世界各国史』や『世界歴史大系』(どちらも山川出版社刊) 巻末の参考文献リストが有益であろう。

通史

J・アロステギ・サンチェスほか(立石博高監訳、竹下和亮・内村俊太・久木正雄訳)『スペインの歴史——スペイン高校歴史教科書(世界の教科書シリーズ14)』明石書店、2014年

ピエール・ヴィラール(藤田一成訳)『スペイン史』白水社、1992年

関哲行・立石博高・中塚次郎編『世界歴史大系スペイン史1 古代-近世』山川出版社、2008年

関哲行・立石博高・中塚次郎編『世界歴史大系スペイン史2 近現代・地域からの視座』山川出版社、2008年

立石博高・関哲行・中川功・中塚次郎編『スペインの歴史』昭和堂、1998年

立石博高編『スペイン・ポルトガル史(新版世界各国史16)』山川出版社、2000年

立石博高『スペイン歴史散歩——文化多言語社会の明日に向けて』行路社、2004年

立石博高・内村俊太編著『スペインの歴史を知るための50章』明石書店、2016年

立石博高『スペイン史10講』岩波書店、2021年

アントニオ・ドミンゲス・オルティス(立石博高訳)『スペイン 三千年の歴史』昭和堂、2006年

永田智成・久木正雄『一冊でわかるスペイン史』河出書房新社、2021年

古代・中世

安達かおり『イスラム・スペインとモサラベ』彩流社、1997年

足立孝『辺境の生成——征服=入植運動・封建制・商業』名古屋大学出版会、2019年

阿部俊大『レコンキスタと国家形成——アラゴン連合王国における王権と教会』九州大学出版会、2016年

余部福三『アラブとしてのスペイン——アンダルシアの古都めぐり』第三書館、1992年

ケネス・バクスター・ウルフ(林邦夫訳)『コルドバの殉教者たち——イスラム・スペインのキリスト教徒』刀水書房、1998年

小澤実・薩摩秀登・林邦夫『辺境のダイナミズム』岩波書店、2009年

マガリ・クメール/ブリューノ・デュメジル(大月康弘・小沢雄太郎訳)『ヨーロッパとゲルマン部族国家』白水社、2019年

黒田祐我『レコンキスタの実像——中世後期カスティーリャ・グラナダ間における戦争と平和』刀水書房、2016年

フィリップ・コンラ(有田忠郎訳)『レコンキスタの歴史』白水社、2000年

クラウディオ・サンチェス・アルボルノス(北田よ志子訳)『スペインとイスラム——あるヨーロッパ中世』八千代出版、1988年

芝修身『真説レコンキスタ——〈イスラームvs.キリスト教〉史観をこえて』書肆心水、2007年

芝修身『古都トレド——異教徒・異民族共存の街』昭和堂、2016年

芝紘子『スペインの社会・家族・心性——中世盛期に源をもとめて』ミネルヴァ書房、2001年

ジャウメ1世(尾崎明夫/ビセント・バイダル訳・解説)『征服王ジャウメ一世勲功録——レコンキスタ軍記を読む』京都大学学術出版会、2010年

玉置さよ子『西ゴート王国の君主と法』創研出版、1996年

シャルル=エマニュエル・デュフルク(芝修身・芝紘子訳)『イスラーム治下のヨーロッパ——衝突と共存の歴史』藤原書店、1997年

リチャード・フレッチャー(林邦夫訳)『エル・シッド——中世スペインの英雄』法政大学出版局、1997年

前嶋信次『イスラムの蔭に』河出書房新社、1975年

宮嵜麻子「一章:変わりゆく地中海」南川高志編『B.C.220年——帝国と世界史の誕生(歴史の転換期1)』山川出版社、2018年、22-83頁

マリア・ロサ・メノカル(足立孝訳)『寛容の文化——ムスリム、ユダヤ人、キリスト教徒の中世スペイン』名古屋大学出版会、2005年

W.・モンゴメリ・ワット(黒田壽郎、柏木英彦訳)『イスラーム・スペイン史』岩波書店、1976年

デレク・W・ローマックス(林邦夫訳)『レコンキスタ——中世スペインの国土回復運動』刀水書房、1996年

近世

網野徹哉『インカとスペイン 帝国の交錯』講談社、2018年

ジョン・H・エリオット(越智武臣・川北稔訳)『旧世界と新世界——1492-1650』岩波書店、1975年[岩波モダンクラシックス版、2005年]

ジョン・H・エリオット(藤田一成訳)『スペイン帝国の興亡——1469-1716』岩波書店、1982年[岩波モダンクラシックス版、

●著者略歴

立石博高（たていし・ひろたか）
一九五一年生まれ。東京外国語大学名誉教授。専攻はスペイン近代史。著書に『スペイン史10講』（岩波新書）、『フェリペ2世――スペイン帝国のカトリック王』『歴史のなかのカタルーニャ――史実化していく「神話」の背景』（山川出版社）など、編著に『スペインの歴史を知るための50章』（明石書店）などがある。
＊はじめに、第七～一二章、コラム9～14、あとがき

黒田祐我（くろだ・ゆうが）
一九八〇年生まれ。神奈川大学外国語学部教授。専攻はスペイン中世史・西地中海交流史。著書に『レコンキスタの実像――中世後期カスティーリャ・グラナダ間における戦争と平和』（刀水書房）、共著に『疫病・終末・再生――中近世キリスト教世界に学ぶ』（知泉書館）などがある。
＊第一～六章、コラム1～8、巻末資料

ふくろうの本

図説　スペインの歴史

二〇二三年　五 月二〇日初版印刷
二〇二三年　五 月三〇日初版発行

著者……立石博高・黒田祐我
装幀・デザイン……日高達雄＋伊藤香代
発行者……小野寺優
発行……株式会社河出書房新社
〒一五一－〇〇五一
東京都渋谷区千駄ヶ谷二－三二－二
電話　〇三－三四〇四－一二〇一（営業）
〇三－三四〇四－八六一一（編集）
https://www.kawade.co.jp/
印刷……大日本印刷株式会社
製本……加藤製本株式会社
Printed in Japan
ISBN978-4-309-76316-3
落丁本・乱丁本はお取り替えいたします。